익숙한 것과의 결별

익숙한 것과의 결별

구본형 지음

익숙한 것과의 결별

발행일 |
2007년 12월 15일   초판   1쇄
2022년   7월 10일   초판 30쇄
2023년   3월 30일   10주기 개정판 1쇄
2024년   7월 25일   10주기 개정판 3쇄

지은이 | 구본형
펴낸이 | 정무영, 정상준
펴낸곳 | (주)을유문화사

창립일 | 1945년 12월 1일
주소 | 서울시 마포구 서교동 469-48
전화 | 02-733-8153
팩스 | 02-732-9154
홈페이지 | www.eulyoo.co.kr
ISBN 978-89-324-7486-1 03320

타인의 삶으로부터 나는 뛰어내렸다. 내가 되기 위해 나는 혁명이 필요했다.

일러두기

- 논문, 단편, 신문, 시는 「 」, 잡지, 단행본은 『 』, 방송 프로그램, 노래, 영화, 오페라는 〈 〉로 표기했다.
- 현재는 사용을 지양하는 단어들이 일부 본문에 포함되어 있다. 원문을 최대한 살리기 위해 수정은 하지 않되, 이러한 사실을 따로 일러둔다.
- 저자 고유의 말맛을 위해 비표준어를 그대로 둔 경우도 있다.

나는 나를 혁명할 수 있다

> 신이 우리를 가르칠 때는 채찍을 쓰지 않는다.
> 신은 우리를 시간으로 가르친다.
>
> _ 발타자르 그라시안Baltasar Gracián

10년 전 책을 읽었다. 글 속에서 10년 전의 한 남자를 만났다. 기대와 열망으로 잠을 이루지 못하고 열에 들떠 펄펄 뛰는 거친 글들을 보았다. 첫 아이는 젊은 아비의 모든 희망을 담고 있듯 10년 전 그 남자도 혼신의 힘을 첫 책 속에 담아내고 싶어 했다는 것을 느낄 수 있었다. 문득 그때의 초조와 열정과 감정의 작렬이 그리워졌다. 그 사내는 그때 인생을 다시 시작하고 싶었다. 살고 싶은 대로 한번 살아 보고 싶었던 것이다. 그리고 이 책은 통쾌한 시작이 되어 주었다.

　지금까지 내가 인생을 살면서 가장 잘한 일은 두 가지다. 하나는 아내와 결혼한 것이고, 또 하나는 직장을 그만두고 글을 쓰기 시작한 일이다. 결혼은 행운이었고, 글 쓰는 사람이 된 것은 우연히 찾아온 필연이었다. 인생의 길을 떠나 갈림길에 이를 때마다 현실의 이름으로 늘 무난한 차선의 길을 선택해 온 평범한 남자가 고심하여 내린 두 번의 선택은 축복 같은 최선이었다. 두 번의 최선이 결국 지금의 나를 만들었다. 내 길을 찾게 된 것 그리고 그 길을 힘껏 걸을 수 있게 된 것에 무릎을 꿇고 감사한다. 아내와 나는 두 아이를 선물로 받았다. 그것은 가장 빛나는 신의 선물이었다. 아이들이 자라듯 내 열 살짜리 첫 책도 세월과 함께 깊어지기를 바랐다. 그러나 어떤 부분은 시간과 어울리지 못하고 틈이 벌어지기도 했다.

처음에 나는 이 책을 의욕을 가지고 손보기로 했다. 시간과 함께 숙성한 깊은 맛들은 그대로 놓아두고, 시간과의 불화로 금 가고 곰팡이 난 곳들은 덜어 내거나 틈을 메워 보려 했다. 그러다가 이내 그 일이 매우 따분한 일이라는 것을 알게 되었다. 내가 미래를 향해 달려 나가려는 사람이라는 것을 알게 된 것이다. 그래서 10여 년의 세월을 견디지 못하고 썩어 버린 부분만 덜어 내는 '단 한 방'의 수리로 마무리 짓자고 마음을 먹었다.

나는 이 책으로 인생을 다시 시작할 수 있었다. 책을 쓸 수 있다는 것을 알게 되었고, 몰입할 수 있다는 것을 알게 되었고, 스스로에게 선물을 줄 수 있는 사람이라는 것도 알게 되었다.

개정판 서문

무엇보다도 내가 가지고 있는 내면의 자산을 끌어다 쓸 수 있는 사람이라는 것을 알게 되었다. 그것은 행운이었다. 왜냐하면 그 사실을 알게 된 다음부터 가난에서 벗어날 수 있었기 때문이었다. 가난이 지독히 나쁜 이유는 하기 싫은 일을 어쩔 수 없이 하게 만들기 때문이다. 내 안에 얼마든지 쓸 수 있는 엄청난 유산이 매장되어 있다는 것을 깨닫는 순간 나는 가난이라는 어쩔 수 없는 상황에서 벗어날 수 있었다. 내 안에 얼마나 많은 것이 숨겨져 있는지 얼른 꺼내 보고 싶었다. 선물을 받은 아이가 포장을 뜯어 보고 싶어 하듯이 이 책은 껍질을 뜯고 나의 내면을 탐구하고 싶은 욕망을 불러일으켰다.

10년이 지나 10년 젊은 나를 보니 좋다. 책이란 그때의 나를 정교하게 기술해 두는 것임을 또한 알게 되었다. 젊음은 좋은 것이고, 몰입은 더 좋은 것이다. 이 책은 나를 몰입하게 해 주었다. 이 책은 나를 위해 쓴 첫 번째 책이었고, 내가 최초의 독자였다. 나는 이 책으로 살고 싶은 인생을 찾았다. 이 책의 최초의 수혜자가 바로 나라는 사실이 내가 이 책을 좋아하는 이유다. 그러나 나는 이 책에 연연하거나 매이지 않는다. 나는 이 책을 지나왔다. 이 책을 고쳐 다시 내는 이유는 혹시 이 책으로 인해 나처럼, 축복처럼, 자기를 다시 살 수 있는 사람이 있기를 바라기 때문이다.

'나는 나를 혁명할 수 있다.' 나는 이 말이 너무 좋다.

2007년 겨울 북한산 별옥別屋에서

구본형

마음을 열고 욕망이 흐르게 하라

> 부유함이 구한다고 얻어지는 것이라면, 채찍을 잡
> 는 하인 노릇이라도 나는 사양하지 않을 것이다.
> 그러나 구한다고 얻어지는 것이 아니기 때문에, 나
> 는 마음에 드는 길을 따를 것이다.
>
> _ 공자孔子

공자의 시대에도 부유함이 좋은 것이었던 모양이다. 그러나 그때와 지금이 다른 점은, 그때는 마음에 드는 길을 따르는 것이 부유함에 대한 욕망을 잊는 것이었지만, 지금은 마음에 드는 길을 걷다 보면 부유함이 따른다는 것이다. 다양함과 전문성이 받아들여지고 있는 사회로 바뀌어 가고 있기 때문이다. 우리에게 '이미 와 있는' 미래는 '전문가들에 의해 부富가 분배되는 사회'인 것이다.

물고기처럼 생각하는 낚시꾼, 고객의 눈을 가진 사업가, 자신의 눈으로 세상을 재구성하는 예술가, 그들은 모두 전문가이다. 그들은 욕망에 따라 자신의 시간을 그곳에 쏟아붓는 사람들이다. 나는 그들을 좋아한다.

보통 사람은 일상에 매여 평생을 산다. 일상은 우리에게 주어진 물리적 시간이며, 기억이며, 동시에 상상력의 테두리이다. 그것은 그저 '현실'을 의미하지 않는다. 꿈이 없는 현실은 껍데기일 뿐이다. 나는 일상을 규정하는 테두리를 넓힘으로써 내 일상의 폭과 깊이를 바꾸어 갈 수 있기를 열망한다. 열망은 마음속 깊은 곳에 욕망을 가지고 있기 때문에 생겨난다.

욕망이 없는 삶은 이미 속세가 아니다. 모든 사람이 욕망과 화해하고 대항해 싸우는 수도사가 될 필요는 없다. 나는 욕망을 사랑한다. 욕망만큼 강력한 모티베이션은 없다.

일상의 삶은 그것으로부터 힘을 얻는다. 삶이 어려운 것은 가난하기 때문이 아니다. 욕망이 죽어 가기 때문이다. 질병에 걸리는 것은 박테리아와 바이러스 때문이 아니다. 우리 몸속에 이미 이들을 이길 수 있는 힘이 있다. 병은 마음에 있다. 욕망을 잃은 삶은 죽은 것이다. 재미가 없다.

나는 내가 하고 싶은 대로 나를 위하여 이 책을 썼다. 책을 쓰는 동안, 줄곧 새벽에 깨어 있었다. 새벽은 우리가 늘 보아 온 낮의 세상과는 아주 다른 얼굴을 하고 있다. 화장을 지운 속살을 보여 준다. 한꺼번에 여러 페이지를 몰아쳐 가기도 했지만, 한 문장을 갖고 여러 번 고치기도 했다. 나는 시간을 '소모'했고, 이 아낌없는 낭비를 즐겼다. 쫓기지 않고 글을 쓴다는 것은 괜찮은 일이었다.

이 책의 일관된 주제는 '바꾼다'라는 것이다. 나는 대학에서 혁명사革命史에 관심을 가지고 있었다. 동양에 대한 서구의 우월적 지위가 가능했던 것은 그들이 혁명이라는 과정을 거쳐 왔기 때문이라 믿어서다.

그 후 직장에서 '변화와 조직의 개혁'이라는 주제를 벌써 13년 동안 끌어안고 있다. 그래서 다른 사람들은 나를 '변화 관리 전문가'라는 틀에 넣으려고 한다. 12년째 되는 해에 변화와 개혁을 나로부터 시작할 수 있었다. 일상 속에서 나는 세상을 들여다보는 시각을 바꾸고, 그것을 받아들이는 태도를 바꾸고, 행동을 바꿈으로써 지리한 내 일상을 바꾸고 싶었다. 비로소 나는 변화를 관리한다는 것이 매우 낡은 사고라는 것을 깨닫게 되었다.

개혁은 변화에 대응하는 적극적 방법이다. 그것은 변화를 창조함으로써 가장 강력하게 변화에 대응하는 것이다. 가장 확실하게 미래를 준비하는 법은 바로 미래를 만들어 내는 것이다.

창조의 힘은 욕망에서 나온다. 그러므로 욕망은 관리되어서는 안 된다. 관리된 욕망은 이미 욕망이 아니기 때문이다. 철창에 갇힌 호랑이는 이미 맹수가 아닌 것과 같다. 그것은 이미 야생력을 상실하였다. 자기를 몰아치는 폭발력이 없다.

욕망은 깊고 깊은 곳에 있다. 스스로도 움켜잡을 수 없는 모습으로 숨어 있다. 그것은 단순한 소망이나 충동이 아니다. 너무나 절실하여 우리를 행동으로 내모는 그런 것이다. 욕망을 가진 사람은 그것에 오랜 시간을 쓴다. 그것을 위해 다른 것을 희생하기도 하고, 자존심을 굽힐 줄도 안다. 어려운 상황을 견뎌 내기도 하고, 다른 사람이 어떻게 생각하는지 개의치 않는다. 그리고 그 일에 말할 수 없는 정열을 가지고 있으며, 새로운 관점에서 다른 사람을 설득할 수 있다.

'하고 싶은 일을 하다 보면, 가족을 먹여 살릴 수 없다'는 잘못된 깨달음으로 우리를 몰아간 것은, 우리를 기존의 체제에 묶어 두고 통제하고 싶은 보이지 않는 사람들이었다. 그들은 세상이란 '하고 싶지만 할 수 없는 일'과 '하기 싫지만 해야 하는 일'로 이루어진 것이라고 말한다.

그들은 때때로 우리 부모의 모습으로, 선생의 얼굴로, 직장 상사의 이름으로, 그리고 친구의 한숨 섞인 충고로 우리를 설득시켜 왔다. 그들의 말을 따르는 것은 어쩌면 지금까지는 그런대로 무난한 처신이었는지도 모른다.

그러나 지금 우리는 가족을 위해 '하기 싫지만 해야 하는 일'

을 하더라도 직장에서 내몰리고 있다. IMF 시기이기 때문이
아니다. 본질적으로 인간의 노동이 더 이상 중요한 생산 요소
가 아닌 사회로 이행하고 있기 때문이다. 아이러니하게도 기
업이 마지막까지 잡아 두려고 하는 사람들은 '하고 싶어 하는
사람들'이다. 욕망이 그들을 한길로 달려오게 했고, 결국 스스
로를 전문가로 만들어 주었기 때문이다.

전문성을 필요로 하는 기업으로부터의 수요는 어려운 시절
에도 보다 좋은 직장을 선택할 수 있는 기회를 준다. 그들은 기
업의 직원으로 머무는 대신, 자신의 전문성을 요구하는 잠재
적 고객을 찾아내 스스로의 사업을 시작하기도 한다. 직장보
다는 고객을 먼저 생각하는 눈을 가지고 있기 때문이다.

자본주의가 아직 희망을 가지고 있는 것은 바로 '하고 싶어
하는 사람들'에게 점점 더 많은 기회가 돌아간다는 점에 있다.
'자유 경쟁'이라는 기본 규칙 안에서의 승리가, 이 경쟁에 참가
한 다른 사람의 불행과 탈락에 의해서가 아니라 솔직한 욕망
에 따른 끊임없는 자기 개혁이 가져다준 힘에 의해 주도될 때,
자연 도태와 적자생존이라는 기업 진화론에서부터 벗어날 수
있다.

하고 싶고, 잘하는 일에 시간과 힘을 집중할수록, 더욱더 다
른 사람의 전문성이 요구된다. 바로 휴먼 네트Human Net가 중요
해진다. 이때 공존할 수 있는 모델Win-Win이 가능해진다.

절실한 욕망은 그러므로 흐르는 대로 놓아두어야 한다. 깊은 내부로부터 흘러나와 감동으로 휘몰아치는 욕망을 받아들임으로써 자랑스러운 자아를 발견하게 된다.

　다른 누군가가 되려고 해서는 안 된다. 다시 자신으로 되돌아오는 회귀는 바로 일상에서부터 시작해야 한다. 마음이 흐르는 대로 하고 싶은 것을 찾아 모든 시간을 그것에 소모해야 한다. 인생은 그렇게 만들어지는 것이라고 믿는다. 그때 자신의 삶이 무엇이었는지 비로소 말할 수 있게 된다.

1998년 4월

구본형

차례

제1장   모든 것은 변한다

제2장   누가 개혁에 저항하는가

제3장 실업은 일시적 현상이 아니다

제4장 1인 기업가로 다시 시작하라

제5장　　비전은 위대한 미래의 모습이다

제6장　　자신과 만나기 위한 산책길

제7장 지금 바로 시작해야 할 다섯 가지

불타는 갑판, 확실한 죽음에서 가능한 삶으로

1988년 7월, 영국 스코틀랜드 근해 북해 유전에서 석유시추선이 폭발하여 168명이 희생된 사고가 발생하였다. 앤디 모칸 Andy Mochan은 지옥 같은 그곳에서 기적적으로 자신의 목숨을 구했다.

그가 한참 잠이 들었을 때의 일이다. 잠결에 들리는 폭발음 소리에 본능적으로 밖으로 뛰쳐나갔다. 눈앞에는 거대한 불기둥이 곳곳에서 요란한 소리와 함께 치솟고 있었다. 아무리 주위를 둘러보아도 피할 곳이라고는 없었다. 순간 그는 배의 난간을 향해 뛰었다. 하지만 바다 역시 유출된 기름으로 불길을 이루고 있었다. 그가 바다로 뛰어내린다 하여도 길어야 30분 정도 여유가 있을 뿐이었다. 그 짧은 시간 안에 구조되지 않으면 살기를 포기해야 했다. 더욱이 배의 갑판에서 바다의 수면까지는 거의 50미터 높이였다. 모든 것이 불확실했고 그는 두려웠다. 그러나 머뭇거림도 잠시 그는 불꽃이 일렁이는 차가운 북해의 파도 속으로 몸을 던졌다.

무엇이 앤디 모칸을 바닷속으로 뛰어들게 만들었을까? 그가 운이 좋았던 것인가? 배에 남아 목숨을 잃은 대부분의 사람은 왜 바다로 뛰어들지 않았을까? 용기가 없거나 단지 운이 나빴던 것일까?

앤디 모칸은 삶과 죽음을 가르는 그 순간 불타는 갑판Burning Platform에 그대로 남아 있는 것은 곧 죽음을 기다리는 것과 같다는 것을 깨달았다. 그는 구조될지 모른다는 실낱같은 희망을 안고 바다로 뛰어드는 목숨을 건 선택을 감행했다. 그의 행동은 '확실한 죽음Certain Death'으로부터 '죽을지도 모르는 가능한 삶Possible Death'으로의 선택이었다.

제1장

모든 것은 변한다

가치를 만드는 사람만이 언제나 필요한 사람이다. 그러나 가치의
개념은 언제나 변한다. 변하지 않는 것은 '싫든 좋든 세상은 변하
고 있다'는 사실뿐이다. 변화를 생활의 기본 원리로 받아들이는
것은 그러므로 매우 중요한 깨달음이다. 아울러 그 변화의 방향을
알고, 자신의 욕망과 그것을 연결시킬 수 있다는 것은 바로 기회
를 만들어 가는 것이다.

직장

오늘은 어제와 다르다

삶은 진지한 실체이다. 그렇다고 그것이 언제나 조마조마하다는 뜻은 결코 아니다. 곤충과 동물의 세계는 건강한 자연스러움으로 가득 차 있다. 카멜레온은 주위의 환경에 따라 변한다. 애벌레는 자신을 보호하기 위해 맹금류의 눈알처럼 보이는 문양으로 문신을 만든다. 사막을 횡단하는 것은 당당한 사자가 아니라 보기 흉하고 구부러진 등을 가진 낙타이다. 그들은 환경에 따라 변하고 자신이 적응할 수 있는 환경을 선택한다. 그리고 이러한 변화와 적응은 그들에게 일상의 삶을 가능하게 해 준다. 그것은 일상적인 생활이다.

인간은 문명을 시작한 이래 점점 더 신체적으로 퇴화해 왔다. 그들은 기후에 적응하는 대신 항상 상온을 유지할 수 있는 가옥과 냉난방 시스템을 만들었다. 가장 문명화된 나라의 남성 정자의 수는 이미 자연스러운 종족 보존이 불가능할 위기에 처할 만큼 줄어들었다는 의학 보고가 있다. 인간은 자연에서 멀어지면서 — 서구인들은 "자연을 극복했다"고 말하지만 — 매우 안정적으로 생활을 유지할 수 있었다. 어제는 오늘과 다르지 않고 겨울과 여름의 기온 차이는 생존을 위협하지 못했다.

생활의 안정은 변화를 필요로 하지 않았기에 우리는 일상생활 속에서 변화에 대한 연습을 할 기회가 적었다. 그리하여 변화와 적응은 힘든 일이 되고 말았다. 만일 우리가 살고 있는 지금이 과거처럼 변화의 속도를 견딜 만한 시기라면 지금처럼 살아도 될 것이다. 가령 아침 9시에 출근해 6시에 퇴근하고, 적당히 시간을 보내면 얼렁뚱땅 직급이 올라가면서 그렁저렁 늙어 갈 것이다.

그러나 우리가 지금 처해 있는 이 시간은 과거에 존재하지 않았던 변화와 격변의 시대이다. 직장의 성격 역시 급변하고 있다. 우리가 실업, 즉 직장의 상실이라는 위험에 직면하게 되었을 때, 결코 잊지 말아야 할 점은 이것이 일시적 현상이 아니라는 사실이다. 사회는 새로운 트렌드를 만들어 내고 새로운 물결은 새로운 직업을 창출해 내겠지만 오직 준비되어 있는 사람만을 위한 자리가 된다.

모든 것은 변한다

단순한 노동력밖에 가지고 있지 못한 사람은 결국 사회의 하층 구조 속에 영원히 머물러 있을 수밖에 없게 된다. 미래는 전문가들이 경제적 부를 독점하는 지식 사회이기 때문이다. 미래가 이렇게 될 수밖에 없다는 필연적 변화의 추세를 이해한다는 것은 사회 경제적인 경쟁력을 만들어 내는 기초적인 작업이며, 그 바탕은 강력한 자기 혁명이다.

우선 혁명적인 기술의 변화를 받아들여야 한다. IBM의 PC 사업부에서 일했던 한 영업 사원은 "PC 장사는 배추 장사"라고 버릇처럼 말한다. 며칠 지나면 신선도가 떨어지는 배추처럼 몇 개월 사이에 새로운 모델과 기종이 출시된다. 그것은 사는 순간에 손해 보는 구매인 것이다. 시장에 나오는 순간에 이미 구닥다리 기술이 되고 만다. 또 가상 현실은 실제보다 더 정교하고 짜릿하고, 디즈니랜드의 놀이 기구처럼 통제가 가능하다. 통제할 수 있는 현실이란 매력적인 것이다.

기술적 혁명은 또한 인간관계의 연결 구조를 재구성할 수 있도록 지원함으로써 인간 상호 간의 역할과 정보의 교환 방법을 바꾸어 놓았다. 이것은 결국 기업이 사업을 하는 방식을 근본적으로 바꾸는 요소가 되었다. 기업은 고객과 엑스트라넷 extranet으로 연결된다. 그리고 기업 내부는 자신들의 정보의 흐름을 보호할 수 있는 방화벽이 둘러쳐진 상태에서 직원들끼리 필요한 정보를 교환할 수 있는 인트라넷intranet으로 연결된다.

그리고 상거래 행위는 전자 거래의 형태로 빠르게 바뀌어 가고 있다.

나아가 기술적 변화는 사회적이고 경제적인 변화를 촉진한다. 약 200년 전에 산업 혁명과 함께 시작된 '직장'이라는 개념은 급속하게 무너져 가고 있다. 19세기에는 직장이 없어도 생산적이고 의미 있는 일을 할 수 있었다. 오히려 산과 들에 흩어져 일하는 사람들을 모아 하나의 공간 안에 집어넣고, 같은 시간에 일을 시작하고 같은 시간에 일을 마치는 공장의 출현은 그 당시 경이로운 착상이었으며 매우 불순한 사고이기조차 했다.

그러나 현대인은 직장을 축으로 하여 일상의 삶을 영위해 왔다. 직장은 생계 수단 이상의 것이다. 나에게 있어 나의 직업은 '나의 인생'이었다. 어떤 일을 하는지가 바로 그 사람이 누구인지를 말해 주는 중요한 기준이기도 하다. 직업을 통해 자신의 존재를 규정하고 직업을 통해 공동체와 연결되고 직업을 통해 하루하루를 계획할 수 있었다. 직장은 그 사람에게 특정한 역할을 기대하기도 하지만 일에 대한 보람도 주었다. 직장은 인생의 의미와 질서를 부여하는 가장 중요한 요소 중 하나이다. 그러므로 직장으로부터의 일탈은 본인에게뿐만 아니라 그 가족에게도 심각한 심리적 영향을 줄 수밖에 없다.

최근에 명예퇴직을 한 대기업의 중역은 "퇴직을 하고 가장 견디기 어려운 것은 심리적 측면"이라고 털어놓았다. '어느 직장에서 무엇을 하는 어떤 직책'을 가진 사람임을 말해 주는 명함이 없이는 자신을 다른 사람에게 소개할 수 없었던 것이다. 그러므로 직장은 생계의 수단을 넘어 '나'를 나타내는 정체성의 근본이었다.

IMF가 닥치면서 명예퇴직은 이미 사치스러운 개념이 되어버렸다. 한국의 기업은 퇴직자가 바친 청춘의 대가로 무엇인가를 더 얹어 줄 수 있는 여력을 잃고 말았기 때문이다. 남아 있는 사람들도 봉급의 인상은커녕 - 노조와 기업이 봉급 인상률을 놓고 힘겨루기를 하는 것이 매년 겪는 정례 행사임을 기억하라 - 하나의 일자리를 둘이서 나누어 갖게 되는 것도 감수해야 하는 상황이다.

IMF로부터 10년이 지난 지금 분명해진 것은 아주 많은 정규직 직원이 임시직이나 계약직 직원으로 대치되었다는 사실이다. 기업은 더 이상 고용에 대한 책임을 지고 싶지 않고, 직원을 해고하는 일에 노동조합과 힘을 겨루고 싶지도 않고, 추가의 퇴직금을 지급하고 싶지 않은 것이다.

이제는 아무도 평생직장을 꿈꾸지 않는다. 적당한 시기에 적당한 새로운 일자리를 찾아 직장을 바꾸게 되리라는 것, 상황이 더 나빠져 갑작스러운 실업을 당하게 될지도 모른다는 것을 잘 알고 있다. 이미 회사가 직원에 대해 가지고 있던 평생 보장의 의무나 직원이 회사에 대하여 가지고 있던 애사심은 서로에게 기대하기 어려운 것이 되었다.

직장에 부는 변화의 바람은 공간과 시간에 대한 개념 또한 바꾸어 놓았다. 9시부터 6시까지 하나의 공간에 모여 근무하는 직장의 형태가 서서히 변모하기 시작했다. 한 예로 한국 IBM은 1995년부터 영업 사원을 대상으로 유동 근무제Mobile Office를 도입하여 활용하고 있다. 대상이 되는 직원은 9시에 회사로 출근할 필요가 없다. 노트북 PC와 핸드폰, 페이저 등 통신 장비를 갖춘 그들은 자신이 있는 곳을 바로 사무실로 활용한다. 그들은 필요에 따라 자신의 근무 일정을 조정한다.

그 덕분에 더 많은 시간을 고객과 함께할 수 있으며, 출근 시간의 그 엄청난 교통 정체의 비효율성에서도 벗어날 수 있다. 반면에 그들은 동료의 얼굴을 매일 볼 수 없으며, 사유 공간처럼 사용하던 자신만의 책상을 가질 수 없다. 그들은 마치 호텔의 빈방을 이용하듯, 비어 있는 공간을 찾아 노트북의 전원을 꽂고 업무 보고를 한 후 다음 일정에 따라 자리를 뜬다.

또 다른 예를 들어 보자. 시애틀에 본부가 있는 마이크로소프트Microsoft사는 정규 근무 시간이라는 것이 없다. 일반적으로 다른 회사의 근무 시간이라고 알려져 있는 대낮에 어느 직원은 회사의 운동장에서 아이들과 농구를 하기도 한다. 또 다른 동료가 열심히 일할 때 혼자 요가를 즐기기도 한다. 회사는 24시간 직원에게 개방되어 있다. 직원들은 누구의 통제도 받지 않고 자기가 원하는 시간에 근무한다. 그러나 직원의 성과는 철저하게 평가된다. 그들은 전통적 의미의 관리자에게 보고하는 것이 아니라 프로젝트의 팀장에게 보고한다. 만일 프로젝트의 한 팀원으로서 자기가 맡은 일을 제때에 해내지 못하면 팀 전체가 고통을 받는다.

한 프로젝트가 끝나면 그 직원은 그 프로젝트에서의 평가를 그대로 가지고 다른 프로젝트에 투입된다. 그들에게 전통적 의미의 출세의 길이란 없다. 이것은 과거 우리가 직장이라고 여기고 있던 기존의 개념과는 판이하게 다른 것이다.

10년 전만 해도 혁명적이었던 이러한 근무 형태는 지금은 새로운 이야깃거리가 되지 않는다. 이미 우리는 새로운 이야기를 놀라움 없이 듣는 데 익숙해져 있다.

이러한 변화의 시기에 개인과 조직은 변화와 개혁을 필요로 한다. 오늘은 어제와 다르며 미래는 이미 그 앞자락을 끌며 아주 다른 얼굴로 벌써 다가와 있다. 어제와 현재의 연장으로 미래를 인식한다는 것은 곧 실패를 의미한다. 개혁은 변화에 대한 대응의 한 방법이다. 이러한 노력은 생사를 가름하는 생존의 문제이다. 만일 변화를 이해하고 이에 맞추어 지금을 개혁하는 작업을 '생존의 명제Survival Issue'로 받아들이지 않고 그저 '하면 좋은 것Nice to Do' 정도로 생각한다면 결코 개혁에 성공할 수 없다.

개혁은 과시하기 위해서도 아니며 칭송받기 위한 영웅주의에서 시작해서도 안 된다. 세상을 바꾸는 일도 자신의 삶에서부터 시작하지 않으면 안 된다. 그것은 삶의 문제이다. 변화와 개혁을 진지하게 생각하지 못하는 개인과 조직은 불타는 갑판에서 참사를 당한 사람들의 이름 속에 추가될지도 모른다.

모든 것은 변한다

변화

왜 필요한가

철학자 알프레드 노스 화이트헤드Alfred North Whitehead는 "진보의 기술은 변화 속에서 질서를 보존하고, 질서 속에서 변화를 보존하는 것"이라고 말했다. 변화와 질서는 결코 배타적인 것이 아니다. 이것은 상호 의존적이다. 질서가 가정되지 않는 변화란 존재하지 않는다. 순전한 무질서의 상황 - 예를 들어, 자존심의 문제에서 시작하여 광란의 학살과 파괴의 과정을 거쳐 절망으로 끝나는 전쟁 같은 것 - 에서 변화란 애초 존재하지도 않는다. 끊임없는 유동 상태는 변화가 아니다. 질서가 없다면 변화는 발생할 바탕을 잃고 만다. 우리에게 필요한 것은 절대적 안정도 아니고 완전한 혼란도 아니다. 우리는 이들의 적절한 균형을 통해 번영에 이를 수 있다. 톰 피터스Tom Peters의 표현을 빌리자면 바로 "혼란을 통한 번영"이라 할 수 있다.

바로 불과 물의 화해 같은 것이다. 거부와 파괴, 광기와 정열, 기백과 젊음은 언제나 긍정과 유지, 평상심과 담담함, 근신과 은근함 같은 속성과 함께 있을 때 조화를 이룬다. "너무 많이 가지 않음으로써" 생활인으로서의 일상성을 유지할 수 있는 것이다. 여행이 좋은 것은 잠시 일상을 벗어날 수 있기 때문이다. 그러나 그것이 혼란스럽지 않은 이유는 얼마 후에 다시 돌아온다는 믿음이 있기 때문이다.

변화와 질서 혹은 안정이 상호 보완적이라는 것은 자전거를 타 본 사람이라면 금방 이해할 수 있다. 비 온 후에 자전거의 궤적을 보라. 그것은 직선 행로를 그리지 않는다. 관성에 몸을 맡기면서도 조금씩 핸들을 틀어 주어야 비로소 자전거는 넘어지지 않고 마음먹은 곳을 향해 나아갈 수 있다. 핸들을 힘주어 꽉 잡고 있으면 자전거는 반드시 넘어진다. 변화는 우리에게 결국 쓰러짐 없는 안정과 질서를 가져다주는 것이다. 우리가 변화를 통해 성장할 수 있다는 것은 바로 변화를 이해하고 일상의 원리로 받아들임으로써 가능하다.

과거의 성공은 오늘의 변화에 짐이 된다. 성공은 곧잘 우리를 도취하게 만든다. 만일 당신에게 그러한 현상이 생긴다면 하버드대학의 테오도르 레빗Theodore Levitt 교수의 다음 말을 명심할 필요가 있다.

모든 것은 변한다

지금 강력한 위치에 있는 산업치고 왕년에 성장 산업이라는 명성을 지니지 않은 산업은 없다. 그러나 그들은 성장의 정점에서 이미 어두운 쇠퇴의 그림자 속으로 빠져들고 있다. 또 우리가 성장의 절정기에 있다고 생각하는 산업들도 실제로는 성장을 멈추고 있다. 이것은 시장이 포화 상태이기 때문이 아니다. 경영에 실패했기 때문이다. 실패의 원인은 조직의 상층부에 있다. 최근의 분석에 따르면, 회사의 모든 목표와 정책을 결정하는 최고 경영자에게 실패의 책임이 있다.

이 말은 발간되자마자 미국에서 26만 5천 부가 팔린 그의 초기 논문 「마켓팅 근시Marketing Myopia」의 첫 부분에 나오는 말이다.

방향

변화하는 기업에는
다섯 가지 개혁 방향이 있다

피터 드러커Peter Drucker는 21세기의 특징을 지식 사회라고 규정했다. 이 모호한 말은 무엇을 의미하는 것일까? 로버트 라이시Robert Reich가 제시한 예를 살펴보자. 1920년대에 자동차 한 대를 만드는 데 소요되는 원가의 85퍼센트는 생산 노동자와 자본가에 의해 투입된 것이었다. 그들은 부의 배분에도 그만큼의 할당을 받았다. 1990년대 이후 두 집단에게 돌아가는 몫은 60퍼센트 미만에 불과하다. 나머지는 설계자, 엔지니어, 스타일리스트, 기획가, 전략가, 금융 전문가, 최고 경영자, 변호사, 광고 제작가 그리고 판매자 등에게 배분된다.

반도체 칩에 대한 부의 배분은 더 분명한 예를 보여 준다. 반도체 칩 가격의 3퍼센트에 해당하는 부분은 원료와 에너지 소유자에게 배분된다. 기자재와 설비 소유자에게 할당되는 양은 5퍼센트에 불과하다. 그리고 겨우 6퍼센트 정도가 일상적인 생산 노동자에게 배분된다. 원가의 85퍼센트 이상이 전문화된 설계 및 엔지니어링 서비스 제공자와 특허 및 저작권 관계 전문가에게 배분된다.

이렇듯 '전문 지식'이라는 새로운 생산 요소를 장악한 지식 노동자들이 새로운 사회의 부를 장악하고 있다. 이것이 바로 지식 사회가 가지는 의미이다.

기업의 개혁 방향과 틀은 다음과 같은 몇 가지의 공통적 내용을 선호한다. 이를 올바로 이해하기 위해서는 기업을 실질적으로 장악해 가기 시작하는 이들 전문 지식인들의 영향력을 이해해야 한다.

하나, 조직의 활력화

전통적 의미의 피라미드 조직은 지시와 통제의 원칙에 기초한다. 이것은 매일 같은 일들이 반복되는 19세기적 상황에서는 매우 혁명적인 조직 관리 원칙이었다. 일을 처리하는 일관된 관행과 원칙을 준수함으로써 획일적이고 일사불란한 일의 처리가 가능했다. 그러나 변화의 속도가 가속화되면, 오늘은 어제와 같은 방식으로 일을 처리할 수 없게 된다. 조직의 대응력이 매우 중요한 경쟁력이 되는 것이다.

피라미드 조직은 이러한 새로운 요구에 부합될 수 없다. 일을 집행하기 위해 관련 부서와 상사들에게서 스물두 개의 동의와 결재를 받아야 한다면 정말 웃기는 일이라고 생각할지 모르지만 실제로 이런 일들은 일반적으로 일어난다. 심지어 가장 훌륭한 경영 시스템을 가지고 있다고 정평이 나 있는 세계적 기업들의 경우도 예외가 아니다.

전문 지식을 가지고 있는 사람들은 주어진 상황에 대하여 가장 적절한 의사 결정을 할 수 있는 집단들이다. 전문가가 아닌 일반 관리자들로부터 지시를 기다려 일을 처리하는 기존의 조직 운영은 이들에게 더 이상 적절한 운영 체계가 아니다. 그들은 스스로 판단하고 스스로 책임질 수 있는 조직 운영을 선호할 수밖에 없다.

실제적으로 매우 진보적인 기업은 피라미드 조직의 관리층을 줄이는 노력을 기울여 왔다. 신입 사원부터 사장까지의 관리층을 줄임으로써 의사 결정의 단계와 소요 시간을 단축하려는 노력은 초기 단계에서 보편적으로 볼 수 있는 조치들이다. 그러나 이것만으로는 충분치 않다. 많은 기업이 피라미드 조직 자체를 대신할 수 있는 새로운 대안을 찾기 위해 노력하고 있다. 기업을 여러 개의 사업 단위로 쪼개 조직 활력을 더하고, 시장 대응력이 강한 '작은 조직'으로 만들어 가는 방법이 실험되었다. 더 나아가 사업 단위 조직 간의 시너지를 극대화하기 위해 이들 각자를 '독립적인 전체'로 통합하는 매트릭스 조직이 다시 등장하기도 했다.

IBM의 경우 160여 개 나라에서의 영업을 북미, 유럽, 남미 그리고 아시아 태평양 지역으로 지리적으로 나누어 경영하는 대신 다수의 산업 단위별 조직으로 개편했다. 그리고 각 단위 국가별로 인사, 재무, 행정 관리 등 조직의 기본 구조infrastruc-ture를 관장하는 국가별 사장을 두어, 각각의 산업별 조직이 각 나라에서 영업을 하는 것을 지원하도록 만들었다.

이러한 발상의 전환은 전 세계를 하나의 지구적 시장으로 보는 관점에 기초한다. 예를 들어 미국의 크라이슬러Chrysler 자동차 회사에서 성공적으로 도입되어 성과를 올리고 있는 생산 관리 시스템을 한국의 현대자동차가 똑같은 관심을 가지고 지켜볼 수 있다. 토요타Toyota 역시 예외일 수 없다. 미국과 일본 그리고 한국의 경제 발전 단계나 시장의 크기, 기술력 등은 다르며, 시장에 접근하는 경영 전략 또한 다르지만, 이들이 세계를 시장으로 놓고 경쟁하기 위해서는 최고의 효율성을 가진 시스템을 보유해야 한다는 것은 피할 수 없다.

그렇다면 다국적 기업의 조직이 국가별 다양성에 대응할 수 있도록 관리되는 것보다는 산업별 특성에 대응할 수 있도록 만들어져야 한다는 가정이 가능해진다. 즉 국가적 다양성보다는 산업별 다양성에 따라 시장의 고유한 요구를 세분화하는 것이 필요하다. 따라서 조직 역시 지리적 관리가 아닌 산업별 관리가 가능한 형태로 재편되어야 한다.

기업의 이러한 노력들이 성공적이었는지에 대한 평가는 아직 빠르다고 할 수 있다. 그러나 분명한 것은 과거의 피라미드 조직을 통한 지시와 통제의 운영 방식은 빨리 극복해야 할 과제라는 점이다. 그리고 조직 내부의 지시와 통제를 거부하고, 다른 방식, 즉 자신의 전문성에 기초한 의사 결정 방식을 추구하는 전문가들이 이러한 변화를 가능하게 하고 또 촉진한다는 것을 잊어서는 안 된다.

둘, 프로세스 위주의 운영

비즈니스 프로세스 리엔지니어링BPR: Business Process Reengineering은 경영에 관심이 없는 사람에게도 익숙한 말이다. 그러나 프로세스의 정의에 대해 정확하게 알고 있는 사람은 경영에 관심을 가지고 있는 사람들 속에서도 찾아내기가 쉽지 않다. 프로세스란 말은 자주 쓰이지만 과학적인 정의 없이 통용됨으로써 혼란을 주는 가장 대표적인 경영학 용어 중의 하나이다.

우선 프로세스에 대한 정의는 매우 다양하다. 웹스터 사전은 "어떤 결과를 만들어 내는 일련의 행위나 작업으로 특히 제조 과정의 연속적 작업이나 조치"를 지칭하는 것으로 정의한다. AT&T에서는 보다 구체적인 정의를 하고 있다. 특정 아웃풋을 만들어 내는 일련의 인풋과 부가 가치 행위를 그 특성으로 하는 "일련의 상호 관련적 작업 행위Set of Inter-Related Work Ac-tivities"라고 정의하고 있다. IBM의 정의는 보다 그럴듯하다. 프로세스는 "고객에게 유용한 결과를 만들어 내기 위해 명확하게 서류화된, 반복적이고 측정 가능한 일련의 연속적 작업 과정series of definable, repeatable and measurable tasks"으로 정의된다.

프로세스를 설명하기 위해서 전문가들이 가장 많이 드는 예는 집에서 직장까지의 출근 과정이다. 예를 들어 평창동에서 여의도에 있는 회사까지 출근하는 사람이 있다고 가정하자. 그가 9시까지 회사에 도착하기 위해서는 아침의 어느 순간에 집을 떠나야 한다. 출근 시간에 소요되는 시간이 출발 시간을 결정한다. 출근에 소요되는 시간은 집과 회사 사이를 잇는 여러 도로망 중 어느 도로를 선택할 것인지 그리고 어떤 교통 수단을 이용할 것인지에 따라 다르다. 평창동 - 자하문 터널 - 광화문 - 마포 - 여의도를 자가용으로 갈 수도 있다. 소요 시간은 평균 50분이며, 자동차의 감가상각비를 제외하고 평균 3,000원 정도의 경비가 든다고 가정하자. 또 다른 방법의 하나는 평창동 - 경복궁 전철역까지 버스를 이용하고, 경복궁역에서 3호선을 타고 가다가 종로3가역에서 5호선으로 갈아타고 여의도 전철역에서 내려 회사까지 걷는 방법이다.

평균 소요 시간은 한 시간이며, 경비는 1,500원이라고 가정하자. 이외에 가능하고 실용적인 방법이 몇 가지 더 있을 것이다. 그리고 조금씩 평균 소요 시간이 다를 것이며 경비도 차이가 날 것이다. 이 중에서 우리는 하나를 선택하여 자신의 출근 루트로 삼게 된다. 우리는 이것을 '출근 프로세스'라고 부를 수 있다.

출근 프로세스를 개선하는 방법은 가능한 여러 가지 루트들을 조합하여 짧고, 정체가 가장 덜한 루트를 발견하는 것이다. 소요 시간은 어느 루트를 선택했는가에 따라 달라진다. 그러나 출근에 소요되는 경비는 어느 교통 수단을 이용하느냐에 주로 달려 있다. 자가용일 수도 있고, 전철일 수도 있고, 택시일 수도 있고, 버스일 수도 있다. 그리고 두 개 이상의 방법이 섞일 수도 있다. 그때마다 소요되는 필요 경비를 산출할 수 있다.

9시까지 회사에 도착해야 한다는 목적에 맞추기 위해서는 소요 시간이 가장 중요하다. 이것은 프로세스의 효과성effectiveness을 결정한다. 바로 프로세스의 합목적성을 의미하는 요소이다. 한편 프로세스를 수행하는 데 드는 비용은 효율성efficiency을 결정하는 재무적 요소이다.

출근 프로세스를 개선할 때, 효과성을 결정하는 소요 시간의 단축은 불과 10~20분 정도의 차이를 보인다. 효율성 지표인 소요 경비의 경우는 버스나 전철을 이용하는 것이 택시를 타는 것보다 훨씬 싸다. 여기서 조금만 더 사고를 진전시켜 보자. 우리가 직장에 출근하는 이유는 일을 하기 위해서이다. 그러나 일이 반드시 회사에서만 이루어지는 것은 아니다. 영업 사원의 경우, 회사에 앉아 있는 것보다는 고객과 만나는 시간이 더 중요하다. 그런데도 그들을 매일 아침 9시까지 회사로 불러 모으는 이유는 무엇인가?

만일 출근 자체를 하지 않는다면 어떻게 될까? 이를테면 재택근무 같은 것 말이다. 회사에는 필요한 경우 필요한 시간에 가도록 하고 기본적인 일상적 업무는 집이나 고객의 사무실에서 직접 이루어지게 만들 수 있다면 어떨까? 이 경우 출근 프로세스 자체가 없어지는 것이며, 새로운 형태의 근무 프로세스가 만들어지게 된다. 이렇게 되면 논리적으로 소요 시간이나 소요 경비가 발생하지 않기 때문에 무한대의 개선 효과를 누릴 수 있다. 이것이 바로 프로세스 개선과 프로세스 리엔지니어링의 차이이다. 프로세스 리엔지니어링은 그러므로 기존의 프로세스의 존재 자체를 의심하는 것부터 시작한다. 슘페터Joseph A. Schumpeter가 말하는 '창조적 파괴'이며, 혁명의 시작이다.

좋은 프로세스란 기업의 입장에서 효과성과 효율성이 뛰어난 프로세스를 의미하며, 좋은 프로세스를 가지고 있는 기업은 가장 저렴한 비용으로 가장 뛰어난 의도된 결과를 얻을 수 있다. 그러므로 기업의 경쟁력은 프로세스의 경쟁력에 크게 좌우된다.

이러한 프로세스가 기업 혁명의 매우 중요한 개혁 단위를 이루고 있다는 것에 주목할 필요가 있다. 이것은 고객 중심 사상에서 나온 자연스러운 결과이다. 모토로라의 조지 피셔 George Fisher 회장의 말은 왜 우리가 프로세스의 개혁에 그렇게 노력을 집중해야 하는지를 단적으로 대변해 준다.

> 조직은 고객에게 서비스를 제공하기 위해서 만들어진 것이 아니라 내부적 질서를 유지하기 위해 만들어진 것이다. 고객의 입장에서 볼 때, 내부 조직은 아무런 의미가 없을 뿐 아니라 종종 원활한 고객 서비스의 장벽으로 작용한다. 조직 구성도는 수직적으로 그려져 있지만 고객에게 서비스를 제공하는 것은 수평적인 범부서적 노력이다.

프로세스는 바로 고객에게 가치를 제공하기 위한 범부서적, 수평적 부가 가치 과정인 것이다. 이것이 효과적일 때 조직은 고객이 원하는 것을 제공할 수 있으며, 이것이 효율적일 때 조직은 재무적 성과를 높일 수 있다. 따라서 기업이 프로세스를 최적화시키지 못하고서는 시장의 요구에 효율적으로 대응을 할 수 없게 된다.

자본주의의 성공은, 마을의 장터에서 이루어지던 구체적인 물질적 교환을 그 기본적 경제 개념으로 도입함으로써 이루어졌다고 해도 과언이 아니다. 시장은 참으로 단순하지만 인간의 기본적인 욕망에 기초한 훌륭한 메커니즘이다. 모든 사업은 시장에 의해 그 생사가 결정된다. 그러므로 시장을 무시한 채 내부 메커니즘에 집착하는 기업은 결코 승리할 수 없다. 얼마나 많은 고객의 요구가 기업 내부의 경직성과 편의주의와 잘못된 우선순위에 의해 묵살당해 왔는가? 그리고 얼마나 많은 기업이 바로 이 이유 때문에 문을 닫았는가?

1990년대 말, 나는 당시 한창 유망한 개인 통신 사업에 뛰어든 후발 업체의 광고에 흥미를 느꼈다. 만일 그 광고의 내용이 사실이라면 나는 그 회사의 고객이 될 준비가 되어 있었다. 그만큼 광고는 경쟁력이 있어 보였다. 나는 전화를 걸었다. 그리고 자세한 설명을 요구했다. 전화를 받은 사원은 매우 무뚝뚝했다. 그리고 지금 자기들이 부서 회의 중이니 다음에 다시 전화를 하라고 했다. 나는 직업의식이 발동하여 왜 고객의 전화보다 자신들의 회의에 우선순위를 두는지 물었다. 그 직원은 그런 것에 대해 따지지 말라고 했다. 나는 점잖게 그 회의가 궁극적으로 무엇을 위한 것인지 생각해 보라고 말했고, 그 회사의 고객이 될 생각을 포기하겠다고 말했다. 그는 대수롭지 않게 받아들였다. 나는 그들에게 중요한 사람이 아니었다. 이 회사는 그 후 1년 가까이 어느 통신 회사 못지않게 많은 고객 서비스와 파격적 가격에 대한 광고를 실었다. 그리고 IMF가 오자 이 산업 분야에서 가장 먼저 부도가 난 기업이 되었다.

고객의 요구와 기대를 파악하는 것부터 시작하여 고객의 만족 정도를 측정한 뒤 그 수준과 개선책을 다시 최초의 출발점으로 피드 인feed in시키는 것으로 순환되는 비즈니스 프로세스를 경영 혁명의 기본 단위로 선택한 것은 바로 이런 맥락에서 이루어졌다. 그러므로 프로세스 리엔지니어링은 고객에게 접근하기 위한 명백한 우선적 목표를 가지고 시작되지 않으면 안 된다.

경영 활동을 조직이 아닌 프로세스로 운영하려는 노력은 기업의 전문 핵심 인력들이 자신의 전문 영역을 넘어 서로 협조하면서 일할 수 있도록 도와준다. 프로세스 전체를 이해할 때 자신이 맡은 분야와 다른 동료가 맡은 분야 사이의 관계를 규정할 수 있다. 이러한 부가 가치 과정의 체계적 흐름이 결국 고객이 열광할 수 있는 가치를 만들어 가는 연결 고리라는 것을 이해하게 함으로써 자신의 일에 몰두하되, 그것이 전체에 미치는 영향을 항상 고려할 수 있게 한다.

예를 들어, 자동차 시장을 나누어 각 세분 시장별로 고객의 요구 사항을 분석하는 시장 분석 전문가는 자신의 일을 하되, 이 자료가 무엇에 어떻게 사용될 것인지, 누가 이 자료를 사용할 것인지, 자료의 어떠한 내용이 마케팅 전문가나 자동차 디자이너에게 중요한 것인지에 항상 신경을 써야 한다. 훌륭한 자동차 디자이너는 디자인 기술만 탁월해서는 안 된다. 시장 분석 전문가나 마케팅 전문가가 파악한 세부 시장별 고객의 요구 사항이나 개별 고객의 취향을 자동차라는 상품 개념 속으로 변형시켜 넣을 수 있어야 한다. 그들은 각 분야의 전문가들이지만 함께 일한다. 프로세스는 바로 서로 다른 전문가들이 함께 일할 수 있도록 그 역할을 체계적 흐름으로 바꾸어 놓은 문서화된 약속인 것이다.

셋, 팀의 시너지

프로세스 리엔지니어링이 기업의 운영 체계를 바꾸는 하드웨어적 노력이라면, 팀워크는 이 프로세스대로 작업이 실제로 이루어질 수 있도록 도와주는 소프트웨어적인 힘으로 파악할 수 있다. 조직의 구조가 수직적 틀을 기본 유형으로 가지고 있다면, 프로세스는 본질적으로 범부서적 협력과 이해를 전제로 하는 수평적 흐름이다. 그러므로 이것은 부서 간의 벽을 넘어서는 팀워크를 가정하지 않고는 운영될 수 없는 운영 모델이다.

실제로 프로세스 위주의 운영은 많은 경우 벽에 부딪히게 된다. 그 이유는 프로세스의 개편과 더불어 부서의 벽을 넘어 협력할 수 있도록 관리 체계의 개편이 따라 주지 못하기 때문이다. 지금까지 조직 내에서의 행위는 언제나 부서의 한계 내에서 이루어져 왔기 때문에 범부서적 협력이라는 새로운 가치에 입각한 조직 행위를 권장하고 고무시키지 않을 수 없다. 그러기 위해서는 성과 측정 지표와 보상 체계를 바꾸고 교육과 커뮤니케이션 등을 통해 조직 구성원들에게 이러한 지침을 명확하게 전달해야 한다.

이 과정에서 가장 중요한 것이 최고 경영자의 리더십이다. 이것은 권위주의적이고 가부장적인 리더십이어서는 안 된다. 카리스마도 안 된다. 새로운 시대에는 새로운 형태의 리더십이 필요하다. 자신이 종사하는 바로 그 분야에서의 리더십이 필요하며, 고객을 위한 리더십이 필요하다. 이 새로운 형태의 리더십은 기술적으로 여러 가지 모습을 가질 수 있으나 핵심은 언제나 최고 경영자가 앞장서지 않으면 안 된다는 점이다. 슈바이처의 말대로 리더십의 정체는 바로 모범인 것이다.

개인주의적 바탕 위에 서 있는 서구적 경영 체제는 개인의 업적에 따른 보상에 친숙하다. 그러나 현재의 경영 혁신 방향은 개인적 업적의 장점 위에 팀의 시너지를 더하고 싶어 한다. 바로 범부서적 프로세스가 매일매일의 일과 속에서 살아 움직이게 하기 위해서는 이것이 필수적이기 때문이다. 깊이 들여다보면 이것 역시 조직의 기본적 기술력의 중추를 이루고 있는 사람들이 수직적 전문 지식을 가지고 있는 사람들이라는 현상과 무관하지 않다.

이해가 쉬운 자동차의 예를 다시 들어 보겠다. 자동차를 생산 판매하는 기업의 경우, 차를 한 대 만들어 팔기까지 여러 종류의 전문가들이 개입한다. 자동차 디자인 전문가, 엔지니어, 판촉 및 광고 전문가, 특허 관련 전문가, 영업 전문가, 비용 분석 전문가 등이 하나의 팀이 되어 영업이 이루어진다. 이들은 자동차가 디자인되어 판매되고 사후 관리가 이루어지는 전체적 영업 사이클 속에서 자신의 역할을 수행함으로써 일관된 부가 가치 프로세스의 일익을 담당한다.

그들은 다른 사람의 전문적 영역에 대하여 기술적으로 아는 바가 없다. 한 전문가가 한 일(투입)과 다른 전문가가 한 일(투입)을 결합시킴으로써, 즉 여러 가지 전문 지식을 결합시킴으로써, 의도된 결과(산출)를 이끌어 내는 것이 바로 조직의 과업이며 기능이다. 이때 이러한 상이한 전문가들을 하나의 목적을 지닌 일관된 작업의 연속적 띠로 묶음으로써 효율성을 극대화하는 것을 가능하게 하는 것이 바로 프로세스와 팀의 개념이다. 팀은 동일한 목적을 가진 개인의 집합이다. 팀에 대해 더 구체적으로 알기 위해 피터 드러커의 비유적 표현을 살펴보자.

야구는 다른 스포츠보다 개인의 역할에 의존도가 높은 경기이다. 선수에게 포지션이 주어지고 해야 할 역할이 뚜렷하며 주어진 영역이 분명하다. 타자로서, 투수로서, 2루수로서 그의 선수로서의 가치가 비교적 정확히 계량화된다. 따라서 그가 얼마나 훌륭한 선수인지를 가름하는 개인별 성적표가 중요한 의미를 지닌다. 그럼에도 불구하고 그들은 LA다저스나 기아

타이거즈라는 팀 속의 개인으로 불린다. 지금까지의 서구 기업은 개인 능력에 크게 의존하는 야구팀과 같았다.

한편 축구의 경우는 조금 다르다. 선수들은 각자 자기의 고유 포지션을 가지고 있으나 활동 영역이 비교적 자유롭고 중복적이다. 리베로는 공격과 수비 모두에 가담한다. 골을 넣는다는 것은 언제나 멋진 일이지만 스타 플레이어도 감독의 명령에 따라 어시스트로 만족해야 하는 경우도 있다. 연습의 과정도 야구와는 다르다. 하나의 팀으로서 호흡을 맞추는 반복적인 집단 연습이 거듭된다. 개인의 능력이 중요하지만 그것은 팀워크라는 전체 속에서 조화를 이루는 한도 내에서 존중된다.

축구보다 더욱 팀워크가 요구되는 스포츠는 복식 테니스이다. 정해진 포지션 대신 우선적 위치가 주어질 뿐이다(나는 동계올림픽을 보면서 이 경우에 가장 적합한 스포츠가 쇼트트랙 계주라고 생각했다. 스타트와 라스트 그리고 달리는 순서 등이 정해지지만 승리는 선수 교체가 이루어지는 순간과 개인의 질주로 이어지는 고도의 팀워크에 의존한다). 그들은 서로에게 필수적 존재이며 상호 의존적이다. 개별적 성과보다는 하나의 팀으로서의 시너지가 중요하다. 이들은 함께 하나의 전체로 행동하기 위해 엄청난 자기 규제를 필요로 한다. 따라서 이들은 하나의 팀으로서 오랫동안 훈련 과정을 거치지 않으면 안 된다.

작업의 생산성을 높이기 위해서는 작업 자체와 그 작업 과정에 적합한 팀을 구성할 수 있어야 한다. 예를 들어 생산팀처럼 정해진 프로세스에 따라 반복적인 작업이 필요한 경우에는 야구팀과 같은 운영과 관리가 효과적이다. 그러나 오케스트라나 병원의 응급 환자실과 같이 서비스 기능이 중요한 업무는 축구팀, 더 나아가 복식 테니스팀과 같은 관리가 보다 효율적이다.

넷, 동반자로서의 협력 업체

미국에서 가장 많은 직원을 소유하고 있는 회사는 GM이나 AT&T가 아니다. 맨파워Manpower라는 용역 회사이다. 짐작하겠지만 이 기업의 직원들은 계약에 의해 다른 회사에 용역을 제공하는 비정규 직원으로 일한다. 실업 사태가 장기화되는 한국의 경우에도 비정규직 취업자의 수는 급격히 증가하고 있다. 이러한 추세는 세계적으로 매우 자연스러운 현상이 될 것이다.

기술과 기계의 발달은 인간이 육체적으로 할 수 있는 영역의 한계를 좁혀 놓았다. 엄청난 생산성의 향상은 필요한 직원의 수를 현격하게 줄였다. 모든 현명한 경영자는 경영 혁신을 통해 좀 더 효율적으로 일할 수 있는 방안을 찾는 일에 일가견을 가진 사람들이다. 반면 그들은 어떻게 하면 새로운 일자리를 만들어 낼 것인가에 대해서는 아무런 아이디어도 없다. 겨우 정치가들이 자신의 이익을 위해 새로운 고용을 만들어 내려고 하고, 실업을 줄여 사회적 문제를 풀어 보려고 하지만, 그것은 앞으로 지난한 과제가 될 것이다. 대량 실업은 불가피한 사회적 문제가 되고 있다.

기업의 경우, 핵심 기술력을 가지고 있는 직원은 어떤 경우에라도 정규 인력으로 확보하려 한다. 그러나 보다 일반적 업무를 담당하는 재무, 관리, 인사, 비서, 총무, 생산, 판매 등의 종사자들은 특별한 전문성을 필요로 하는 세부 분야를 제외하고는 기본적으로 노동 시장에서 대체 가능한 인력들이다. 기업은 이들을 정규 직원으로 유지한다는 것이 부담스러운 것임을 알게 되었다. 그러므로 비전문 정규 직원의 수는 앞으로도 계속 줄어들 수밖에 없으며, 이를 비교적 쉽게 대체할 수 있는 비정규 직원의 활용이 많아질 것이다. 따라서 오래도록 기업에 남기 위해서는 기업이 요구하는 핵심 기술을 스스로 항상 개발하고 유지해야 한다.

한편 정규직이 아닌 계약직 근로자들이 모두 단순 반복적인 대체적 노동력을 가지고 있다고 생각해서는 안 된다. 임시 계약직이지만 고도의 사용료를 지불해야 하는 경우도 있다. 가장 대표적인 예가 바로 컨설턴트들이다. 이처럼 좋은 전문가들은 어디에서나 수요가 있다. 그들은 직장 안에서도 견뎌 낼

수 있지만 직장을 나와서도 자신의 전문성을 발휘해 고도의
수익을 올릴 수 있다.

일반 서비스를 제공하는 용역 회사가 기업의 협력 업체로서
중요해지고 있다는 사실은 다양한 형태의 협력이 이루어지고
있는 하나의 예에 불과하다. 기술력 위주의 기업은 영업력을
가지고 있는 기업과의 제휴가 불가피하다. 협력 관계에 대한
정도의 차이에 따라 서로 독자성을 유지한 상태에서 협력하는
경우도 있지만, M&A를 통해 하나의 기업으로 헤쳐 모이는 경
우도 보다 빈번해지고 있다.

오늘날 많이 사용되고 있는 개념인 아웃소싱Outsourcing도 이
러한 협력 관계의 일환이다. 예를 들어 "기업의 전산실은 꼭 필
요한 것일까?"라는 의문을 가질 수 있다. 비싼 장비를 들여놓
고, 이를 유지 관리하는 인력을 배치하고, 거기다가 업무 효율
성을 개선하고 싶을 때마다 필요한 장비나 프로그램을 외부에
서 사 와야 한다면 전산실을 회사의 한 부서로 운영하는 것이
효율적인 일일까? 만일 우리가 필요로 하는 정보를 우리가 원
하는 시간에 원하는 형태로 가공하여 제공해 줄 수 있는 믿을
만한 업체가 있다면 그들에게 이 서비스를 맡기면 어떨까? 이
러한 수요는 결국 외부 전문 업체의 정보 서비스 사업을 하나
의 유망한 비즈니스로 만들어 놓았다.

다양한 형태의 협력 관계 속에서 서로가 기대하는 성과를

얻기 위해서는 상대를 인식하는 패러다임에 매우 근본적인 변화가 요구된다. 구체적인 이해를 위해 세계 유수의 호텔 체인의 한 호텔에서 실제 일어났던 일을 소개하겠다.

한국의 한 기업에서 주최하는 회의에 참석하기 위해 여섯 명의 외국인이 각자 다른 나라에서 참석하기로 되어 있었다. 그중 세 명은 한국에 처음 오는 사람들이었기 때문에 인천 공항에서 픽업할 수 있도록 미리 호텔 측에 요청해 놓았다. 그러나 정작 아무 탈 없이 호텔까지 온 사람은 두 명뿐이었다. 한 명(스미스라고 하자)은 전혀 이 서비스를 받지 못했다. 사전에 호텔에서 리무진 서비스를 제공할 것이라고 통보를 받은 스미스는 공항에서 자신의 이름을 적은 피켓을 들고 기다리는 기사를 찾아 한 시간을 헤맸다. 기다리다 지친 그는 물어물어 호텔까지 가는 버스를 탈 수 있었다. 그러나 문제는 거기서 끝나지 않았다. 공항버스의 정류장은 분명히 호텔 안에 있었는데도 불구하고 운전기사는 이 사람을 호텔 앞 큰길가에서 내리게 했다. 공교롭게도 스미스는 브라질에서 3주 정도 다른 일 때문에 체류하다가 자기 나라에 들르지 않고 곧바로 한국으로 왔기 때문에 짐이 무척 많았다. 커다란 가방이 무려 세 개였다. 그는 그것들을 끌고 2백 미터가 넘는 거리를 걸어서 호텔에 도착했다.

다음날, 이 회의를 주관한 실무자는 호텔에 이 사실을 말하고 왜 그런 일이 생겼는지를 따졌다. 그들은 호텔 리무진 서비스를 맡고 있는 렌터카 회사의 잘못이라고 대답했다. 그리하여 화살은 렌터카 서비스를 담당하는 용역 회사로 날아갔고, 그들은 공항에서 한 시간 이상을 기사가 기다렸다고 해명했다. 과정이 어찌 되었건 스미스는 호텔의 사장에게 불만의 편지를 보냈다. 그러자 미안하다는 말과 함께 렌터카 회사의 잘못이니 이해해 달라는 요지의 회신이 왔다.

나는 이것이 누구의 잘못인지 아직도 알지 못한다. 그러나 분명한 것은 스미스는 두 번 다시 그 호텔에 묵지 않는다는 사실이다. 호텔의 잘못이 아닌 렌터카 회사라는 협력 업체의 잘못에 대한 대가는 유감스럽게 호텔이 치르게 되어 있다. 고객에게는 누구의 잘못인지는 중요한 것이 아니다. 중요한 것은 그가 기대하는 서비스를 받지 못했으며, 기왕에 일어난 실수에 대한 사과도, 배려도 받지 못했다는 점이다.

한국 사회에서 일반적으로 통하는 '하청업체', '도급', '업자' 등등의 표현은 그 속에 이미 두 기업 간의 불평등한 관계가 함축되어 있다. 이러한 주종 관계 내지 상하 관계 혹은 불평등 관계는 향후 적절한 협력 관계의 틀을 제공하지 못할 것이다.

경영 혁신의 포인트 중의 하나는 협력 업체와의 관계가 '하나의 같은 조직seamless organization'이라는 인식 아래 새로운 협력 관계를 이룰 수 있도록 정립하는 것이다. 그리하여 한 기업의 정규 직원 외에도 협력 관계를 이루고 있는 비정규 계약직 직원, 협력 업체의 직원 모두가 동일한 고객을 지원하는, 동일한 경영 원칙과 목표를 공유하는 '같은 회사에 근무하는 동료'라는 관계의 정립이 매우 중요한 경영 과제이다.

다섯, 고객 중심 경영

한 연구 보고서에 따르면 고객의 기대에 부응하지 못하는 기업들의 평균 수익률은 1퍼센트에 지나지 않는다. 또한 그들은 1년에 2퍼센트씩 시장을 잃어 간다. 그러나 고객을 만족시키는 기업들은 연평균 12퍼센트의 수익률을 올리고 있다. 뿐만 아니라 연평균 6퍼센트 정도의 시장 점유율 증가를 함께 즐긴다. 이 통계가 사실을 반영한 것이라면, 당신은 고객을 만족시키지 않고도 부자가 될 수 있겠는가?

또 다른 연구 보고서에 따르면, 기존의 고객을 유지하는 비용은 새로운 고객을 만드는 비용의 5분의 1에 지나지 않는다. 그리고 화가 나서 떠난 고객을 다시 단골로 만들기 위해 들어가는 돈은 기존 고객을 유지하는 비용의 무려 열한 배나 된다고 한다. 새로운 고객을 만드는 일에 돈이 많이 들어간다는 사실을 보여 주는 한 재미있는 보고가 있다. 저녁 7시부터 10시 사이의 황금 시간에 매일 30초짜리 TV 광고를 내보낸다고 하자. 광고의 1차적 목표는 한국의 모든 시청자에게서 "그래, TV 광고에서 저 상품 선전하는 것을 본 적이 있어"라는 극히 초보적인 반응을 끌어내는 것이라고 가정하자. 한 광고 회사의 자료에 따르면, 그 정도의 반응을 얻어 내려면 매일 한 번씩 적어도 60번은 방영을 해야 한다. 황금 시간대에 30초짜리 광고를 해 본 사람들은 이 금액이 만만찮은 것임을 잘 알 것이다.

　한 명의 단골 고객은 보통 1회 구입 금액의 열 배에 가까운 매상을 올려 준다는 것도 연구 결과 나온 통계 숫자 중의 하나이다. 우리는 종종 '너 아니면 내가 장사를 못하랴'라는 얼굴로 고객을 대하는 무례한 종업원을 만난다. 자신이 환영받지 못하고 있다는 분위기에 민감한 것이 사람이다. 1회 구입 금액의 열 배를 팔아 줄지도 모르는 미래의 단골 고객 각자에 대해 정서적 친화력을 가지지 못하는 판매는 위험하다.

　고객이 어느 기업과 더 이상 거래를 하지 않게 되는 이유에 대한 통계 숫자도 있다. 기업과 거래하는 단골손님 중 약 1퍼센트 정도는 사망한다. 유감스럽게도 죽은 사람은 더 이상 구매력을 가지고 있지 않다. 약 3퍼센트의 사람은 별반 특별한 이유도 없이 다른 기업의 제품을 사는 고객으로 바뀐다. 그저 그때그때 기분에 따라 떠나가는 고객이다. 5퍼센트 정도는 친지의 영향을 받아 구매선을 바꾼다. 경쟁업체의 제품이나 구입 조건이 좋기 때문에 다른 기업의 고객으로 바뀌는 경우는 얼마나 될까? 30 혹은 40퍼센트? 그러나 실제는 이보다 훨씬 낮다. 단지 9퍼센트 정도의 고객만이 이런 이유 때문에 구매 행동을 바꾼다. 기업이나 제품에 대한 불만 때문에 떠나는 경우는 또 얼마나 될까? 이 경우도 생각하는 것보다 낮다. 오직 14퍼센트의 고객만이 이 이유 때문에 떠난다.

그러면 도대체 68퍼센트의 고객은 어떤 이유 때문에 그 기업과의 오랜 관계를 청산하고 다른 경쟁 기업에게 가는 것일까? '직원의 무관심한 태도' 때문에 열 명 중 일곱 명 정도가 거래하던 기업을 떠난다고 하면 믿어지겠는가?

고객의 불만이 재구매 행위에 미치는 영향에 대해서도 우리는 조사 자료를 가지고 있다. 불만을 가지고 있는 고객은 보통 열 명 정도의 예비 고객에게 자신의 불만을 토로한다. 이들 중 다섯 명에 하나꼴로 스무 명에게 이 불만을 전파하는 것으로 나타났다. 불만은 전염성이 강한 것이다. 열 명의 불만족 고객은 약 120명의 예비 고객에게 기업에 불리한 영향을 주고 있다는 것을 명심해야 한다(열 명 중 80퍼센트인 여덟 명은 평균 열 명에게 불만을 전달하기 때문에 80명의 예비 고객이 이 불만 사실을 알게 된다. 열 명 중 두 명은 각자 평균 스무 명에게 전파하기 때문에 40명의 예비 고객이 알게 된다. 결국 모두 120명의 예비 고객이 생생한 불만을 간접 체험한다).

이 자료와 함께, 불만을 가진 사람이 해당 기업의 관리자에게 불만을 토로하는 경우는 불과 5퍼센트라는 자료도 주목할 만하다. 다른 예비 고객에게 전염성이 강한 불만은 기업의 관리자에게는 매우 진귀한 정보 원천임을 알 수 있다. 불만을 가지고 있는 고객의 95퍼센트는 이를 기업의 관리자에게 알리는 대신 침묵하고, 이들 중 91퍼센트는 다시는 이 기업과 거래하려 하지 않는다. 그렇다면 불만을 가진 고객 중 단지 5퍼센트만이 해당 기업의 관리자에게 불만을 토로하는 이유는 무엇일까?

우선 불만을 전달하기 위해 몇 가지 수고를 해야 한다는 점이다. 주소나 전화번호, 담당자 등을 찾아내야 하며, 시간을 소비해야만 한다. 전화통을 붙잡고 열을 내는 시간은 즐겁고 행복한 시간이 아니다. 특히 이런 전화는 으레 담당자를 찾아 이리저리 몇 번을 돌아다니게 되어 있다. 그리고 아무런 해결책도 얻지 못하고 끝나는 경우가 많다. 이런 불편을 감수하면서까지 불만을 기업에 전달하는 고객은 많은 경우, 그 기업에 대해 애착을 가지고 있다고 보면 된다. 그러므로 고객 불만은 매우 소중한 피드백 자료라는 사실을 명심해야 한다.

자본주의 체제에서 고객은 경영의 모든 것이다. 그러나 모든 사람이 알고 있는 이 사실은 또한 기업이 가장 잘 잊고 지내는 사실 중의 하나이다. 경영자도 직원도 내부 메커니즘에 집착하다 보면 고객의 입장은 언제나 뒷전으로 밀려나게 되어 있다. 내부 측정 지표가 직원의 성과를 좌우하면 고객은 언제나 외면당한다.

어느 통신 판매 회사의 경우, 경영자는 전화가 자신의 사업에 매우 중요한 판매 채널임을 잘 인식하고 있었다. 그는 직원들이 전화벨이 울리면 빨리 받기를 원했다. 그 후 모든 콜센터 직원은 전화벨이 세 번 울리기 전에 받아야 한다는 지침과 함께 그 결과를 측정하여 업무 성과에 반영하겠다는 통보를 받았다. 몇 달이 지난 후 성과를 측정한 결과 매우 놀랍게도 거의 대부분의 직원이 100퍼센트에 가까운 측정치를 기록하고 있었다. 경영자는 매우 만족했다. 이 지표는 바로 모든 직원이 전화벨이 세 번 울리기 전에 재빨리 전화를 받는다는 것을 입증하기 때문이다. 그러나 사장은 곧 매우 나쁜 사실을 발견했다.

고객으로부터 최근 서너 달 동안 전화를 걸 때마다 이유도 없이 끊어지는 경우가 많다는 불평을 들은 것이다. 그는 왜 그런 일이 일어나는지 조사했다. 그리고 매우 우스운 일 - 그러나 경영자에게는 매우 심각한 일 - 이 벌어지고 있다는 것을 알았다. 직원들은 세 번 전화벨이 울리기 전에 받아야 한다는 것에 부담을 느꼈다. 그래서 그들은 전화벨이 세 번을 넘게 울리기 전에 수화기를 살짝 들었다가 놓아 버렸다. 전화는 끊어지고 직원은 이제 막 울리기 시작하는 다른 전화기를 느릿느릿 집어 들면 되는 것이다. 측정 지표 100퍼센트라는 완벽한 성적표를 만들어 냈지만 기업은 고객과 접촉할 수 있는 기회를 잃어 가고 있었다.

이 예를 하나의 우스운 사례라고 생각할지도 모르겠다. 그러나 기업에게 있어 고객이 무엇인지를 분명히 알지 못한 채

이루어지는 모든 평가 시스템은 이와 비슷한 결과를 만들어
낼 수밖에 없다.

  기업이 필요로 하는 사람은 기업이 존재하는 한 실업의 위
기에 빠지지 않는다. 핵심적인 기술력을 보유한 사람은 오히
려 기업을 선택할 수 있다. 혹은 자신의 기술력을 바탕으로 스
스로의 1인 기업을 꾸려 나갈 수 있다. 대량 실업 시대의 자기
경영은 바로 기업이 요구하는 기술력을 확보하는 것이다. 당
연히 이것은 노력을 요구한다. 그러나 그것은 노력 이상을 의
미한다. 노력만으로 만들어진 삶은 절름발이에 불과하다.
  삶에는 어떤 흥분이 있어야 한다. 일상은 그저 지루한 일이
나 노력의 연속만이어서는 안 된다. 어제 했던 일을 하며 평생
을 살 수 없는 것이 바로 격랑과 같이 사나운 지금이다. 부지런
함은 미덕이지만 무엇을 위한 부지런함인지가 더욱 중요하다.
그저 바쁜 사람은 위험에 처한 사람이다. 기계가 대신할 수 있
는 영역에 몸을 담고 있는 사람 또한 매우 위험하다. 단순 반복
적인 일로 매일을 보내는 사람 역시 위험하다. 그가 진정 성실
한 사람이라고 해도 그렇다.
  가치를 만드는 사람만이 언제나 필요한 사람이다. 그러나
가치의 개념은 언제나 변한다. 변하지 않는 것은 '싫든 좋든 세
상은 변하고 있다'는 사실뿐이다. 변화를 생활의 기본 원리로
받아들이는 것은 그러므로 매우 중요한 깨달음이다. 아울러

그 변화의 방향을 알고, 자신의 욕망과 그것을 연결시킬 수 있다는 것은 바로 기회를 만들어 가는 것이다.

지금을 자기 혁명의 마지막 기회라고 생각하라. 기업의 경영 혁명의 내용을 이해하고, 그 속에서 자기 혁명의 길을 찾아내야 한다. 자기 혁명은 기업에게나 개인에게나 이제 피할 수 없는 과제가 되었다. 그리고 두 혁명 사이의 상관관계를 이해하는 것이 무엇보다 중요한 개혁의 출발점이다.

제2장

누가 개혁에 저항하는가

그들은 잘 알고 있다. 혁명은 성공하기 어렵다는 사실을 말이다. 껍데기는 많이 변한 것 같지만 실상은 별로 변한 것이 없다는 것이 바로 실패한 혁명의 참모습이다. 인생은 단순한 것이 아니며, 변화하지 않아도 되는 수십 수백 가지의 이유를 가지고 있다. 그러므로 마키아벨리는 『군주론』에서 변화와 개혁은 "적은 많고 도와줄 사람은 부족한 가장 위험하고 어려운 일"이라고 규정했다. 그러나 일단 개혁에 성공하면 변화를 막으려 했던 수백 가지의 이유는 흔적도 없이 사라지고 만다. 성공과 승리가 기우와 저항을 일소하기 때문이다.

인간

이성적 존재이지만 합리적 존재는 아니다

GE의 잭 웰치Jack Welch는 1981년 45세의 나이로 최고 경영자의 자리에 올랐다. 혁명을 원했던 그는 업계에서 1, 2위를 하지 못하는 사업부들을 전부 매각해 버렸고, 수많은 사람을 해고시켰다. 그는 자신의 혁명이 잘 진행되고 있는 줄 알았다. 그가 취임한 지 7년이 지나는 동안 GE의 혁명은 거의 모든 측정 지표에서 엄청난 진보를 이룩하였다. 예를 들어 생산성 증가율은 종전의 두 배에 달하는 4~5퍼센트를 보였고, 사업 포트폴리오도 웰치가 보기에는 매우 만족스러웠다. 대량 해고의 아픔도 거의 사라졌고, 직원의 저항도 별로 눈에 띄지 않았다.

그러나 그는 1988년 9월 어느 날, 혁명의 시작점이었던 크로톤빌 연수원을 나오며 무거운 마음을 가눌 길 없었다. 혁명을 시작한 지 7년이나 지났지만 교육에 참석한 중간 관리자들을 통하여 실제로 GE가 과거와 별로 달라진 것이 없다는 것을 재확인했기 때문이었다. 그들은 GE의 새로운 공유 가치를 믿지 않는 중역들에 대하여 끊임없이 불평을 털어놓았다. 미시간대학의 경영대학원 교수이며 1985년부터 2년 동안 GE의 크로톤빌 연수원장을 지낸 노엘 티시Noel M. Tichy에 의하면, 그동안 웰치가 들어 온 말은 다음과 같았다.

> 인원을 감축하고 계층의 수를 줄이는 목표는 옳습니다. 그러나 제대로 실행되지 않고 있습니다. 우리가 원하는 목적을 이루기 위해서는 중요하지 않은 일을 줄일 수 있어야 합니다. 그러나 실제로는 그렇지 않아요. 우리는 여전히 과거의 정책과 체계를 따라야 합니다. 과거처럼 여전히 세세한 것을 모두 알고 있지 않으면 안 됩니다. 우리는 시간에 쫓기고 있고 과거보다 더 많은 일에 시달리고 있습니다. 도대체 GE가 이 세상에서 가장 일하기 좋은 곳이라면, 저는 왜 퇴근할 때마다 비참한 기분을 느껴야 합니까?

혁명을 단행한 지 7년이나 지났지만 밑바닥에서 실제로 벌어지고 있는 일은 하나도 변하지 않았던 것이다. 이러한 껍데기만의 변화는 개혁을 추진하고 있는 모든 개혁 주체 세력을 몹시 당황하게 한다. 우리나라의 경우 문민정부가 들어선 후 생겨난 변화와 개혁 때문에 참으로 많은 말이 만들어졌다. 복지부동伏地不動은 그중의 하나에 불과하다. 개혁의 대상자들은 태풍이 몰아치다가 끝날 때까지 숨을 죽이고 엎드려 있었다. 그들은 이러한 태풍은 언제나 오래가지 않는 법이라고 믿었다. 그리고 주위를 재빨리 살핀다. 복지안동伏地眼動이 바로 그것이다. 배를 땅에 붙이고 엎드려서 눈만 엄청나게 빨리 움직여 상황을 살핀다.

그들은 잘 알고 있었다. 혁명은 성공하기 어렵다는 사실을 말이다. 껍데기는 많이 변한 것 같지만 실상은 별로 변한 것이 없다는 것이 바로 실패한 혁명의 참모습이다. 인생은 변화하지 않아도 되는 수십 수백 가지의 이유를 가지고 있다. 현재가 항상 만족스러운 것은 아니다. 수많은 모순에 싸여 있고, 불행한 수많은 사람의 등을 쳐서 먹고사는 소수의 부유한 악질들이 여봐란듯이 살아간다. 그러나 그럼에도 불구하고 어제와 똑같이 그럭저럭 살아갈 수밖에 없는, 정말이지 그럴 수밖에 없는 이유가 있는 것이다.

아리스토텔레스는 "인간은 이성적 존재이지만 합리적 존재는 아니다"라고 핵심을 지적한 바 있다. 우리는 많은 모순과 부패, 부조리가 현재의 틀 속에 존재한다는 것을 알고 있다. 그리고 모든 사람이 그러한 것들이 사라져야 한다는 데 의견을 같이한다. 우리가 이성적 존재이기 때문에 우리의 눈에 그것은 '청산해야 할 과거의 찌꺼기'로 보이는 것이다. 그러나 참으로

청산해야 할 과거란, 고여 있는 물과 같다.

안타까운 것은 그럼에도 불구하고 그 찌꺼기들이 생활 속에 여전히 존재한다는 사실이다. 깊이 내린 뿌리는 너무나 단단하여 잘라도 잘라도 한이 없다. 그 한없는 먹이사슬은 우리를 절망과 고뇌에 빠뜨린다.

개혁의 주체 세력 역시 생활인으로서의 위협과 갈등을 가지고 있다. 그들 역시 인생이 합리적 기반 위에 서 있는 것이 아니라는 것을 뼈저리게 느끼고 있다. 이때 우리는 많은 사람을 갈아 치우고 실행하기 어려운 제도를 실시했으나, 사람들이 함께 누릴 수 있는 혜택은 아직 열매 맺지 못했음을 알게 된다. 과거의 패러다임은 깨졌지만 그것을 대신할 새로운 패러다임은 아직 그 모습을 보이지 않는다. 혼돈은 가중되고 일상생활은 불편한 것이 된다. 그리고 이때를 기해 숨을 죽이고 있던 구시대 기득권자들의 반격이 시작된다. 개혁은 보수 반동의 시기를 거치면서 시나브로 왜곡되고 변질된다. 실패한 개혁은 결국 아무런 진보도 이루어 낼 수 없으나 성공한 혁명은 모든 것을 바꾸어 놓는다.

조직의 변화와 개혁을 막는 적에는 크게 두 가지가 있다. 모두 인간의 보편적 특징에서 비롯된 것이다. 그러므로 정도의 차이는 있으나 개혁을 주도하는 사람들은 반드시 기억하고 있어야 한다. 그리고 이에 적절히 대처하지 않는 한 개혁을 성공으로 이끌 수 없다. 그 하나는 바로 '노회'이며, 다른 하나는 '기득권'이다. 변화와 개혁이 언제나 또 누구에게나 가장 어려운 일일 수밖에 없는 이유는 바로 이러한 보편적인 적을 상대로 싸워야 하기 때문이다. 그러므로 마키아벨리Niccolò Machiavelli는 『군주론Il Principe』에서 변화와 개혁은 "적은 많고 도와줄 사람은 부족한 가장 위험하고 어려운 일"이라고 규정했다.

노회

우리를 안주하게 하는 것

나이를 먹을수록 사람들은 혁명과 이상을 믿지 않는다. 그것은 한낮 꿈이며, 허망한 기대이고 현실에서 이루어지지 않는 쓸데없는 희망이라고 스스로 믿는 경향이 있다. 그들은 점점 더 현실주의자가 되어 간다. 20대의 젊은 여자가 돈 때문에 결혼하는 경우는 흔치 않다. 돈이 많은 남자와 결혼하는 것은 좋은 일이지만, 그것만이 결혼의 조건은 아니다. 그러나 나이 마흔이 넘은 여자는 돈 이외의 다른 이유 때문에 결혼하는 경우가 드물다. 심한 경우 오로지 돈 때문에 결혼하기도 한다. 우리는 나이를 먹어 감에 따라 더욱더 뻔뻔해진다.

　이러한 금전주의와 유물주의, 현실주의는 나이 든 사람들의 정상적이고 일반적인 특징이다. 중국(정확히는 대만)의 석학 린위탕林語堂박사는 이것을 노회老獪라고 부르며, 중국인들의 특징적 성격이라고 말했다. 원래 '회'란 어떤 동물을 일컫는 말이다. 결국 노회란 '늙은 회'라는 동물의 특성을 묘사한 말이다.

도교적 관점에서 인간과 동물은 별로 다르지 않다. 모두 자연인 것이다. 그에 의하면 "노회란 세상을 많이 살았고, 이해타산에 빠르고, 쉽게 들뜨지 않으며, 진보에 대하여 회의를 갖는 태도를 말한다. 좋게 말하면 원만한 성격을 말하는 것으로 많은 처녀가 바람직한 성격으로 여기는 것 중의 하나"이다. 나이가 들어서도 노회해지지 않으면 그는 저능아이거나 매우 특이한 정신 구조를 가지고 있는 사람이다.

나이 든 사람의 일반적 특징인 노회의 정신을 잘 이해하기 위해서는 도교적 내용을 이해할 필요가 있다. 『도덕경道德經』의 저자로 알려진 노자老子의 이름이 '늙은이'라는 뜻임은 단순한 우연이 아니다. 도교에서는 인간이 만든 제도, 법률, 정부, 결혼, 이상주의적 신념 등은 모두 가치 없는 것이라고 믿는다. 즉 도교는 무관심과 도피주의가 혼합된 철학이다. 이것은 의욕적이고 적극적인 '무행동'의 철학이다. 존재하지만 행위하지 않는다. 중노동 후의 휴식 같은 것이다.

그러므로 도교는 이상하게 사람의 마음을 마비시키기도 하고 기묘하게 진정시켜 주기도 한다. 우리의 아픈 마음을 치료해 주고, 불안과 혼란에서 벗어나게 해 준다. 우리가 시련과 역경에 처해 있을 때 마음의 쉴 곳을 제공해 주기도 한다. 도교에 따르면 인생은 위대한 것이 아니며, 출세란 부질없는 것이다. 앞만 보고 달려온 피곤한 인생의 여정에서 잠시 벗어나 식욕과 성욕만을 가진 한 마리 짐승처럼 정신적으로 쉴 수 있다는 것은 매력적인 것이다. 그러므로 모욕을 참아 넘기기도 하고, 자기 자신을 바깥 세상과 조화시켜 마음의 평정을 되찾기도 한다.

그러나 다시 린위탕의 말을 빌려 오면 "노회의 정신은 종종 이상과 행동을 거부한다. 개혁을 향한 희망을 깨뜨려 버리고, 미래에 대한 정열과 의지를 비웃는다. 인간의 능력은 초라한 것이며, 순수와 정열은 기만이라고 믿는다. 그러므로 젊은이들의 펄펄한 성격과 강한 자기 주장과 미래에 대한 희망에 대하여 재미있다는 듯이 미소를 짓는다. 그리고 자신은 한 발 물러나 앉아 아무것도 하지 않는다."

노회의 정신은 또한 동양적 특성만이 아니다. 서구인들도 나이가 들어감에 따라 노회해져 가는 것은 마찬가지이다. 서구 문명의 두 가지 축은 헬레니즘과 헤브라이즘이다. 그리고 헬레니즘의 기원은 그리스에 있다. 그리스 신화에는 이카로스와 다이달로스의 이야기가 있다. 아버지와 아들인 이들은 커다란 날개를 만든 뒤 초를 녹여 몸에 붙였다. 두 부자는 하늘을 날아간다. 그러나 젊은 이카로스는 하늘을 나는 기쁨과 마음속에서 용솟음치는 모험심을 이기지 못해 너무 높이 날아오르게 되고, 날개를 붙인 초가 햇빛에 녹아 바다에 빠져 죽고 만다. 하지만 아버지인 다이달로스는 감정을 조절할 수 있었고 근신하여 낮게 날았다. 그리고 무사히 집으로 돌아올 수 있었다. 낮게 날 수 있다는 것이 바로 노회의 정신이다.

성경은 "비둘기처럼 온순하고" "뱀처럼 지혜롭게" 처신할 것을 권한다. 이것이 바로 노회의 정신인 것이다. 이것은 건강한 현실주의와 보수주의의 정체이다. 그러나 이것은 변화와 개혁의 천적이다. 이상과 진보를 믿지 않고 어떻게 개혁을 추진할 수 있겠는가?

기득권

결코 포기할 수 없는 유혹

어느 조직이나 기득권자들이 있게 마련이다. 그들은 적어도 세속적 의미에서 성공한 사람들이다. 그들은 안정과 보수를 희구한다. 그들의 일반적인 특성은 보수주의다. 그리고 이것은 이미 성공한 가진 자들의 특성이기도 하다. 지금을 바꾸어야 할 하등의 이유가 없다. 그들의 현실적 성공은 지금을 즐길 만한 것으로 만들어 놓았다. 그들이 지금 향유하고 있는 권력과 부의 많은 부분은 일정 부분 과거의 노력에 대한 보상이다. 그들은 현재의 논리를 지지하고, 자신에게 익숙한 관행과 방법을 마음속 깊이 옹호한다. 비록 철학적 측면에서 그들이 반드시 행복한 인생을 보내고 있다고 말할 수는 없지만 지금을 포기해야 할 정치적이고 경제적인 이유는 적어도 없다.

기득권자들은 주로 그 조직의 권력을 나누어 가지고 있는 자들이다. 1950년대 미국의 가장 영향력 있는 저서 중의 하나인『파워 엘리트*The Power Elite*』를 쓴 찰스 밀스*Charles W. Mills*의 분류에 따르면 기득권자들은 권력을 지닌 소수의 엘리트이다. 이들은 사회의 최고 지위를 차지하고 정책 결정을 담당하는 사람들이다. 바로 상류 사회에 속하는 강한 동질 의식을 가진 배타적 계층이다. 예를 들어 1950년대 미국의 상류 사회를 구성하고 있는 계층으로는 주로 지방의 부호 가문, 대도시의 상류 사회 400대 가문, 현대의 매스컴 문화가 탄생시킨 배우, 탤런트, 스포츠 선수, 문필가 등의 유명 인사, 대부호, 회사의 최고 간부, 군부 지도자, 정치가 등을 들 수 있다.

밀스의『파워 엘리트』는 1950년대 미국에 대한 사회 비판서이지만 많은 부분은 아직도 여전히 진실을 내포하고 있다. 피터 드러커 같은 이 역시 전문 지식을 가진 지식인들이 부와 권력을 재편할 것이라고 예견한 바 있다. 특권적 교육을 받아 온 전통적인 계층은 신속하게 전문 지식인화될 것이며, 동시에 물려받은 전통적 지위와 부를 계속 향유할 것이라고 내다본 것이다.

기업 조직 내에서 파워 엘리트는 회사의 소유주나 대주주, 최고 경영자, 중역과 고위 간부들이다. 이들 중에서 회사의 소유주나 대주주들은 기업의 가치가 커지기를 희망한다. 최고 경영자는 그들의 기대를 저버릴 수 없다. 이들은 변화와 개혁이 필요하다면 반드시 해야 한다고 믿고 있다. 이들은 개혁을 통해 주가가 높아질 수 있다면 어떠한 단호한 조처도 취할 용의가 있다. 예를 들어 다운사이징을 통해 고용을 감소시키는 경우 그 효과는 곧 기업의 단기적 재무 성과에 반영된다. 고용 감소에 따른 임금의 절감만큼 눈에 띄게 확실한 비용 절감 효과는 별로 없다. 대개의 경우 다운사이징을 시작하면 기업의 주가가 단기적으로 상승하는 이유도 여기에 있다.

소유주나 대주주는 변화와 개혁의 실질적인 스폰서 역할을 할 수 있다. 그러나 중역과 고위 간부들의 입장은 이들과 다르다. 그들은 기업의 주주이기도 하고 경영 정책과 의사 결정자일 수는 있지만 회사의 전체적 입장을 대변하지는 않는다. 그들은 부서를 대표하는 것이 보통이다. 그들은 개혁의 주체가 될 수도 있으며 매우 강력한 반개혁 세력이 될 수도 있다. 중요한 점은 이들이 기업의 가장 중요하고 핵심적인 기득권자라는 사실이다. 따라서 이들은 자신의 기득권을 확대시킬 수 있는 권력의 분배에는 매우 적극적인 주체 세력이 되지만 그 반대의 경우에는 적대적이 될 수밖에 없다. 경우에 따라 이들이 개혁에 적대적이기도 하고, 반대로 힘을 실어주기도 하는 결정적인 이유는 이들이 주로 회사를 대변한다기보다는 기능적 부서를 대표하고 있기 때문이다.

전통적으로 중역들의 권력은 자신이 가지고 있는 부서의 인원수와 비례한다. 부하 직원을 많이 가지고 있을수록 힘센 부서장이다. 만일 프로세스 리엔지니어링을 통해 자신의 부서 인원이 다른 부서로 이전되거나 업무 자체가 없어지게 되었다면, 이를 호쾌히 받아들일 수 없는 것이 바로 부서장으로서의 입장이다. 그는 자신의 부서를 보호해야 할 의무가 있다고 느끼고 있다. 이것이 바로 부하에 대한 책임이며, 자신을 물 먹이려는 가당찮은 계획에 대해서는 기필코 대항해야 한다고 생각한다. 그러나 노회의 정신은 그들로 하여금 저항의 형태를 규정하도록 한다. 그리하여 그들은 정면으로 저항하지 않는다.

저항

그 다섯 가지 얼굴

"총론 찬성, 각론 반대"라는 유명한 어록은 바로 저항의 대표적 형태이다. 그들은 개혁에 정면으로 반대함으로써 개혁의 주체 세력으로부터 가장 먼저 제거해야 할 보수주의 인물로 부각되는 것을 싫어한다. 그러므로 그들은 자신 역시 변화를 받아들이고 개혁을 이끌기 위해 앞장서는 진보적 생각을 가지고 있으며 나아가 실제로 이를 리드해 나갈 준비가 되어 있음을 보여 주어야 한다.

그러므로 그들은 지금 개혁이 필요하며, 잘못된 관행을 고치고, 프로세스를 단순화시키고, 조직을 개편하여 관리의 층을 줄이고, 강력한 기술력을 개발하고 유지해야 한다는 커다란 원칙을 받아들인다. 그뿐만 아니라 협력 업체와의 제휴와 협력 관계를 강화하고, 직원의 능력을 향상시키고, 권력을 하부로 이양하여 직원이 스스로 결정하고 책임을 지는 업무 행태로 전환하는 것을 환영한다. 그러나 어떻게 그러한 일을 해낼 것인가? 이제 그들은 그 방법론에 매우 민감하게 반응한다.

기업에 리엔지니어링의 열풍을 불어넣은 본격적인 인물 중 하나인 마이클 해머Michael Hammer는 이러한 현상에 대해 "혁명이 시작되는 곳은 중역실이지만, 숨통이 끊기는 곳도 바로 중역실"이라고 지적한 바 있다. 이것은 대단히 중요한 대목이다. 개혁에 성공하려면 이들의 도움이 절대적이다. 중역들과 고위 간부의 지지와 도움을 받지 못하면 개혁은 실생활에서 하루하루의 일과 속에 뿌리내리지 못한다. 이들의 도움 없이는 개혁은 곧 문서 속에나 존재하고 숫자 놀음에 지나지 않는, 누구도 바라지 않는 모습으로 전락하고 만다.

GE의 잭 웰치가 7년 동안이나 개혁에 몰두했지만 관리자들이 "실제는 아무것도 변하지 않았다"라고 한탄하는 이유는 바로 이들 중간 관리자들의 상사들이 방관적이고 냉소적인 입장을 취하고 있었기 때문이다. 중역들을 개혁의 주체 세력으로 끌어들여야만 개혁은 현실화될 수 있다. 문제는 그들로 하여금 기득권을 포기하게 만드는 것이 쉽지 않다는 점이다. 아무도 희생되는 것을 원하지 않지만 "오믈렛을 만들기 위해서는 계란을 깨야" 한다.

마이클 해머는 이것을 어쩔 수 없는 필연적 과정으로 규정하고 있다. 우리가 기억해야 할 대목은 개혁에 성공하면 문제가 있는 조직의 반은 살아남을 수 있지만, 개혁에 실패하면 아무도 살아남을 수 없다는 차가운 현실이다. 개혁의 주체 세력으로 중역들을 합류시키려면 그들이 즐겨 취하는 저항의 패턴을 이해하는 것이 선결 과제이다.

저항의 첫 번째 얼굴: 순진무구형

실제로 저항은 여러 가지 얼굴을 가지고 있다. 저항의 첫 번째 얼굴은 순진무구한 표정을 짓는다. '지금이 어때서? 도대체 무슨 문제가 있기에 바꾸자는 것인가'라고 반문한다. 지금을 개혁해야 할 특별한 이유가 없다는 것이다. 그들은 지금 우리는 다른 경쟁자들에 비해 잘하고 있다는 점을 강조한다. 실제로 단기적 영업 성과가 그리 나쁘지 않을 수도 있다. 혹은 비록 작년에 비해 매출액은 줄었지만 그것은 다른 경쟁자들도 마찬가지이고, 그나마 자신들은 그래도 좀 나은 편이라고 말한다. 혹은 한국 경제의 전반적인 하락세를 지적하면서 이러한 불황은 업계 공통이지만 일시적인 것이므로 경기 회복 패턴을 따라 곧 상승할 것이라고 말한다.

만일 다국적 기업이라면, 기업 전체의 어려움은 한국 지사의 잘못이 아니라 미국의 영업이 제대로 되지 못했기 때문이라고 변명한다. 따라서 미국의 영업 스타일과 프로세스를 리엔지니어링하는 것은 바람직하지만, 우리는 아직 바꾸어야 할 필요가 없다고 강변하기도 한다. 이러한 순진무구형은 단기적 경영 실적이 상대적으로 괜찮을 때 일반적으로 나타나는 저항 패턴이다.

지금은 바꿀 때가 아니라 즐길 때이며, 바꾸는 것은 혼란을 야기하고 성공의 관성을 줄이며 승리의 순간에 패배의 길을 택하는 우를 범하게 된다고 주장하는 것 역시 순진무구형이다. 그러나 단기적 성과가 경영의 질과는 반드시 일치하지 않는다는 사실을 기억하라.

저항의 두 번째 얼굴: 내일부터 해도 늦지 않다

저항의 또 다른 얼굴은 변화의 필요를 인정하지만 지금은 적당치 않다는 견해를 피력한다. 이것 또한 만만치 않게 많은 패턴이다. 그들은 자신의 조직에 문제가 있다는 것을 인정한다. 그리고 이를 혁신하여 새로운 조직으로 재탄생해야 한다고 주장한다. 그러나 시간이 필요하다고 말한다. 지금 당장 해결해야 할 문제가 산적해 있음을 환기시킨다. 만일 가을 무렵에 개혁에 대한 논의가 시작되면 그들은 연말 영업을 마감한 후, 즉 내년부터 새롭게 시작하자고 한다. 연초가 되면 새로운 조직 개편이 자리를 잡은 후에 시작하자고 주장한다.

이들은 막상 개혁이 시작되면 앞장서서 참여하는 듯하다가 역시 현실적으로 너무 바쁘고 정신없이 하루하루의 일을 처리하다 보니 어쩔 수 없노라고 둘러댄다. 그리고 역시 개혁의 준비를 제대로 갖춘 후 내년부터 새롭고 멋지게 다시 시작하자고 제안한다. 이들은 현재의 일상적 다급함에 밀려, 중요하지만 덜 급한 일들을 항상 잊고 산다. 그들도 그래서는 안 된다는 것을 잘 알고 있다. 그러나 그들은 언제나 일상적인 일 때문에 바쁘게 사는 것을 선택함으로써 개혁과 미래를 포기한다.

저항의 세 번째 얼굴: 점진주의

저항의 또 한 얼굴은 현실을 강조하는 것이다. 개혁은 꿈을 꾸어야 한다. 꿈이 없으면 개혁도 없다. 그러므로 그들은 개혁이 지니고 있는 불확실성과 아직 이루어지지 않은 이상을 지적한다. 우리가 지나치게 허구적 꿈을 추구하고 있음을 점잖게 지적함으로써 의지와 열의를 꺾어 놓는다. 현실을 외면한 경영이 있을 수 없음을 강조하는 것이다. 그들에 따르면 우리는 모든 것을 완벽하게 준비하고 난 후에야 개혁을 추진하는 것이 옳다. 그러나 유감스럽게도 어느 기업도 모든 것을 다 갖춘 상태에서 개혁을 시작하지 못한다. 그들이 이론의 근거로 사용하는 현실적 상황을 고려할 때 모든 조건을 다 갖춘 다음의 개혁이란 아이러니하게도 비현실적인 가정일 뿐이다. IBM의 아시아 태평양 지역에서 리엔지니어링을 담당하고 있는 한 중역은 매우 간명하게 이러한 모순을 지적했다.

모든 것을 갖춘 상태에서 개혁을 단행해야 한다면, 그때는 이미 IBM은 지구상에 존재하지 않을지도 모릅니다. 개혁은 지금 시작해야 하며, 만일 부족한 점이 있다면 혁신의 과정에서 보완되어야 합니다. 우리는 학습 조직learning organization입니다. 개혁을 시작하고 시행착오를 겪고, 실패를 통해 배우고 그리고 점점 나아지는 것입니다.

개혁은 미래의 관점에서 현재를 볼 때만 가능하다. 현재의 상태를 염두에 두고 미래를 그려 가는 것은 점진주의적 관점이다. 예를 들어 일본 기업들은 점진주의를 통해 진보를 이룬 대표적인 사례이다. 그들은 하루하루 끊임없이 개선시킴으로써 세월이 지난 후 처음과는 완전히 다른 형태의 프로세스를 그려 낸다. 미국에 진출한 혼다Honda의 본사에서는 매일 일과를 시작하기 전에 30분 정도 같은 부서의 직원들끼리 커피를 마시며 어제 했던 업무 과정을 되돌아본다. 어떤 일을 이런 식으로 했더니 더 쉽게 되었다는 식의 정보를 나누고 함께 새로운 방식을 교환한다. 그리고 그다음 날도 그 전날의 업무 과정에서 발견한 작은 개선점들을 더해 나간다. 매일 조금씩 개선하여 날마다 새로워지는 것이다.

이것이 그들이 자랑하고 효과를 본 이른바 '가이젠改善의 정신'이다. 가이젠은 그들이 일상생활을 통해 체득한 생활의 지혜이며 또한 일상생활 그 자체이기도 하다. 그들은 끊임없이 기록한다. 기록함으로써 관찰하고 기록함으로써 정리할 수 있다. 그러므로 기록은 무엇보다 귀중한 개선의 시발점이다. 일본의 어느 구석을 들여다보아도 잔잔한 감탄이 일어난다. 어떻게 이렇게 작은 구석구석까지 신경을 쓰고 이런 생각들을 해낼 수 있었는지 놀랍다. 이것은 바로 점진주의의 힘이다. 이것은 진보를 향한 매우 뛰어난 방법이다.

그러나 점진주의는 개혁과 혁명의 적이다. 개혁은 단절을 요구한다. 개혁은 창조적 파괴를 전제로 하는 것이다. 이것은 현재의 상황을 고려하지 않는 백지 위에서 우리가 원하는 것을 새롭게 그리는 것이다. 한마디로 말하면 '다시 하기'인 셈이다. 이것은 처음 출발부터가 점진주의적 가정 위에 서 있지 않다. 그러므로 점진주의적 방법론을 택할 수 없다. 우리는 여기서 개혁과 개선의 보완적 성격을 깊이 이해해야만 한다. 이 두가지는 모두 우리의 진보를 가능하게 만들었던 유효한 방법론이다. 그리고 상호 보완적이다. 그러나 혼용되어서는 효과를 볼 수 없는 상극의 성질을 가지고 있다.

과거 많은 역사학자가 역사의 단절론과 연속설 중 한 가지를 선택하여 역사의 발전을 이해하고 설명하려 했다. 많은 경우 역사는 연속적인 흐름을 가지고 진행되는 듯하다. 수십 년혹은 수백 년 동안 잡다한 일들이 개인적으로나 사회 정치적으로 생겨났지만 어제는 오늘과 많이 다르지 않고, 오늘은 또한 내일과 비슷하리라고 기대하며 살아간다. 모든 것은 인과율에 의해 해석될 수 있었다. 그리고 무엇인가가 조금씩 누적되어 감으로써 완숙해지기도 하고 성숙기를 지나 쇠퇴하기도 했다.

그러나 도저히 그 연속성을 이해할 수 없는 경우가 있다. 우리는 고대 로마가 어떻게 어두운 중세의 시대로 접어들었는지 이해하기 위해 노력하지만 그 해답을 찾을 수 없다. 그리고 중세의 어두운 그림자 속에서 어떻게 갑자기 현란한 르네상스 시기로 진입할 수 있었는지를 이해하기 위해 참으로 많은 상상력을 필요로 한다.

혁명을 이해할 때도 마찬가지이다. 혁명은 패러다임을 바꾸어 놓는다. 동시대 사람들이 가지고 있는 보편적 가치와 사고의 틀, 제도와 관행을 모두 파괴하고 새로운 패러다임을 만들어 내는 것이다. 이것은 불가에서 말하는 득도得道, 즉 갑작스러운 깨달음과 같다. 한번 깨닫게 되니 과거의 모든 것이 속절없어지는 것이다. 그러므로 갑자기 깨달음을 얻은 득도자는 전혀 다른 사람이 되어 다른 눈으로 세상을 보게 된다. 그에게 과거는 미망의 세월이며, 흘러간 어리석음이다. 이러한 현상은 개인뿐 아니라 조직에서도 일어난다. 리스트럭처링이나 리엔지니어링 혹은 보다 평범하게 경영 혁신 등으로 불리는 새로운 시도는 모두 미래의 시각에서 현재를 조망하는 작업이다. 그러므로 벗어나고자 하는 과거와 현재의 관점에서 이를 추진한다면 그것은 마치 인연을 끊지 못하는 출가인과 같은 것이다.

하버드대학 물리학과를 수석으로 졸업한 토머스 쿤Thomas S. Kuhn은 1962년에 『과학 혁명의 구조The Structure of Scientific Revolution』라는 책을 썼다. 나는 대학에서 혁명사를 전공했는데, 이 책은 바이블과 같은 것이었다. 그러나 난해하기 그지없다. 어느 경우 약간 과장을 하면, 책의 반 페이지 정도가 쉼표로 연결되어 있다. 우리나라에서 몇 사람이 번역한 것을 살펴보았는데 매우 고생한 흔적을 볼 수 있었다. 토머스 쿤은 물리학 박사 논문의 완성을 앞두고 과학사를 선택한 사람이다. 그는 캘리포니아대학에서 사학과 교수로 있기도 했고, 프린스턴대학에서 과학사 교수를 지냈으며, MIT에서 언어학과 철학을 강의하기도 했다. 경력이 말해 주듯이 그는 공간적으로 대학의 테두리를 벗어나지 못했지만 정신적으로는 과학, 역사, 언어, 철학의 광활한 영역을 넘나들었다.

내가 토머스 쿤을 장황하게 소개하는 이유는 이 사람이 바로 패러다임Paradigm이라는 개념을 만들어 낸 장본인이기 때문이다. 그에 의하면 과학의 발달은 수 세기에 걸친 과학자들의 연구 업적이 쌓여 이루어진 누적적 결과가 아니라 과학 혁명의 결과라는 것이다. 이것은 충격적인 가정이다. 전통적 과학은 이론적 명제와 관찰적 명제의 논리적 결합을 통하여 이루어지는 것으로 점진적 진화론의 성격을 띠고 있다.

이를 좀 더 구체적으로 정리해 보자. 과학자가 하나의 이론을 수립하기 위해서는 몇 가지의 과정을 거치게 된다. 우선 자료를 수집하는 한편 관찰과 실험을 통해 자료를 만들어 낸다. 그리고 그 자료 속에서 공통적으로 존재하는 규칙성을 발견한다. 이를 기초로 하나의 가정을 만들어 낸다. 이것은 귀납적인 방법을 따른 것이다. 과학자들은 여기서 그치지 않고 연역적 확인을 시도한다. 즉, 도출된 가정을 개별적인 관찰 대상에 적용함으로써 가정을 검증한다. 만일 이러한 연역적 과정을 통과하면 이 가정은 법칙으로 받아들여지고 하나의 이론이 탄생하는 것이다. 이렇게 하여 성립된 과학 이론은 확고부동한 것으로 인정되고 어떠한 회의나 반론도 받아들여지지 않게 된다.

물리학에서 과학사로 전공을 바꾼 토머스 쿤은 스탠퍼드대학에서 근무하면서 많은 사회 과학자와 잦은 접촉을 할 수 있었다. 이를 통해 사회 과학자들이 기존의 이론과 지식에 대해 근본적인 회의와 비판을 제기하는 모습을 보고 깊은 충격을 받았다. 그는 자연 과학이 사회 과학보다 더 확실한 영구적 해답을 발견했다고 믿지 않았다. 어떠한 과학도 영구불변하는 반석 위에 서 있지 않다고 생각했다. 그는 여기서 패러다임의 개념을 만들어 낸다. 패러다임이란 한마디로 규정하기 쉽지 않다. 토머스 쿤조차 이 개념에 대한 혼동을 가지고 있는 듯하다.

그러나 우리는 이 개념이 가지고 있는 기본적 틀을 이해하는 것으로 충분할 것 같다. 패러다임은 "어떤 시기의 어떤 과학자 집단이 가지고 있는, 과학자 구성원 전체가 공유하는 공통적 전제"를 뜻한다. 즉 기초적 이론, 법칙 그리고 과학 지식, 사례 등에 있어 그 과학자 집단이 공유하는 사고의 틀 정도로 생각하면 된다. 이러한 공통적 패러다임이 존재하고 모든 과학자 집단이 현상을 이해하는 데 아무런 어려움이 없을 때 이를 정상 과학normal science의 시대라고 부른다.

그러나 변화는 이 정상 상태를 그냥 내버려 두지 않는다. 만일 기존에 통용되는 패러다임으로 풀 수 없는 변칙 상황이 발생하게 되면 과학자 공동체에 위기가 발생하고 공동체는 여러 가지 다른 의견을 주장하는 집단들로 분열한다. 토머스 쿤은 이것을 과학 혁명scientific revolution이라고 말한다. 그리고 이것은 앞으로 새로운 패러다임을 필요로 하는 대변혁의 시기이다.

그는 과학의 진보는 결국 정상 과학과 과학 혁명의 반복 과정을 통해 가능했다고 주장한다. 이것은 결국 과학은 기존의 패러다임이 깨지면서 새로운 대안이 쏟아져 나오는 과학 혁명의 과정을 거쳐 비로소 진일보한 새로운 패러다임이 지배하는 또 다른 안정기를 맞게 된다는 뜻이다. 이러한 그의 주장은 과학 분야뿐 아니라 다른 사회 과학 분야에 엄청난 파급을 불러일으켰다. 그리고 출판된 지 40년이 지난 최근 몇 년 동안 한국의 경영 분야에 '패러다임'이라는 개념을 전달하게 되었다.

패러다임의 변화는 혁명을 통해 가능하다. 이것은 점진적이고 누적적 개념이 아니다. 대변혁을 요구하는 것이다. 정상 과학을 옹호하는 사람들에게는 과학 혁명이 파괴적으로 보일 수밖에 없다. 두 개의 패러다임은 근본적 가정이 다르기 때문에 공존할 수 없다. 천동설과 지동설이 함께 존재할 수 없는 이유와 같다. 서로는 타협할 수 없다. 오직 개종이 있을 뿐이다.

점진주의는 안정 속에서 변화를 추구하려는 사람들이 지닌 기본적 가정이다. 이것의 속성은 보수주의이며, 혼란과 무질서를 원하지 않는다. 일상을 파괴하지 않고 진보를 이룰 수 있는 것이다. 그러므로 이것은 훌륭한 기능을 가지고 있다. 만일 당신이 지금을 "일상이 지배하는 안정적 시대"라고 규정한다면 점진주의를 선택하는 것이 좋다. 올바른 선택일 것이다. 그러나 만일 당신이 지금을 "변화와 격변의 시기"라고 규정한다면 과거의 패러다임을 버리고 새로운 모색을 시도하라. 그리고 새로운 패러다임을 받아들일 준비를 하라.

격변의 시기에, 그리하여 과거의 패러다임이 깨지고 있는 혼동의 시기에 과거의 산물을 치우는 대신 그 위에 다른 더 나은 것을 쌓아 올려 가는 누적주의는 잘못을 더해 가는 것이다. 마치 쓰레기를 치우기 위해 쓰레기 담는 통을 대량으로 사들여 집을 더욱 비좁고 더럽게 만드는 것과 같다. 개혁이 끝난 다음, 새로운 기초가 마련된 다음, 우리는 이 점진주의의 힘을 빌려 더욱 발전할 수 있다. 그러나 당신이 '지금'을 벗어나야 하는 부담으로 생각한다면 점진주의에 기대서는 안 된다. 만일 당신이 지금과 다른 새로운 조직과 태도 그리고 새로운 관행과 단순화된 프로세스 속에서 모든 것이 진행되는 새로운 기업을 만들고 싶다면 점진주의를 버려라.

우리는 살면서 종종 가구를 옮겨 새로운 분위기를 연출한다. 혹은 작지만 좋은 그림 한 점을 벽에 걸음으로써 변화를 추구할 수도 있다. 혹은 봄이 되어 벽지를 바꿀 수도 있다. 마치 새로운 집으로 이사 온 것처럼 말이다. 이것은 작은 변화를 줌으로써 그 변화를 즐길 수 있는 일상의 예들이다. 그러나 새집을 지어야 할 때 우리는 그 안에 그대로 머문 상태에서 벽을 허물 수는 없다. 만일 당신이 개혁을 부르짖으면서도 현실이라는 이름으로 과거의 관행과 원칙의 사슬을 끊지 못한다면, 당신은 벽도 허물지 않고 새로운 집을 지으려는 사람과 같다.

잭 웰치는 1981년 회장으로 취임하면서 "혁명을 원한다"고 공언했다. 모든 사람이 GE라는 건물이 웅장하고 훌륭하다고 말할 때 그는 이미 이 건물을 헐고 다시 지을 결심을 하고 있었던 것이다. 그리고 모든 것을 바꾸어 나갔다. 그러므로 당신이 지금을 격변의 시기로 규정하고 당신의 기업을 바꾸려고 결심했다면 현실의 이름으로 옹호되는 점진주의를 "개혁에 대한 저항"으로 규정할 수 있어야 한다.

저항의 네 번째 얼굴: 경험적 회의주의

저항의 또 다른 얼굴은 경험적 회의주의의 모습을 하고 있다. 과거에 한번 해 보았는데 잘 안되었다는 것이다. 지금 다시 한다고 달라질 게 없다는 태도이다. 실제로 많은 기업은 종종 이름은 여러 가지지만 내용은 기본적으로 똑같은 개선을 시도한다. 주로 개선과 혁신을 담당하는 전담 주무 부서 - 경영혁신실 혹은 업무개선팀 혹은 종합기획실 등 무엇으로 불리든 상관없다 - 는 먼저 자신들이 주도하는 개선의 추진 방향과 방법을 상징할 수 있는 이름을 걸어 붙인다. 스스로 짓는 경우도 있고 직원 공모를 통해 할 수도 있다. 아무튼 그렇게 추진되던 개선과 개혁의 노력은 여러 번의 고배를 마실 수 있다. 기대보다 훨씬 못 미치는 성과로 끝나는 경우가 많다.

미국의 경우, 마이클 해머의 조사에 따르면 리엔지니어링을 시작한 기업 중 약 70퍼센트는 기대한 성과를 올리지 못한 것으로 나타났다. 반대로 한국의 경우, 어느 보고서에 따르면 약 65퍼센트는 성공한 것으로 나타났다. 그러나 이 수치는 매우 의심스러운 통계이다. 적어도 몇 가지를 감안해 받아들여야 하는 수치로 생각된다. 우선 조사에 응한 사람들이 미국의 경우처럼 일반 중역이었던 것이 아니라, 경영 혁신을 담당한 주무 부서였다는 점이다. 자신이 한 일을 실패로 규정하기란 쉬운 일이 아니다. 그리고 개선과 혁신의 효과는 그 수혜 대상자들이 평가할 문제이지 주무 부서가 스스로 평가할 일이 아니다. 아전인수의 함정에서 벗어날 수 없다.

둘째는 조사에 응한 약 80개 대기업 중에서 리엔지니어링의 개념이 확실한 상태에서 시작한 기업은 3분의 2에 불과하다는 점이다. 따라서 일반적으로 리엔지니어링의 기대 효과에 훨씬 못 미치는 작은 성과가 성공으로 오해되었을 가능성이 높다.

셋째는 조사에 응한 꽤 많은 한국 기업의 리엔지니어링 노력은 아직 성과를 분명히 파악하기 어려운 진행 중의 상태에 있었던 것으로 추정된다는 점이다. 따라서 잠정적으로 성과가 있는 것으로 간주되었을 가능성이 높다.

여러 가지 형태와 방법론에 따라 진행되는 개선과 혁신이 기대되는 성과를 거두기 어려웠던 것은 사실이다. 결국 이러한 상대적 실패는 조직의 구성원 모두에게 실망스러운 것이기도 하고 다행스러운 것이기도 하다(왜 다행스럽게 생각하는지에 대해서는 다음 절 '개혁가_그는 어떤 역할을 해야 하는가'에서 설명한다). 공통적인 것은 실패를 통해 조직의 거의 모든 사람이 개혁에 대해 조소적이 된다는 사실이다. 중역들 역시 이러한 조소에 쉽게 편승되는 경우가 많다. 그들은 이러한 조소를 조심스럽게 모아 여론으로 만든다. 그리고 자신의 감정을 배제하고, 더 이상의 개혁은 당분간 중단하자고 말한다. 그런 다음 다시 하루하루의 바쁜 일정 속으로 빠져든다. 그러나 왜 실패했는지 반드시 확인해야 한다. 두 번 세 번의 실패가 중요한 것이 아니다. 더욱 나쁜 것은 어떤 조직이 영원히 개혁의 능력을 상실하는 것이다.

많은 경우 실패는 방법론이나 접근 방법이 잘못되어 생긴다기보다는 단호하고 끈질긴 실천이 따르지 못하는 데서 비롯된다. 그리고 더욱 분명한 사실은 변화란 경영층의 확고한 의지와 솔선수범 위에서 복합적이고 지속적인 관리를 필요로 한다는 점이다. 이러한 사실을 뒷받침해 주는 자료가 있다. 몇 년 전 『주간매경』과 한 컨설팅 그룹이 삼성물산, 현대자동차, 국민은행, 현대건설 등 국내 100대 기업을 대상으로 조사를 실시했다. 이 자료에 따르면 실패 요인 중 가장 큰 비중을 차지하는 것은 '지속적인 변화 관리의 실패'로 나타났다(82퍼센트). 또 '사내 저항 극복의 실패'는 70퍼센트로 2위, '최고 경영층의 의지 부족'이 64퍼센트로 3위를 이었다. 기업의 상황에 맞지 않는 기법을 선택한 것이 실패의 원인으로 지적된 것은 62퍼센트로 4위로 나타났다.

실천은 개혁의 가장 어려운 단계이며 가장 중요한 대목이다. 그리고 고액의 컨설턴트들이 더 이상 도와줄 수 없다고 물러서는 대목이다. 아무도 대신해 줄 수 없는 국면이다. 오직 최고 경영자와 중역들이 앞장서야 할 바로 그 대목이다. 그러므로 철저한 실천이 이루어지지 않아서 실패한 경우는 대개 중역들에게 책임을 물어야 한다. 이 경우 실패의 책임이 혁신을 담당한 부서에게 부과되는 경우가 있는데 이것은 매우 잘못된 일이다. 만일 실패의 원인이 접근 방법이나 새로운 프로세스의 디자인이 잘못되어 발생했다면 그것은 혁신 주무 부서의 전문성 부족으로 질책되어야 한다. 보다 훌륭하고 전문적인 사람으로 대체하거나 외부의 조언을 얻어야 할 것이다. 그러나 그 실패의 원인이 일관된 실천의 부족에 따른 것이라면 앞서 말한 대로 중역들의 잘못이다. 그들은 사람을 가지고 있고, 권력을 부여받은 사람들이다. 그들이야말로 새로운 원칙과 제도 그리고 새로운 프로세스가 일상 업무를 통해 매일매일 구현될 수 있도록 자신의 직원들을 통솔해야 할 사람들이기 때문이다. 이것이 바로 조직 내에서 이루어져야 할 역할의 분담이다.

개혁 전담 부서는 그 인원이 몇 명 되지 않는 전문 스텝 부서에 불과하다. 그들은 높은 지위를 가지고 있지도 않고, 말 잘 듣는 부하 직원을 많이 가지고 있지도 않다. 그들이 "돌격!" 하고 외쳐 보았자 아무도 따르지 않는다. 그들이 무능해서가 아니라 조직의 지휘 체계가 그렇게 되어 있기 때문이다. 돌격 명령은 야전 사령관의 몫이고, 자신의 명령이 제대로 실행될 수 있도록 통제하고 격려하고 솔선수범해야 할 사람은 바로 그들인 것이다. 과거에 실패한 개혁 때문에 다시 시작하기를 두려워하는 중역이 아직 많다면 그 조직은 매우 위험한 조직이다.

실패의 원인을 밝혀라. 그리고 실천의 책임을 명확하게 부과하라. 과거에 그가 얼마나 훌륭한 업적을 쌓았는가에 연연해하지 말라. 지금은 과거가 아니다. 그리고 최고 경영자로서 당신이 개혁의 기치를 들어 올렸다면 그들로 하여금 당신을 돕게 하라. 만일 그렇게 할 수 없다면 당신의 조직은 개혁의 의지와 능력을 영원히 상실할 가능성이 많다. 그리고 앞으로도 기회를 갖지 못할 것이다. 왜냐하면 이미 그런 기업은 더 이상 존재하지 못할 것이기 때문이다.

저항의 다섯 번째 얼굴: 무저항

저항의 가장 고질적인 모습은 '무저항'이다. 이것은 개혁이 한참 진행된 다음에 주로 나타나는 모습이다. 그들은 개혁이 하나의 흐름이 되어 조직 전체를 지배하고 있으므로 반대의 입장에 서서 자신을 위태롭게 하지 않는다. 그들은 개혁에 대하여 적극적으로 찬성한다. 그러나 돕지 않는다. 그들은 개혁에 필요한 협조를 약속한다. 그러나 약속한 지원을 미룰 수 있을 때까지 미룬다. 이러한 피동성은 개혁이 생활 구석구석에서 구현되는 것을 억제한다. 그들은 여전히 부하들에게 과거의 관행과 원칙을 요구한다. 그러므로 조직 구성원들은 새로운 원칙과 과거의 원칙 사이에서 위에서 내려오는 '일관성 없는' 지시에 시달린다. 그리하여 그들은 두 가지 상반된 요구 중 바로 위의 직속상관이 요구하는 것이 분명해질 때까지 기다린다.

이제 조직은 피동적 분위기에 싸이고 만성적 피로에 시달린다. 개혁은 생동감을 잃어 가고 모든 후속 계획은 지연되기 시작한다. 개혁은 꿈과 현실 사이에서 엉거주춤한 상태로 멈추어 서 있다. 일상적 업무를 수행하는 실무자의 입장에서는 해야 할 업무의 양이 점점 더 많아진다. 새로운 기준과 과거의 기준에 따른 두 가지 모두를 이해하고 준비해야 되기 때문이다. 이러한 무저항에 의한 저항은 개혁의 껍데기만 남기고 개혁이 주는 혜택을 조직에게 돌려줄 수 없게 한다. 이것저것 실시한 것은 많은데 어느 하나도 실효를 거두지 못한다. 시간이 지나면서 일상생활을 지배해 온 편의의 원칙이 승리하게 되고 이것은 갑자기 과거로의 회귀를 주도한다.

노회의 정신과 기득권은 기업의 중역들이 쉽게 변화와 개혁에 몰입할 수 없게 만든다. 이것은 매우 자연스러운 일상의 모습이다. 그들은 스스로 조직 내에서 성공한 사람들이라고 믿고 있다. 자신의 성공을 가능하게 한 과거의 법칙과 제도를 바꾸는 일에 신중할 수밖에 없다. 개혁이 어려운 것은 그럼에도 불구하고 이들의 도움 없이는 성공할 수 없다는 점에 있다. 최고 경영자나 기업 소유자의 노력만으로 개혁은 결코 성공할 수 없다. 그러므로 중역들의 지원과 협력이 절대적이다.

세계적인 품질 경영 모델인 말콤 볼드리지상Malcolm Baldrige

Award은 평가 항목 중에 제1차적 품질 경영 요소로 '최고 경영자와 그에게 직접 보고하는 중역들의 리더십'을 꼽는다. 개인 한 사람 한 사람의 리더십과 함께 "하나의 공유 가치를 나누는 한 팀으로서의 경영자의 리더십"을 강조하는 이유를 깊이 이해할 필요가 있다. 만일 개혁의 당위성에 대한 이해와 미래에 대한 비전의 공유가 없다면 이러한 공동의 리더십은 이루어지기 어렵다.

신념이 없는 리더십이란 없다. 그리고 알베르트 슈바이처의 말처럼 "모범이 곧 리더십"이다. 신념과 모범은 그냥 생기는 것이 아니다. 현재를 '불타는 석유 시추선'으로 규정할 때 비로소 공동의 목표가 합의되는 것이고, 이때 개인적 이해관계와 조직의 이해관계에 대한 균형 있는 절충이 이루어진다. 스티븐 코비Stephen R. Covey는 이것을 바로 윈-윈Win-Win의 상황이라고 부른다. 조금씩 손해 보는 타협과 협상이 아니라 서로 새로운 미래로부터 더 많은 혜택을 얻는 "성공하는 사람들이 체득해야 할 습관"인 것이다. 이러한 과정을 거쳐 공유된 새로운 가치와 목표 그리고 미래의 시점에서 지금을 볼 수 있는 확대된 시각이 혼동과 불편을 이기고, 진심으로 개혁을 추진하도록 한다. 그리고 신념과 모범을 만들어 낸다. 이를 통해 여러 가지 모습의 저항을 극복할 수 있다.

나는 이 절을 GE의 잭 웰치가 1988년 9월, 크로톤빌 연수원을 나서며 느꼈던 좌절에서부터 시작했다. 이제 그가 느꼈던 좌절과 대응 속으로 좀 더 들어가 보자. 짐 보면과 함께 페어필드로 돌아가기 위해 헬리콥터를 타러 가는 웰치는 화가 머리끝까지 치밀었다. 그는 짐에게 말했다. "짐, 우리는 변화시켜야 합니다. 우리는 이러한 절망감에 대해 그 답을 알고 있는 사람들을 연단에 세워야 합니다. 실천을 꺼리는 리더들에게 그들의 부하들과 직접 맞닥뜨리도록 하지 않으면 안 됩니다."

그리고 그해 10월, 그는 GE를 바꾸어 놓은 그 유명한 워크아웃을 시작했다. 첫 단계는 뉴잉글랜드 지방의 타운 미팅을 모방한 격의 없는 모임으로부터 시작되었다. 약 100명 정도의 직원들이 회사를 벗어나 한적한 곳에서 3일에 걸쳐 공통적인 현안을 논의하여 구체적인 해결 방안을 수립했다. 마지막 날 그들은 그 문제들에 대한 대안을 가지고 자신들의 상사들 앞에서 발표를 했다.

제안된 대안들에 대하여 채택 여부를 결정할 수 있는 권한과 자원을 가지고 있는 중역들과 관리자들은 이 해결 방안들에 대하여 그 자리에서 즉각적으로 채택 여부를 결정해야 했다. 만일 그들이 그 제안을 받아들이지 못한다면 그 이유를 분명히 밝혀야 했다. 약 80퍼센트 정도는 현장에서 채택과 기각 둘 중에 하나로 결판을 내야 했다. 그리고 더 연구 검토가 필요한 제안에 대해서는 한 달 이내에 결정을 내려야 했다. 이러한 과정은 잭 웰치가 의도한 대로 말만 많고 실천하지 않았던 중역과 관리자들을 혁신의 현장으로 몰아갔다.

개혁가

그는 어떤 역할을 해야 하는가

확신 없는 개혁은 성공할 수 없다. 그러나 승리를 확신하기는 참으로 어렵다. 마키아벨리는 『군주론』에서 이 어려움을 이렇게 묘사했다.

새로운 질서를 만들어 내는 것만큼 어렵고 힘든 일은 없다. 참으로 성공하기 어렵다. 왜냐하면 현재의 제도와 시스템으로 혜택을 보고 있는 모든 사람으로부터 엄청난 저항을 받을 수밖에 없기 때문이다. 그러나 한편 개혁을 도와줄 사람들은 새로운 질서가 가져다줄 혜택에 대한 모호한 그림밖에는 없다. 강력한 적과 미온적인 동지, 이것이 바로 혁신이 성공하기 어려운 근본적인 이유이다.

매우 탁월한 지적이다. 개혁가가 된다는 것은 그러므로 위험한 일이다. 그러나 진보와 발전은 개혁을 전제로 한다. 개혁은 그 안에 보수주의자가 싫어하는 위험한 요소를 가지고 있다. 그들의 머릿속은 버려야 할 기득권, 감수해야 할 희생 이것들에 대한 생각으로 가득 차 있다. 그들은 결코 양보하지 않는다. 한번 가진 것은 영원히 내줄 수 없는 것이다. 욕망은 끝이 없고, 한계를 모르는 법이다.

보수주의자들은 '온건'과 '신중'으로 자기를 포장한다. 그러나 이것은 결코 수동성을 의미하지 않는다. 사회가 아직 폐쇄적일 때는, 이들은 개혁 세력을 "불순한 반사회적 집단"으로 규정한다. 그리고 몽둥이로 때려잡는다. 직접적으로 매우 가혹한 대응을 하면서 불순한 세력의 뿌리를 도려내려 한다. 프랑스 혁명 이후 나폴레옹에 의해 전 유럽에 전파된 혁명 사상은 스스로 황제가 된 그에 의해 숨통이 졸라졌다. 그가 세인트헬레나섬에서 여생의 7년을 간수들과 싸움질이나 하면서 보내는 동안, 유럽은 정치 스파이와 경찰에 의한 보수 대반동의 시대를 맞은 것을 상기하라.

몽둥이는 폐쇄적 사회를 지탱하는 힘이다. 아주 재미있는 이야기를 하나 해 보자. 코끼리를 냉장고에 집어넣는 방법에 대하여 당신은 얼마나 알고 있는가. 상상력이 빈곤한 사람은 그저 코끼리를 잘게 썰어서 엄청나게 큰 냉장고에 차곡차곡

집어넣는 것 정도를 생각할지 모른다. 수학적으로 탁월한 공상가는 코끼리를 미분한 다음 냉장고에 넣고, 다시 적분을 할 수도 있을 것이다. 문학가는 아마 그냥 쑤셔 넣으면 어떻게 될 것 같다고 생각할지도 모른다. 그들은 무엇을 따지는 사람들이 아니니까. 아마 가장 현실적인 사업가들은 가장 작은 코끼리와 세상에서 가장 큰 냉장고를 떠올려 단숨에 코끼리를 몰고 냉장고 속으로 들어갈 수 있다고 큰소리를 칠지도 모른다. 폐쇄적 사회를 살았던 한 정보 기관원은 아마 다음과 같이 말할 것이다. "우선 코끼리를 꿇어앉혀 놓고 '너는 누구냐'고 묻는 거야. 처음에는 코끼리라고 대답하겠지. 그러면 그놈을 몽둥이로 개 패듯 패는 거야. 그러면 그놈이 나중에는 아픔을 견디다 못해 '나는 코끼리가 아니라 개입니다'라고 깽깽거리게 되거든. 그때 냉장고에 넣으면 돼. 개 한 마리 넣는 것쯤이야 아무것도 아니지." 육체는 언제나 권력의 작용점이라는 미셸 푸코의 말이 생각난다.

그러나 사회가 개방적일 경우에는 그렇게 하기 어렵다. 사회의 한 계층이 각성을 통하여 새로운 패러다임을 요구하고 그것이 대중의 지지를 받으면 기득권층은 대놓고 개혁을 반대하지는 못한다. 그들은 앞에서 설명한 대로 상황에 따라 여러 가지 저항의 복면을 쓴다. 스스로 자신은 진보주의자이며 개혁을 지지하는 세력이라고 말한다. 그러나 그들은 개혁의 모든 실제적 조치에 조심과 신중을 이유로 한, 일견 매우 합리적인 주석과 토를 달면서 시간을 번다. 은밀하게 세력을 규합하고 조용히 숨어서, 개혁의 급소를 물어뜯을 수 있을 때까지 기다린다.

개혁은 치명적 급소를 항상 노출시키고 있다. 그것은 바로 '혼돈과 혼란'이다. 변혁기의 특징인 카오스는 누구에게나 불편한 것이다. 그러나 개혁 세력은 그 속에서 희망을 보고, 기득권층은 그 속에서 절망을 본다. 싸움은 치열해지고 카오스를 덮고 있는 먼지는 더 짙어진다. 사람들은 지치고, 평화와 정상적인 생활을 원하게 된다. 대중은 바로 일상에 매여 있는 서민이고, 그래서 이제 일상으로 돌아가고 싶어 하는 것이다. 매여 있던 끈을 끊고 만끽한 자유에는 언제나 피의 냄새가 난다. 대중은 스스로의 목에 다시 사슬을 걸고 일상이 주는 게으른 평화와 나태를 즐기기를 원한다. 싸움과 개혁과 혁명에 진절머리를 친다. 과거로 돌아갈 수만 있다면 그들은 무엇이든 할 자세가 되어 있다. 이 '일상으로의 회귀 열망'은 개혁을 벼랑 끝에 세운다.

역사 속에서 하나의 예를 찾아보자. 개혁의 초기에 조광조에 대한 중종의 신임은 두터웠다. 조광조 역시 지성을 다하여 왕을 섬겼다. 그러나 그는 기묘년에 발생한 기묘한 사화의 덫에 걸려들었다. 남곤과 심정은 경빈 박씨와 함께 그를 모함한다. 나뭇잎에 꿀로 走肖爲王(주초위왕: 조씨가 왕이 되려 한다)이라고 쓴 후 벌레가 파먹게 했다. 중종이 아무리 어리석은들 벌레 먹은 이 나뭇잎 한 장을 믿었겠는가? 조광조의 개혁 정치에 신물이 난 왕은 그저 모른 체했을 것이고, 모든 일은 숙달된 아랫것들이 마무리를 지었을 것이다. 죽기 전에 그저 왕의 얼굴이나 한번 보고 싶어 했던 조광조는 그렇게 갔다. 평화와 게으름과 안정은 일상생활을 살아가는 데 이렇게 중요한 것이다. 항상 긴장하고 새로움을 추구하는 개혁은 모두를 지치게 한다.

그러므로 개혁의 성공에는 스피드가 매우 중요하다. 장기전은 개혁 세력의 패배를 의미한다. 싸움의 발단은 '현재의 불합리와 왜곡'이지만 싸움을 걸어온 것은 개혁 세력이다. 싸우는 동안 대중은 여러 이유에 따라 양쪽으로 갈라져 참여하기도 하고 또 관망한다. 더 얻으려는 사람들은 하루 벌어 하루 먹는 개미 군단들이고, 잃지 않으려는 사람들은 기름진 것을 쌓아두고 이미 장기전에 돌입할 준비가 되어 있는 기득권자들이다. 그러므로 싸움이 길어져 혼돈의 상태가 오래 지속되면 삶의 불편을 느끼는 사람들은 바로 대중이다. 취업은 어려워지고, 장사는 잘 안된다. 월급은 오르지 않고, 언제 잘릴지 몰라 두렵다. 물가는 치솟고, 서민은 점점 더 가난해진다. 기존의 패러다임이 깨지고 다양한 생각이 실험되다 보면, 기존 사회를 유지하던 틀과 기강이 흩어지는 듯이 보인다. 이제 대중은 개혁 이전의 상태로 되돌아가기를 원한다. 구관이 명관이고 역시 송충이는 솔잎을 먹고 살아야 하는 것이다.

그러므로 개혁에 성공하려면 한 곳에서 완벽하게 최단 시간 안에 승리를 거둠으로써 전체의 국면을 승리로 돌려세워야 한다. 어린아이의 싸움에서 코피는 중요한 의미를 가진다. 누가 얼마나 때렸든, 코피 터진 놈이 진 것이다. 싸움을 하는 당사자도 그렇게 생각하고 옆에서 열을 올리며 구경하는 아이들도 그렇게 여긴다. 대중과의 커뮤니케이션은 복잡하면 안 된다. 간단하고 명쾌해야 한다. 명료한 메시지를 전달할 수 있어야 대세와 여론을 규합할 수 있다.

간단명료한 승리는 싸움에 참여한 사람들에게 주어지는 전리품에 의해 입증된다. 정신적이어도 좋고 물질적이어도 좋다. 그러나 반드시 그것은 일상생활에 유익한 것이어야 한다.

'변화와 개혁'을 표방한 그 옛날의 문민정부는 무능한 정부였다는 평가를 받는다. 그러나 그 개혁의 방향은 결국 언젠가 가야 할 길이었다. 문제는, 실패한 시도에 불과하다는 데 있다. 예를 들어 금융 실명제는 가장 대표적인 개혁이었지만 이를 통해 서민으로서 내가 느낄 수 있는 변화는 은행에서 거래를 할 때, 내 주민 등록증을 제시하는 것 외에 아무것도 없다. 항상 잔고가 달랑거리는 서민들에게 본인 명의가 아닌 뭉칫돈의 거래를 막기 위해 제시를 요청받는 주민 등록증의 사진은 그저 핏기 없는 초라함일 뿐이다. 만일 내가 금리 자유화를 통해 은행에서 한 자릿수의 이자율로 돈을 빌릴 수 있었다면 나는 그 이름이 무엇으로 불리든 이 개혁에 진심으로 찬성했을 것이고, 어느 누구도 감히 전으로 돌아가자고 말하지 않았을 것이다. 실질적 혜택을 주지 못하는 개혁은 어느 사회, 어느 조직에서건 성공할 수 없다.

그러나 개혁의 전리품은 부정한 것이어서는 안 된다. 그것은 올바르고 떳떳한 것이어야 한다. 그리고 오늘 주었다가 내일은 도로 가져갈 것이어서도 안 된다. 그러기 위해서는 명료한 비전을 필요로 한다. 전체의 그림 속에서 추진되는 강력한 실행이어야 한다. 모든 실행 하나하나가 같은 정신적 뿌리와 원칙에서 나온 전체 속의 일부일 때 비로소 개혁은 하나의 목적지에 도착할 수 있다. 이때 모든 계획은 조화를 이룰 수 있으며, 한 사회는 일관된 발전의 길을 걸을 수 있게 된다.

이것은 마치 아름다운 건물과 같다. 벽과 창문과 지붕, 그리고 뜰과 계단은 모두 따로따로 공사가 이루어지지만 서로 합해져 집을 이루고, 각각은 스스로의 아름다움에 의해 전체를 돋보이게 한다. 이러한 조화는 결국 전체를 하나로 그려 볼 수 있는 통합적 사고에서 나온다. 통합적 사고를 가지지 못하는 개혁은 기껏해야 부수다 만 건물이거나 짓다 만 성전처럼 흉측한 피조물일 따름이다.

통합적 사고에 대하여 매우 유용한 글을 읽은 적이 있다. 다

음은 『김석철의 세계건축기행』에서 인용한 글이다.

다시 티라의 절벽 마을로 나선다. 어제 볼 때보다 지금 마을의 틀이 조금씩 더 뚜렷이 나타나는 듯하다. 근년에 덧짓고 고친 데가 원래의 건물보다 많고, 관광지로의 개발에 치중하여 아름다운 장소들에 범람하는 상업적 자취가 여기저기 눈에 거슬린다.

지금이라도 이곳을 역사 문화 구역으로 지정하고 자의적인 개발을 제한할 필요가 있다. 모두가 자기의 것을 만들게 하면서, 보이지 않는 손에 의한 전체의 조화를 기대하는 것은 있을 수 없는 것이다. 깊고 넓은 감각과 질서 의식에 의한 통제가 필요하다. 디자인 원리와 기본 모티프를 제한하는 데서 나아가 완성된 전체와 부분을 조정하는 과정이 필요하다. 한 마을의 아름다움은 만드는 사람, 보는 사람, 사는 사람 모두의 공동체적 협력에 의해서 성취되지만 그중에서도 건축가의 역할이 중요하다. 건축가는 인간의 삶을 이해해 집단의 생활을 연출하고, 이왕의 환경과 미래 변화에의 적응을 포함한 모든 것에 관여함으로써 물상 세계 속에 삶을 창조하는 것이다. 티라의 옛 마을과 오늘의 마을은 그런 성공과 실패의 좋은 예를 보여 준다.

우리의 삶은 시간과 환경 그리고 그 속에서 함께 살고 있는 사람들과의 협력을 통해 조화와 균형을 이룰 수 있다. 건축가가 자신의 공간 구성에 대한 이미지를 실현해 가듯이 그렇게 개혁가는 자신이 만들어 가는 미래에 대한 확실한 그림을 공유할 수 있어야 한다.

추상성은 그것을 구체화하는 사람의 힘을 빌어 그 모습을 나타낸다. 토머스 제퍼슨이나 벤저민 프랭클린 없이 미국의 민주주의는 실체를 가지기 어렵다. 레닌과 스탈린이 없었다면 공산주의의 모습은 현존하지 않았을 것이다. 마찬가지로 잭 웰치 없이는 GE의 개혁 모습을 그려 보기는 힘들다.

제3장

실업은 일시적 현상이 아니다

당신이 기업이 요구하는 가치를 가지고 있는 이상 해고될 이유가
없다. 그러므로 당신이 선택할 수 있는 유일한 길은 변화를 인정
하고 스스로의 가치를 창출하는 것이다. 이것은 열심히 일한다는
것을 뜻하지 않는다. 기계는 당신보다 수십 배 수백 배 힘이 세다.
기계와 경쟁해서는 승산이 없다. 당신이 창조하는 가치가 유일한
것이고, 전문적이며, 노동의 대체가 어려울수록 당신은 안정적이
다. 이것이 바로 후기 자본주의 사회를 '지식 사회'라고 규정하는
이유이다. 그러나 대부분의 노동자는 이러한 변화의 이행에 대처
할 준비가 되어 있지 않다.

구조 조정

매우 고통스러운 상시적 조치

저는 저의 처지를 공개적으로 알리기 전에 당신에게 이 편지를 읽고 답변할 기회를 주고자 합니다. 저는 지금 정신적으로 매우 충격을 받고 있습니다.

어느 한 남자가 미국에서 매출 규모 면에서 100대 기업 안에 드는 한 기업에 면접을 보았습니다. 그는 일자리를 제공받았습니다. 이 회사는 그에게 해안에 인접한 작은 도시로 이사할 것을 요구했습니다. 그는 집을 팔았습니다. 그의 아내는 보수가 높은 일자리를 포기하고 그곳으로 이사를 갔습니다. 처음 그들은 집을 임대했습니다. 그리고 6개월이 지난 뒤 집을 샀습니다. 아내는 임신을 했고, 부부는 태어날 첫 번째 아이를 즐겁게 기다렸습니다. 그는 회사를 위해 열심히 일했습니다. 하루에 열두 시간씩 일하는 경우가 많았으며 (…) 일하는 것을 즐거워했습니다. 열심히 일한 결과는 곧 나타났습니다. 그는 자신의 목표를 달성했습니다.

이제 그는 2개월 전에 구입했던 집을 팔아야 합니다. 그와 임신한 부인은 다시 이사해야 합니다. (…) 그는 왜 또다시 이사를 가야 합니까? 그는 11월 1일자로 일감 부족이라는 이유로 회사에서 더 이상 고용할 수 없다는 통보를 방금 받았습니다. 상품이 잘 팔려 수없이 많은 주문을 처리하지 못했음에도 불구하고 어떻게 일감 부족이 될 수 있는지 자문해 보았습니다. 어째서 나인가? 나의 가족은 어떻게 되는 것인가? 또 내 장래는? 내가 이런 사람들을 신뢰했다니. 저는 몹시 의아합니다.

이제까지의 내용은 실제 있었던 이야기입니다. (…) 우리 가족은 당신 회사의 무계획성과 비정직성의 희생양이라고 봅니다. (…) 만일 우리의 경험이 미국 가족 일반에 대한 당신 회사의 관심도를 나타내는 것이라면, 가정은 회사의 번영과는 반대로 계속적으로 허물어질 것이 분명합니다.

— 한 직원의 아내가 보냅니다.

1985년 8월 14일, 잭 웰치는 GE의 한 사업부에서 해고된 직원의 아내에게서 편지를 받았다. 그리고 일일이 답장을 썼으며, 감원된 직원이 새로운 직장을 찾고 이주하는 것을 도와줄 프로그램을 지시했다. 그러나 되돌리지 못하는 사실은 그 직원이 직장을 잃었다는 것이다. 이 일은 20년도 더 전에 생긴 일이지만 지금도 여전히 도처에서 수시로 발생하고 있다.

　다운사이징은 직원에게 매우 고통스러운 일이다. 기업에게
도 어려운 일이지만 특히 직원에게는 지금 당장 가족의 생계
가 달린 문제이며, 미래를 참담하게 만든다. 그들은 경제적으
로 막막하며, 심리적으로 무력감에 시달린다. 가족에게도 민
망함을 느낀다. 한국 같은 경우는 자식들에 대한 걱정과 아버
지로서의 자괴감 때문에 더욱 괴로워한다. 사회적으로도 고립
된다. 그들은 이제 아무 곳에도 소속되어 있지 않음을 실감한
다. 아침에 눈을 떠도 9시까지 출근해야 할 곳이 없다. 그저 관
성적인 출근이었고, 때때로 쉬고 싶었던 직장이 바로 깨어 있
는 대부분의 시간을 보낸 삶이었다는 것을 깨닫게 된다.
　그들은 또한 강한 배신감을 느낀다. 청춘을 바친 곳에서 하
루아침에 밀려난 것이다. 퇴직금에 약간 추가된 돈은 마치 그
배신의 대가로 지불된 것처럼 여겨진다. 그러나 그것으로 커
피숍이나 아이스크림 가게 하나 차리기도 어렵다. 더 암담한
것은 자신이 지금 무엇인가를 새로 시작하기에는 너무 늦었
고, 아무런 준비조차 되어 있지 않다는 사실이다. 그들이 너무
쉽게 여러 종류의 사기꾼들에게 걸려들어 그나마 얼마 되지
않는 돈을 날려 버리는 이유도 바로 준비가 되어 있지 않기 때
문이다.

구조 조정과 다운사이징이 진행되면, 회사에 남아 있는 사람에게도 많은 변화가 일어난다. 병원을 찾는 직장인들이 갈수록 많아지는 것도 같은 맥락이다. 그들은 소화 불량이기도 하고, 불면증에 시달리기도 한다. 더욱 심각하면 심장 질환이나 간장 질환에 걸리기도 한다. 그들은 항상 만성 스트레스에 시달린다. 한 남자 화장실의 변기에 쓰인 "당신은 지금 세계를 손아귀에 쥐고 있다"라는 낙서는 더 이상 현실이 아니다. 손아귀에 잡힌 그것은 밤에 아내를 만족시켜 주지 못한다. 풀이 죽어 있는 그들과 똑같은 모습이다. 성적 기능은 그 사람의 정신적 건강 상태를 그대로 반영하는 바로미터이다.

그들의 여린 심성은 회사에 더욱 매달린다. 새벽부터 밤까지 일에 매달리는 일 중독증은 또 다른 형태의 질병이다. 한국의 경제적 번영을 가능하게 했던 그 부지런함과는 종류가 다르다. 일을 향한 정열과 의지 같은 건강한 동기에서 시작된 것이 아니라 두려움이 동기가 된 맹목적 충성이다. 심리학적 연구 결과에 따르면 쥐는 겁을 먹으면 더 많이 움직인다. 이러한 동기 유발은 반복적인 작업에는 도움을 준다. 그러나 복잡한 상황에서는 창의력을 저하시킨다. 쥐도 그렇고 사람도 그렇다.

따라서 단순 반복적인 직무가 남아 있는 한, 이런 부류의 사람들은 회사에 오래 남아 있을 수도 있다. 그러나 기억해야 할 것은 단순하고 사무적인 반복적 직무는 좌뇌적 기능으로서 컴퓨터가 쉽게 대체할 수 있는 분야라는 점이다. 바로 기술 실업에 가장 근접해 있는 직무라고 생각하면 된다.

실업은 지금 한국 사회가 당면하고 있는 심각한 현실이다. 그러나 실업에 대한 두려움은 IMF 시기로부터 시작된 것이 아니다. 이것은 언제나 개혁의 이름으로 행해지는 최초의 가시적 경영 행위였다. 경영자들은 언제나 이것부터 먼저 시작한다. 실제로 이 일을 잘하는 경우, 기업의 가치를 반영하는 주가는 대부분 올라간다.

나는 몇 년 전에 한 방송사로부터 경영 혁신에 관한 인터뷰 요청을 받은 적이 있다. 방송이 시작되기 전 우리는 생방송 시 주의해야 할 몇 가지 사항에 대한 이야기를 나누었다. 그때 나를 초대한 프로듀서가 느닷없이 경영 혁신의 목적이 감원에 있는 것 아니냐고 물었다. 자신은 그렇게 여겨진다고 했다. 그리고 다른 방송사의 감원 사례를 들며 불안하다고 말했다.

인터뷰가 끝나자 프로그램의 진행자는 시청자를 상대로 질문이 있는지를 물었고, 한 사람을 전화로 연결했다. 그가 던진 질문은 방금 전에 프로듀서가 물은 것과 똑같았다. 두 사람의 질문을 통해 나는 경영 혁신은 체질 개선이고 나아가 감량을 포함한 일련의 행위이며, 그 속에 나와 내 가족의 하루하루의 밥그릇이 달려 있다는 생각이 이들의 마음을 지배하는 뿌리 깊은 불안임을 알았다. 밥그릇이 다른 사람의 손에 쥐어져 있다는 사실은 불쾌한 일이다.

변화와 개혁에 대한 우리들의 본질적 두려움은 새로움을 바라지 않기 때문이 아니다. 얼마나 많이 우리는 마음 깊은 곳에서 변화를 바라 왔는가? 마음 깊은 곳에 숨어 있는 '반란'을 느껴보지 않은 사람은 없을 것이다.

그러나 우리가 대개의 경우 어제의 인간으로 남아 오늘을 다시 시작하는 이유는 생활의 불편을 감수하기가 쉽지 않기 때문이다. 이것은 관성과 같다. 움직이지 않는 물체는 그대로 있으려고 한다. 그러나 일단 구르기 시작하면 계속 구르려고 한다. 정지 상태와 운동 상태의 사이에는 단절이 있다. 이 단절을 넘어설 때 우리는 다른 삶을 살 수 있다. 이 단절은 뿌리 깊은 '정지하고 싶은' 관성을 극복함을 의미한다. 일상이 주는 무위의 편안함이 없다. 모든 것이 새롭고 낯설다. 배워야 하고 부지런해야 한다.

더욱 참기 힘든 것은 매일 그래야 한다는 점이다. 작심삼일이라는 말은 익숙한 생활의 패턴을 벗어나기가 누구에게나 얼마나 어려운 일인가를 증명하는 경구이다. 우리가 변화를 두려워하는 것은 바라지 않아서가 아니라 익숙한 생활이 주는 기득권을 잃어버릴까 봐 두려워서이며 일상생활의 편안함을 놓치기 싫어서이다.

그러나 꿈을 가지고 일단 개혁을 시작하여 구르기 시작하면 끊임없는 변화를 일상의 원리로 받아들여야 한다. 바퀴가 일단 구르기 시작하면 계속 굴려 주어야 한다. 구르고 있는 바퀴를 더 굴리고 싶어질 때, 우리는 변화를 일상의 원리로 받아들인 것이다. 바로 '굴러감'의 관성을 갖게 된 것이다. 이는 변화가 이미 생활의 일부가 되어 이질감이 없다는 것을 의미한다. 이때 비로소 우리는 점진주의의 혜택을 볼 수 있다. 매일매일 하다 보면 조금씩 더 잘할 수 있게 된다. 혁명과 점진주의는 이와 같이 상호 보완적이다. 그러나 기억할 것은 이 둘은 같은 시기에 공존하지 못한다는 명백한 사실이다.

기업의 개혁도 이와 같다. 조직은 사람으로 이루어져 있기 때문이다. 기업이 개혁을 시작하면 직원은 이미 익숙한 일상의 생활에서 불편을 겪게 된다. 익숙한 업무 관행이 바뀌면 새로운 프로세스를 배워야 한다. 이것은 일종의 기득권 박탈이다. 수년간의 경험은 그를 담당 업무의 모든 것을 잘 알고 있는 고참으로 만들어 주었다. 모르는 것이 있으면 그를 찾으면 된다. 자신의 일에 관한 한 그는 전문가이다. 그러나 일하는 방식이 달라지고 이를 지배하는 원칙이 달라지면 그도 다시 배워야 한다. 고참과 신참 사이의 차이가 사라져 버린다. 이러한 생활의 불편과 기득권의 박탈은 곧 조직 구성원의 저항으로 나타난다.

경쟁력

우리는 오해를 하고 있다

직장 생활의 변화 중에서 가장 큰 변화는 실직이다. 그러므로 기업이 개혁을 부르짖으면 직원들은 변화의 극단적 모습인 실직의 망령에서 벗어나지 못한다. 실제로 많은 기업이 개혁의 이름으로 '무계획적이고 무책임한' 감원을 감행한다. 그러나 나는 다운사이징을 최고 경영자의 고유 권한에 속하는 조직 혁신의 기술적 대안 중 하나라고 생각한다. 물론 그 자체가 경영 혁신은 아니라고 믿고 있다.

1990년 미국의 비영리 단체인 국가 교육 및 경제 센터National Center on Education & the Economy의 보고서에 따르면, 미국은 세계 시장에서 경쟁하기 위해 저임금과 효율적 조직 운영이라는 두 가지 방법 중에서 저임금을 택해 왔다고 한다. 그

실업은 일시적 현상이 아니다

리고 1975년부터 1988년 사이에 미국의 연평균 임금 인상률이 6.2퍼센트로, 유럽보다 2.1퍼센트가 낮고, 일본보다는 무려 5.4퍼센트가 낮다는 사실을 지적했다. 이러한 미국 기업의 저임금 선택은 저생산성과 함께 국민의 생활 수준을 떨어뜨려 모두에게 고통을 줄 뿐이었다. 이 보고서에 따르면 미국 기업에 남아 있는 대안은 효율적 조직 운영이다.

한국의 경우도 IMF 이전까지 저임금을 통한 국가 경쟁력 강화라는 쪽으로 커다란 원칙을 잡아 왔다. 경성대 이재희 교수가 인용한 자료에 의하면, 10년 전 일반 기업의 노무비 혹은 인건비 비중은 11~13퍼센트에 머물렀던 것으로 나타났다. 한편, 미국의 상무성 자료에 따르면, 1995년 한국의 임금 수준은 조사 대상 국가 27개 나라 중에서 22위였다. 시간당 임금은 독일이 31달러, 일본 24달러, 미국 17달러 그리고 한국은 7달러 수준이었다. 반면 IMF 직전 5년간 한국의 생산성 증가율은 79퍼센트로, 미국 4퍼센트, 일본 14퍼센트를 크게 앞지르고 있다. 대만이나 싱가포르 등에 비해서도 두 배가량 높은 성장률을 보인 것으로 보고되었다. 그러나 이러한 높은 성장에도 불구하고 한국의 생산성은 IMF 당시 선진국의 절반 수준 정도에 지나지 않았다.

IMF 후 10년 동안 우리 역시 저임금을 통한 경쟁력 강화를 주된 모델로 삼는다는 것은 시대착오적인 매우 위험한 생각이라는 것을 절실히 깨닫게 되었다. 중국은 우리가 상상할 수 없는 가격에 거의 모든 것을 제공하고 있다. 이제 세계는 저가로 공략해 오는 중국 제품으로 넘쳐나는 듯하지만, "China Free"를 외치는 사람들 또한 있다. 분명한 것은 경영의 효율성을 통한 경쟁력 향상이 기본 방향으로 수립되어야 하며, 이에 따라 경영 활동 전반에 걸친 혁신이 추진되어야 한다는 점이다. 그러나 이 과정은 어렵다. 경영자에게나 직원에게나 참으로 고통스럽고 어려운 과정이다. 하지만 개방된 세계 속에서, 무제한적 경쟁에서, 기업이 살아남으려면 이외의 다른 방법이 없다. 이것이야말로 노사 쌍방이 함께 승리할 수 있는 기본 방향이다.

IMF 시기는 우리가 이성적 사고를 할 수 없을 정도로 모든 것을 비상시국 아래서 처리하도록 만들었다. 앞뒤를 가리지 못할 정도였다. 많은 기업이 하루를 넘기기가 지옥 같다고 했다. 당시 나는 친분이 있는 한 기업가에게 무엇이 가장 힘드냐고 물었다. 그의 대답은 매우 명료했다. "금리가 높다는 것과 돈이 없다는 것입니다. 그러나 지금 내게는 금리가 높다는 것이 잘 보이지 않아요. 하루하루 부도를 넘겨야 합니다. 돈이 급한데, 어떻게 금리를 따지고 있겠습니까? 나는 지금 돈을 태워 추위를 견디고 있는 겁니다. 살아남아야 하니까요."

비상시국에는 사안에 대처하는 방식 역시 이례적일 수 있다. 동물적 감각과 순발력에 따라 이리 뛰고 저리 뛰어야 할 때가 있다. 그러나 사방이 불바다로 보이는 때에도 살길이 있고, 가서는 안 되는 길이 있게 마련이다. 기업은 늘 비상시국에 처하지만 어떤 모습으로 비상시국을 처리했는가에 따라 미래가 결정된다. 경우에 따라 빨리 털어 버린 포커판이 돈을 따는 방법이기도 하다. 중요한 것은 올바른 대처이다.

기업에게 있어 다운사이징은 저임금의 다른 모습이다. 그것은 효율적 경영 자체를 의미하는 것이 아니다. 이것은 그저 과체중의 사람이 살을 일시적으로 빼는 것과 흡사하다. 또는 사고를 당해 피를 흘리고 있는 사람을 지혈시키는 것으로 비유할 수 있다. 분명한 점은 다운사이징이 기업을 건강한 모습으로 되돌려 놓을 수는 없다는 사실이다. 일시적으로 체중을 감량한 사람은 식사의 패턴과 내용을 바꾸고 적당한 양의 운동을 하지 않는 한 다시 살이 찌게 된다. 또 지혈이 치료의 전부를 의미하지도 않는다. 부러진 뼈를 맞추고, 터진 곳을 꿰매 주어야 한다. 그리고 회복을 위한 지속적 치료와 투약, 보신이 필요하다. 살이 나고 근육이 붙어 다시 건강한 사람이 되기 위해서는 환자의 의지와 체계적이고 효율적인 치료가 필요하다. 우리는 이러한 치유력을 효율적인 경영에서 찾고자 하는 것이다.

다운사이징의 또 하나의 특징은 매우 성급하고 무계획적일 수 있다는 점이다. '진단보다 절단'이 우선된다는 뜻이다. 논리적 수순에 따르면 이러한 지적이 옳다. 먼저 경영의 틀을 바꾸어 조직이 가지고 있는 비효율성을 제거하는 과정에서 잉여 인력에 대한 규모가 계산될 수 있다. 예를 들어 프로세스의 리엔지니어링이 실행되어 열 명이 하던 일을 세 명이 할 수 있게 되었다면 이 프로세스에 투입되었던 일곱 명은 잉여 인력이 된다. 만일 이들을 다른 프로세스에 투입하여 회사 전체의 부가 가치를 창출할 수 있다면 이들은 여전히 회사가 필요로 하는 자산으로 남는다.

이런 과정을 거쳐 최종적으로 회사가 안고 있는 잉여 인력의 규모를 파악할 수 있다. 그러나 다운사이징은 일반적으로 이러한 논리적 과정을 거치지 않고 진행된다. 다운사이징은 대개의 경우 프로세스 리엔지니어링보다 우선한다. 결국 철저한 검사와 진단 없이 먼저 잘라 내고 그 후 치료하는 비논리적 과정을 걷고 있는 것이다.

유의해야 할 점은 개혁에 성공한 기업의 다운사이징 과정은 무자비하지만 무계획적이지는 않다는 것이다. 일반적으로 그들은 리스트럭처링restructuring이라는 구조 개편을 통한 다운사이징의 방법을 택한다. 그리고 다운사이징의 다음 순서인 혁명의 제2단계를 준비한다. 이것이 바로 진정한 의미의 효율적 조직 운영을 위한 경영 혁신인 것이다. 이 대목에서 그들은 비전을 재정립하고, 새로운 기업 문화를 만들어 가며, 프로세스를 리엔지니어링한다. 또한 조직의 관리 계층을 줄여 나가며, 핵심 기술 인력core competency으로 불리는 기술력을 배양한다. 그리고 기술력을 갖춘 정규 직원을 유지 관리하면서, 같은 이해관계를 가지고 있는 경영 동반자를 모색하여 비전과 경영 체계를 공유함으로써 기업과 기업의 물리적 경계를 허물어간다.

실제로 잭 웰치는 1983년부터 1984년까지 2년 사이에 광산, 다리미 등 117개 사업 부문을 매각해 버렸다. '중성자탄 잭'이라고 불렸던 웰치는 1981년부터 1985년 말까지 그의 혁명 제1기를 마무리 지었다. 그는 그동안 GE를 상징하던 모든 것을 일소해 버렸다. GE의 모든 정체성을 파괴하고 지난 것들과의 단절을 선언했다. 이것은 기존 질서에 대한 정면 공격이었다. 그의 이러한 폭군적 행동은 조직 전체에 어떤 정서적 에너지를 유발시키기 위한 노력이었다. 그는 "첫째가 아니면 둘째"라는 기준 아래 자산을 매각했고, 대량 해고를 감행했다. 1981년 약 40만에 달하던 직원 수는 혁명 제1기가 끝나는 1985년 약 4분의 3으로 줄어들었다. 그는 친숙하고 안락한 환경을 파괴해 버렸다. GE는 혼란과 절망감에 빠졌다. 그러나 이 기간 동안 GE의 주식에 대한 투자 수익률은 『포춘Fortune』 500대 기업의 평균 투자 수익률을 점점 웃돌기 시작했다.

1993년 봄, IBM의 새로운 사령탑을 맡은 루 거스너Louis V. Gerstner는 외부에서 영입된 인사이다. 그가 밟았던 혁명의 과

정도 잭 웰치가 걸었던 길과 다르지 않다. 그는 리스트럭처링이라는 이름으로 공장을 통폐합하고 부동산을 매각했다. 1996년까지 IBM의 직원은 약 3분의 2 수준으로 줄었다. 직원이 가지고 있었던 자부심은 상실되었으며 IBM은 과거의 영광 속에 묻히는 듯했다. 대학의 경영학과에서 초우량 기업의 대표적 사례로 다루어지던 IBM은 이제 대표적 몰락 기업의 사례로 바뀌었다. 주가는 40달러대까지 떨어졌다. 그러나 리스트럭처링으로 불리는 제1막의 혁명 과정이 마무리된 1996년, IBM은 창업 이래 최대의 매출을 올렸고, 주가는 160달러대로 뛰어올랐다.

다운사이징은 단기적으로 가시적인 재무적 성과에 직결된다. 경영자들이 가장 먼저 이 일에 관심을 갖는 이유 중의 하나가 바로 이 가시적 성과 때문이다. 그러나 반드시 유의해야 할 것은 이 재무적 성과가 곧 성공은 아니라는 사실이다. 개혁에 성공한 기업은 다운사이징을 리스트럭처링이라는 사업 구조 개편과 함께 진행시킨다는 점을 기억하라. 그리고 그 속에서 이미 개혁의 2단계를 준비하고 있다는 사실을 간과해서는 안 된다. 개혁의 2단계는 혁명의 파괴 속에서 새로운 가치를 만들어 가는 과정이다. 새로운 비전이 필요하고 핵심 경영자와 중역들의 지원과 협조가 절실한 시기이다.

잭 웰치는 1986년부터 혁명의 제2단계로 접어들었다. 루 거스너는 1993년 취임 후 대대적인 다운사이징을 시작했지만 이미 혁명의 제2단계를 그 안에 심어 놓았다. 1995년부터 열한 개의 주요 경영 분야에 대한 대대적인 리엔지니어링 작업에 착수한 것이다. 역사 속으로 사라질 뻔했던 IBM은 그 후 여전히 건재할 수 있게 되었다. 생존과 번영은 혁신 기업에게만 주어지는 영원한 선물이다.

개혁은 언제나 희생자를 만들어 낸다. 그리고 그것은 우리에게 늘 의문을 던진다. 이제 스스로 생각하자. 루마니아의 독재자 차우셰스쿠Nicolae Ceaușescu는 죽었지만 그가 남긴 어두운 유산은 아직도 루마니아 국민의 어깨를 무겁게 한다. 그러나 그의 생일이 되면 그가 묻혀 있는 공동묘지에는 꽤 많은 참배객이 모인다. 참배객의 한 명은 TV 기자와의 인터뷰에서 "차우셰스쿠가 없는 루마니아는 생각할 수 없습니다. 그때는 직장이 있었고 빵이 있었습니다. 그러나 지금 우리는 아무것도 없습니다. 우리가 잘못한 것입니다"라고 말했다.

이 TV 기자는 묘지를 벗어나 시가지를 걷고 있는 한 젊은이에게 묘지에서와 똑같은 질문을 던졌다. 이 젊은이는 이렇게 대답했다. "지금의 어려움은 모두 차우셰스쿠의 유산입니다. 그의 정부는 능률이 고려되지 않았습니다. 그저 누구에게나 일자리를 주어 고용했지만, 아무도 그 일을 열심히 하지 않았습니다. 자신을 위해 하는 일이 아니었기 때문이지요."

  분명한 사실은 이제 어디에도 차우셰스쿠가 던져 주는 일자
리는 없다는 것이다. 가치를 창조하는 사람만이 성장할 수 있
다. 미래의 사회는 바로 자신의 전문 지식을 활용해 가치를 창
조하는 사람들의 것이 된다. 상대적으로 이러한 지식을 보유하
지 못해 직장에서 밀려나 가난과 범죄의 절망에 빠지는 '무법
적 하부 조직' 또한 늘어날 것이다. 전통적으로 인간의 경제적
가치는 노동의 시장 가치에 의해 결정되었다. 그러나 자동화
사회가 되면서 인간의 노동은 더욱더 부차적인 가치로 전락해
가고 있다. 이것이 우리를 기술적 유토피아로 안내할 것인지
아니면 참혹한 인류의 몰락으로 몰아갈 것인지는 알 수 없다.
운이 좋아서 미래 역시 우리 손에 달려 있기를 바랄 뿐이다.

노동

종말이 다가온다

기업이 고용을 창출해 갈 수 없다는 사실을 가장 설득력 있게 전달하는 책 중의 하나로 『노동의 종말*The End of Work*』을 들 수 있다. 저자인 제러미 리프킨Jeremy Rifkin이 인용한 수많은 자료에 의하면, 미국에서는 매년 200만 개 이상의 일자리가 없어지고 있다. 반면 새로이 창출되는 일자리는 대부분 저임금 부문이거나 임시직들이다. 고임금 일자리의 상실은 비단 미국만의 현상이 아니다. 독일의 지멘스Siemens는 3년 동안 1만 6,000명의 종업원을 해고했다. 스톡홀름의 식료품 조합인 ICA는 창고와 유통 센터를 폐쇄하고 총원가를 50퍼센트 절감했으며, 3년 만에 수익을 15퍼센트 이상 증가시켰다. 그러나 그 과정에서 전체 노동력의 30퍼센트인 5,000명을 해고시켜야 했다.

종신 고용에 있어 가장 성공한 나라인 일본의 경우도 다르지 않다. 일본의 전기 통신 회사인 NTT는 리스트럭처링 과정을 겪으면서 종업원을 해고했고, 일본 전자업계의 간판인 소니Sony 역시 감원했다. 미국, 유럽, 일본 등에서 일어나고 있는 실업의 증가는 개발 도상국가로 확대되고 있다. 왜냐하면 다국적 기업들이 전 세계적으로 하이테크 생산 설비를 설치하면서 기술적 실업이 증대되기 때문이다.

『월 스트리트 저널The Wall Street Journal』은 이렇게 보고하고 있다. "소프트웨어 프로그램과 하드웨어 그리고 정교한 컴퓨터 네트워크가 노동력을 대신하고 있다. 보다 적은 인력으로 보다 많은 일을 할 수 있다면 인원의 감축은 피할 수 없다." 이것은 올바른 지적이다. 노벨 경제학상을 받은 레온티예프Wassily Leontief는 보다 정교한 컴퓨터 시스템에 의해 가장 중요한 생산 요소로서의 인간의 역할은 감소할 것이라고 경고했다. 이 경고는 옳다.

새로운 소프트웨어와 보다 정교한 컴퓨터 하드웨어 그리고 네트워크가 기술적 실업을 만들어 내는 동안 리스트럭처링과 리엔지니어링을 통한 실업 역시 증가하고 있다. 몇몇 보고서는 미국 내 약 9,000만 명에 달하는 민간 부문 근로자 중에서 약 2,500만 명 정도는 이러한 경영 효율화 조치에 따라 실직할 것으로 예측하고 있다. 유럽과 아시아에서도 비슷한 현상이 유발될 것으로 생각된다. 마이클 해머에 따르면 리엔지니어링을 통해 보통 약 40퍼센트 정도의 인원을 감축할 수 있으며 많으면 75퍼센트 정도도 가능하다. 특히 중간 관리자들의 일자리는 약 80퍼센트 정도 제거할 수 있는 것으로 추정하고 있다.

정보 기술과 리엔지니어링은 함께 손잡고 진행된다. 정보 기술의 도움 없이는 리엔지니어링은 불가능하다. 그저 꿈일 뿐이다. 과거의 리엔지니어링은 일의 논리적 작업 과정인 프로세스를 먼저 그리고 이를 지원하는 정보 시스템을 나중에 개발하였다. 그러나 이제는 그 반대의 현상이 발생하고 있다. 먼저 정보 기술의 파괴적 힘을 인식하고 그 개념을 덩어리 채 현 업무에 연결시킴으로써 업무 과정을 재설계하는 것이 보다 효과적이기 때문이다. 이것은 정보 기술이 예측할 수 없이 빠르게 움직인다는 사실을 반영하는 것이다. 우리가 원하는 정보를 우리가 원하는 시점에 우리가 원하는 장소에서 우리가 원하는 형태로 제공받을 수 있다는 기술적 성과는 전통적 업무 형태를 완전히 재편하게 만들었다.

한 컨설턴트는 "우리는 일자리를 줄이는 방법에 대해서는 잘 알고 있지만 일자리를 어떻게 창출해야 하는지는 전혀 모른다"라고 말했다. 애플Apple 컴퓨터의 회장이었던 존 스컬리 John Sculley는 기업의 리스트럭처링과 리엔지니어링에 따른 대대적인 불안정이 앞으로 20년간 사회의 최대 이슈가 될 것으로 예견했다. 혁명은 여전히 진행 중이다.

컴퓨터와 리엔지니어링에 의한 혁명은 제조업 부문에 가장 심각한 영향을 주었다. 전 국제 기계 협회IAM 회장이었던 윈피싱어William W. Winpisinger는 한 보고서를 인용하며 "향후 30년 이내에 세계 전체의 재화를 생산하는 데 현재 노동력의 2퍼센트 정도면 가능할 것"이라고 전망했다. 이 예측은 충분한 근거를 가지고 있다. 적어도 그 감소 추세에 비추어 볼 때 충분히 가능한 예측이다. 예를 들어 1950년대에는 미국 전체 노동력의 33퍼센트가 제조 부문에 고용되어 있었다. 1990년대 말에는 그 절반인 17퍼센트 미만으로 추산되었다. 따라서 이런 추세로 간다면 앞으로 사람이 필요 없는 무인 공장의 출현은 어렵지 않게 예상된다. 그렇다면 윈피싱어의 말은 농담이 아니다.

생산 분야에서의 실업이 서비스 부문과 화이트칼라 직업의 고용 창출에 흡수될 것으로 전망하는 낙관론자도 많다. 그러나 자동화와 정보 기술 그리고 리엔지니어링에 의한 기업의 개혁은 서비스 관련 분야의 직무를 급격히 줄여 가고 있다. 1990년대 동안에만 미국에서는 300만 개 이상의 일자리가 줄어든 것으로 집계되었다. 일부는 국제 경쟁의 격화에 기인한 것이다. 그러나 대부분은 기술에 의한 실업이었다. 다시 말해서 이것은 경기 순환적인 일시적 실업이 아니라는 사실이다. 따라서 이들은 경기가 좋아지더라도 재고용될 것으로 보이지 않는다.

　피터 드러커는 실업에 대하여 매우 솔직하게 말하고 있다. 그에 의하면 생산의 핵심적 요소로서의 노동의 소멸은 자본주의 사회가 안고 있는 문제 중 가장 핵심적인 미해결 과제이다. 노동이 없는 세계, 노동에 기초를 두지 않는 사회는 우리가 알고 있는 사회의 조직 원리와는 판이하게 다를 것이다. 그러나 대부분의 근로자는 현재 발생하고 있는 이러한 변화의 이행에 대처할 준비가 되어 있지 않다.

자기 혁명

대량 실업 시대의 필연

실업에 대한 사회적 해결은 매우 어려운 과정을 거칠 것이다. 이에 대한 총체적 해결은 아마 환경 문제만큼이나 풀기 어려울 것이다. 예를 들어 한 기업이 경쟁의 어려움을 들어 감원을 결정하였다 하자. 노동조합은 기업의 감원 조치에 반발한다. 기업은 곧 차선책으로 임금의 총액을 동결하는 입장을 취할 수 있다. 노동조합의 선택은 몇 가지로 축약될 수 있다. 우선 감원 조치를 철회시키는 조건으로 기업의 어려움을 나누어 갖는 것이다. 이것은 모두 남되 각 개인의 소득을 줄이는 것을 의미한다. 남아 있는 하나의 일자리를 쪼개 두 사람이 나누어 가지거나, 적어도 각 개인의 임금 동결을 받아들이는 것이다. 고통을 분담하는 것이다. 이것은 노동조합이 강한 유럽적 선택의 모델이다.

두 번째 선택은 감원을 받아들이고, 남아 있는 사람들이 생산성의 증가에 따른 임금 인상 혜택을 누리는 것이다. 미국은 이 유형에 가깝다. 세 번째는 두 가지 방안 모두 거부하고 힘겨루기에 들어가는 것이다. 노동조합은 연대를 이루어 거리에서 시위하고 파업이 강행된다. 기업은 무노동 무임금을 주장하고 작업장 폐쇄로 맞선다. 정부는 경찰 병력을 투입하고 모든 국민은 불편을 감수한다. 이 유형은 지금까지 한국에서 벌어지던 전형적 모습이다. 경우에 따라 프랑스나 미국에서도 발생한다.

어느 선택이 올바른 것인지 쉽게 단언할 수 없고, 제4의 현명한 선택은 영영 나오지 않을 수도 있다. 어쩌면 이미 들어선 길인지도 모른다. 인류는 이미 길흉을 예측하기 어려운 어두운 곳을 향해 나아가고 있는지도 모른다. 나는 이러한 숙제의 해결을 정치가, 경제학자, 경영자와 노동 단체 그리고 온갖 종류의 사회적 지도자들의 손에 남겨 두고자 한다.

그러나 그들이 이 어려운 숙제를 범사회적으로 풀어 나갈 동안 개인으로서 그저 기다리고 있을 수는 없다. 밥그릇을 남에게 맡기고 선처를 구할 수는 없는 것이다. 그러므로 개인적 측면에서 이러한 새로운 변화의 준비에 대해 함께 논의했으면 한다. 이것은 독자 한 사람 한 사람의 문제이기도 하지만 나의 문제이기도 하다. 나의 문제이기도 하고 우리의 문제이기도 한 것처럼 진지한 것은 없다.

우선 변화를 받아들이는 것이 중요하다. 기업의 개혁과 경영의 혁신은 불가피한 것이다. 만약 이 일에 실패한다면 기업은 존속하지 못한다. 기업의 성공은 직원 고용의 전제 조건이다. 둥지가 부서지면 그 안에 있는 새알은 땅에 떨어져 깨지게 되어 있기 때문이다. 그러므로 기업의 개혁과 혁신이 성공하여 경쟁력을 갖도록 도와주어야 한다. 계속 시장에서 받아들여지고, 성장할 수 있는 기업이 될 수 있도록 개혁에 동참해야 한다. 어려운 시기에는 기업의 최고 경영자조차 고용을 보장할 수 없다. 오직 고객만이 고용을 보장할 수 있다. 그들이 상품과 서비스를 사 주면 기업은 성장할 수 있다. 모든 혁신이 '고객 중심'이라는 기본적 명제로 회귀하고 있는 중요한 이유는 그들만이 돈을 가지고 있고, 기업은 존속과 성장을 위하여 그들의 돈을 필요로 하고 있기 때문이다.

개혁의 성공은 그러나 잉여 노동력의 감원을 수반한다. 기술 실업이 심한 곳은 앞에서 살펴본 바와 같이 생산 부문이다. 또한 서비스 분야라 하더라도 단순 반복적인 업무로 부가 가치가 작은 직무는 사라질 것이다. 이것은 엄연한 현실이다. 이것을 거부해서는 안 된다. 거부하는 순간 당신은 매우 위험한 상황에 처할 수 있다.

당신이 기업이 요구하는 가치를 가지고 있는 이상 해고될 이유는 없다. 그러므로 개인적으로 당신이 선택할 수 있는 유일한 길은 변화를 인정하고 스스로의 가치를 창출해 가는 것이다. 이것은 열심히 일한다는 것을 뜻하지 않는다. 기계는 당신보다 수십 배 수백 배 힘이 세다. 기계와 경쟁해서는 승산이 없다. 당신이 창조하는 가치가 유일한 것이고, 전문적이며, 노동의 대체가 어려울수록 당신은 안정적이며, 더욱 윤택한 보상을 받을 수 있다. 이것이 바로 후기 자본주의 사회의 기본적 특징을 '지식 사회'라고 규정하는 이유이다.

기업은 필연적으로 핵심 기술 인력만을 유지하려고 한다. 정규 직원을 많이 유지하기 위해서는 돈이 많이 든다. 따라서 나머지 단순 반복적이거나 쉽게 대체 가능한 부문은 아웃소싱을 선호하게 된다. 아웃소싱은 최근 매우 전문적인 부문을 빌려 오는 것으로 확대되고 있다. 예를 들어 컨설턴트의 경우가 그것이다.

그러나 당신은 전문성을 개발하고 새로운 커리어를 시작한다는 것을 매우 어렵다고 느낄 수 있다. 새로운 인생을 개척한다는 것의 어려움을 작가 아나이스 닌Anaïs Nin은 『일기The Diary of Anaïs Nin』에서 이렇게 묘사했다.

사람들은 익숙한 인생의 사이클에서 박차고 나와야 한다. 도약은 어려운 것이다. 자신의 신념을 되살리고 자신의 사랑을 다시

새로운 시작은, 익숙한 인생의 길에서 풀쩍 뛰어오르는 것과 같다.
발 딛고 서 있는 그곳과 결별하지 않으면 안 되는 것이다.

살리고 싶은 그 순간에 그 신념, 그 사랑과 결별하지 않으면 안된다.

실제로 학교 교사였다가 미국의 저명한 미래학자가 된 윌리엄 브리지스William Bridges가 자신의 새로운 커리어를 시작하려 할 때 느꼈던 절망감을 살펴보자. 그는 학창 시절 물리학자나 건축가 혹은 예술가나 사업가로서의 재능을 보이는 동창생들을 부러워했다. 그들에 비하면 그는 능력도 없고 화려함도 없었다. 그가 잘할 수 있는 것이라고는 에세이를 이해하고, 학교 행사를 기획하고, 선생님이 듣지 않는 곳에서 농담을 하여 친구들을 웃기는 것 정도였다. 그가 정말로 해 보고 싶었던 것은 수비 라인을 뚫고 터치다운을 하여 응원단장 여학생이 자신을 좋아하게 만드는 것이었다. 그러나 그는 소질이 없었다. 상급반에 진학하면서 그는 몇 가지 기능을 익혔는데 그렇게 하기 싫어하던 타이핑도 이때 익혔다(이것은 나중에 그의 주요한 자산이 되었다). 그는 성적이 그럭저럭 괜찮은 그저 평범한 아이였다.

졸업 후에 그는 교직을 선택했다. 이 선택은 진정이었다. 그에게 교직은 집안의 대물림 직업이었다. 그 후 20년이 흐른 뒤 그는 교직이 자신에게 잘 맞지 않는 직업이라고 생각하게 되었다. 그러나 막상 이력서를 작성하려고 하니 온통 교직에 관련된 사항뿐이었다. 그는 영문학을 전공했고 경력은 여기저기에서 교편을 잡았던 것이 전부였다. 자신을 추천할 수 있는 사람들도 모두 동료 교사나 교수, 대학 총장들이었다. 그는 자신의 이력서를 보는 사람은 "흠, 그럼 또다시 교편을 잡을 생각은 없나요?"라고 물을 것이라고 생각했다. 그가 하고 싶은 일은 교직을 떠나는 일인데 그가 할 줄 아는 것은 오로지 가르치는 것뿐이었다. 이것은 절망이다. 자신을 추천해야 할 과거의 경력이 모두, 자기가 벗어나고 싶어 하는 그곳으로 자신을 몰아갈 때 우리는 벗어나려는 인생의 익숙한 사이클로 한숨을 쉬며 되돌아가게 되는 것이다.

또 하나의 예를 들어 보자. 1980년대 초반에 미국의 한 대형 철강 회사가 문을 닫게 되었다. 회사는 실직을 앞둔 직원들이 새로운 일자리를 찾을 수 있도록 재취업 훈련을 시켜주겠다고 제의했다. 그러나 이 훈련은 아무런 도움을 주지 못했다. 대부분의 철강 근로자들은 실업자가 되었거나 완전히 다른 일자리를 잡았다. 그 이유를 조사한 심리학자들은 그들이 심한 정체성의 위기를 안고 있음을 발견했다. 그들의 마음속 깊은 곳에는 "내가 어떻게 다른 일을 할 수가 있겠어. 난 선반공인데"라는 인식이 뿌리 깊게 박혀 있었다.

윌리엄 브리지스는 새로운 커리어를 개발하여 기업이 요구하는 가치를 창출할 수 있으려면 먼저 다음과 같은 낡은 편견을 깨뜨려야 한다고 말한다. 이 편견들이 바로 길을 나서는 당신의 발목을 움켜잡고 있는 적이라는 것을 기억하라. 이러한 편견들은 기본적으로 미국의 문화적 환경에 기초한 것이지만 많은 경우 우리에게도 적용된다. 우리의 사회적 통념에 기초하여 공감대가 넓은 것만 골라 설명을 붙였다.

편견 하나, 좋은 직장은 절대로 놓치지 말아라

이미 시장에서는 직장이 서서히 없어져 가고 있다. 당신이 지금 꽉 잡고 있는 직장도 곧 사라질 운명에 처해 있다. 섣부른 행동을 하라는 말은 아니다. 단지 이 편견은 낡고 위험한 명제라는 것이다.

편견 둘, 훌륭한 자격을 갖춘 사람이 좋은 직장을 잡는다

이것은 반만 맞는다. 자격의 의미가 바뀌고 있다는 것을 명심하라. 과거에 자격은 학벌, 학위, 자격증, 유사한 기업에서의 경력, 유명인의 추천 같은 것을 의미했다. 그러나 이것들은 도움을 줄 수 있는 자산에 불과하다. 오늘날 기업이 원하는 새로운 자격은 그 일을 하고 싶어 하는 욕망과 그 일을 잘할 수 있는 능력이다. 또한 당신이 기질적으로 얼마나 그 일에 적합한가가 더욱 중요하다. 급변하는 시장 환경에서는 이것만이 유일한 자격이라는 것을 기억하라.

편견 셋, 마흔 이후에는 직장을 바꾸지 말라

당신이 떠나려고 하는 세계에서는 이 원칙이 통용된다. 그러나 당신의 욕망과 재능에 충실하라. 그리고 시장에서 충족되지 않는 필요를 공략하라. 만일 전환 과정의 고통을 완화시킬 수 있는 임시방편이 있다면 얼마든지 활용하라.

편견 넷, 당신이 원하는 것은 중요하지 않다

우리의 욕망은 억제되어 왔고, 그렇게 키워졌다. 그러나 이제 당신의 욕망에 충실하라. 한 식품업 최고 경영자는 "음식은 인생과 같다. 그리고 인생에는 정열이 필요하다"라고 말했다. 나는 그가 인생을 음식물로 본다는 것에 웃음을 참지 못했다. 그러나 음식 역시 음악이나 미술처럼 그것에 몰입한 사람에게 하나의 훌륭한 인생이 될 수 있다는 것을 곧 깨달았다. 한국 추상화의 원로인 유영국 화백은 일흔이 넘어서도 그림을 그렸다. 그는 "나이가 들면 생활 속의 가벼운 흥분이 필요하다"고 말한다. 그들은 자신이 원하는 것을 한다. 그러므로 마음이 가는 대로 새로운 삶을 만들어라. 정열과 흥분이 있는 삶은 욕망에 기초한다. 건강한 욕망에 충실하라. 삶을 낭비하지 말라.

편견 다섯, 출세하기 위해서는 스스로를 선전하라

이 말 역시 반밖에 맞지 않는다. 그저 '팔아치운다는 개념'은 낡은 세계의 유물이다. 가장 잘 팔리는 것은 다른 사람이 가장 사고 싶어 하는 것이다. 남들의 필요를 정확하게 파악하고 그 수요에 부응하는 능력이 중요하다. 자신의 재능을 정확하게 파악하고, 지금 가지고 있는 자산과 개발할 수 있는 자산을 찾아내는 것이 중요하다. 스스로의 명상과 사색으로 자신을 좀 더 잘 알 수 있다. 자신을 발견한다는 것은 새로운 세상을 발견하는 것보다 더 어려울지도 모른다. 자신을 새롭게 볼 수 있는 사람은 보이는 모든 것을 새롭게 볼 수 있다.

또 당신의 기능적 특성과 기질을 정확히 파악하는 데 도움을 주는 테스트를 받을 수도 있다. 그중 신뢰도가 가장 높은 것 중 하나가 마이어스-브릭스 유형 지표MBTI: Myers-Briggs Type Indicator이다. 이것은 카를 융Carl G. Jung의 심리학을 근거로 1900년대부터 이저벨 마이어스Isabel Briggs Myers와 캐서린 브릭스Catharine C. Briggs가 발전시켜 온 테스트이다. 당신은 이 테스트를 통해 자신의 기질적 특성을 쉽게 파악할 수 있다. 네 쌍의 상호 대비적인 기능적 기질적 특성에 따라 인간을 열여섯 가지 타입으로 분류하여 각 타입별 특성을 정리해 놓았다. 아울러 유의하여 개발해야 할 기질적 장단점을 알 수 있다.

MBTI는 그동안 카운슬링, 심리 치료, 교육, 인간관계 훈련 등 다양한 분야에서 널리 이용되어 왔다. 1980년대 들어오면서 여러 나라의 기업들이 이를 채택하여 인사 관리, 인력 개발, 조직 개발에 활용하고 있다. 이 테스트는 현재 30여 나라에서 인간 이해를 위한 중요한 도구로 활용되고 있으며 우리나라에서도 한국어로 테스트를 받을 수 있다.

고용

새로운 원칙이 필요하다

당신은 무가치한 것도 팔아 치울 수 있는 엄청난 언변을 자랑해서는 안 된다. 먼저 가치 있는 당신의 제품을 개발하라. 당신만의 것, 고객의 수요가 있고 당신만이 가장 잘할 수 있는 제품을 가진 당신만의 회사를 경영한다고 생각하라. "가장 좋은 제품은 마케팅을 필요로 하지 않는다"는 말을 기억하라. 그리고 좋은 제품인지 아닌지는 고객만이 평가한다는 사실을 겸손하게 받아들여라.

만일 당신이 앞에서 지적한 낡은 원칙들을 마음에서 몰아냈다면, 다음과 같은 새로운 고용 원칙을 받아들일 준비를 하라. 당신의 마음에 패러다임의 공백이 생겨서는 안 되니까 말이다.

하나, 회사가 당신에게 요구하는 것은 가치이다

한국에서 회사에 대한 충성심은 대단하다. 그리고 이것은 엄청난 힘이었다. 직원은 새벽부터 밤늦게까지 일했다. 가정보다 일이 우선이고 회사가 먼저였다. 그러나 이제 이 충성심은 급속도로 무너졌다. 미국적 사고에 의하면 충성심이란 더 이상 기업 경영에서 그리 대단한 요소가 되지 못한다. 그것은 그저 '회사가 좀 신통치 않더라도 꾹 참고, (나처럼 유능하고 필요한 사람이) 좀 더 남아 있어 주는 것'이거나 반대로 '직원이 좀 신통치 않더라도 해고하지 않는 것' 정도로 쌍방 간에 받아들여지는 것이었다. 그러나 기술 혁명과 경영 혁신에 따른 효율성의 증가는 충성심의 고용 관계를 매우 부담스럽게 만들었다.

지금 회사가 당신에게 요구하는 것은 당신이 만들어 내는 가치이다. 미국의 시카고 광고 회사 중역이었다가 실직한 뒤 시간당 10달러의 임시직으로 일하고 있는 한 평범한 월급쟁이의 말을 기억하라.

나는 회사에 근무하면서 전적으로 충성했다. 그러나 어느 날 아침 일어나 보니 세계가 바뀌어 있었다. 회사로부터 온 메시지는 이랬다. '우리는 당신의 충성심 따위는 필요 없어. 중요한 것은 당신이 무슨 일을 하고 있느냐는 것이지.' 나는 마치 워싱턴 어빙Washington Irving의 단편 소설 「스케치북The Sketch Book」의 주인공 립 밴 윙클이 된 기분이었다.

둘, 기업과 개인의 관계를 대등한 협력 관계로 가져가라

고용의 유지 여부는 회사가 이룩한 성과에 달려 있다. 그러므로 당신과 회사는 협력 관계에 있다. 당신은 지금 회사와 맺은 고용 계약이 언제까지나 유효하기를 바라고 있을 것이다. 마치 파우스트가 메피스토펠레스에게 영혼을 팔 때 썼던 양피지의 계약서처럼, 자신의 시간과 정열을 판 대가로 생계를 유지하기 위한 고용 계약서가 파기되지 않기를 바랄 것이다. 그러나 만일 당신이 기업에게 가치를 제공하지 못하면 이 계약은 파기된다. '피고용자'라는 안이한 생각을 버리고, 자기에게 주어진 업무가 마치 협력 업체로 아웃소싱된 것처럼 행동하라.

회사는 당신의 고객이다. 그리고 동료 역시 당신에게서 도움받기를 원하는 고객이다. 그리고 고객은 당신이 믿을 수 있고 사려 깊은 전문가이길 바란다. 당신을 찾아가면 문제가 해결된다는 것을 보여 주어라. 그러면 당신은 피고용자의 입장에서 회사의 진정한 비즈니스 파트너로 바뀐다. 이때 당신은 고용자와 피고용자의 관계를 떠나 대등한 위치에서 스스로의 비즈니스 파트너를 선택할 수 있는 힘을 갖게 된다.

고용자에게 매달리지 말라. 그의 선처와 관용을 바라지 말라. 당신의 밥그릇을 그에게 맡기지 말라. 가장 확실한 밥그릇의 확보는 당신이 항상 그것을 가지고 다니는 것이다. 그가 당신을 통해 자신의 필요를 충족시킬 수 있도록 하라. 자기 안에 가장 강력한 생산 수단을 가지고 있는 당신은 이제 프롤레타

리아가 아니다(이 단어는 이제 물리적으로 사망 신고를 끝냈다. 공산주의라는 아름다운 개념은 이제 더 이상 현실이 아니다. 그러나 미래의 자본주의가 이 개념의 아름다움을 어떤 다른 방법으로 구현하지 못한다면 '생산적인 측면에서 아무것도 할 수 없는, 매우 파괴적인 불법적 하부구조'를 양산함으로써 인류는 매우 힘들고 어두운 미래를 갖게 될 것이다). 스스로 실업의 가능성으로부터 빠져나와라. 피고용자라는 수동적 위치에 있는 자신을 해방시켜라.

셋, 가변적인 역할을 더 중요하게 생각하라

당신에게 요구되는 것은 여러 기능을 가진 직원들이 모여 이루어진 프로젝트팀의 한 일원에게 맡겨진 역할이다. 이제 고정적 직무$_{job}$를 떠나 매우 가변적인 역할$_{role}$이라는 형태로 일이 부과된다. 한 예로 컴퓨터 서비스 업체인 EDS는 철저하게 프로젝트 단위로 운영된다. 이 회사의 가장 중요한 포지션의 하나는 프로젝트팀 리더이다. 톰 피터스는 이 프로젝트팀 리더가 어떻게 활동하는지를 관찰했다. 그리고 팀 리더의 기능이 "구체적으로 명시된 고정된 직무라기보다는 유동적인 역할에 가깝다"고 결론을 내렸다.

직원들은 프로젝트에 따라 자주 이동하게 되어 있다. 따라서 어디에도 고정된 직무가 존재한다고 믿지 말라. 일이 있는 곳이면 어디든지 뛰어들어 '끝내 준다'는 생각을 하라. 따라서 "이건 내 일이 아니야. 이걸 내가 왜 해? 내가 바보인 줄 알아?"

라고 말하지 말라. 그 대신 이렇게 말하라. "나는 그 일에 관심이 있어. 그 분야의 전문가거든. 그리고 지금 당신을 도와줄 시간도 있어. 그래, 내가 도와줄게."

당신은 어쩌면 지금 반복되는 일과 때문에 정신없이 바쁠지도 모른다. 항상 서류 더미 속에 묻혀 있을 수도 있다. 누구를 도와줄 마음의 여유가 없을지도 모른다. 만일 당신이 정말 그런 상태에 있다면 빨리 그곳에서 빠져나와라. 당신은 지금 매우 위험한 늪 속에 있다. 유능한 리엔지니어링 전문가가 가장 먼저 손대는 분야가 바로 그곳이다. 지금 당신은 기계와 기술이 대신해 줄 수 있는 곳에 있다.

'바쁘다'는 것은 '필요하다'는 것과 동의어가 아니다. 먼저 왜 바쁜지 스스로에게 물어보라. 그리고 당신의 '바쁨'이 얼마나 많은 가치를 만들어 내는지 자문해 보라. 그리고 당신만이 이 일을 할 수 있는지 자문해 보라. 만일 당신이 하는 일이 단순 반복적이고 누구든지 할 수 있는 일이라면 그 직무는 곧 없어지거나 다른 보다 경쟁력 있는 방법으로 대체될 것이다. 만일 오랫동안 그런 종류의 직무가 없어지지 않고 남아 있다면, 경쟁력을 잃은 당신의 회사가 통째로 없어지고 말 것이다. 당신은 결국 회사의 경영 혁신 과정에서 없어질 직무를 끌어안고 있다가 해고되거나, 개혁에 실패한 회사가 문을 닫게 될 때 다른 동료와 함께 실직할 것이다.

넷, 직위는 중요하지 않다. 핵심 기술력을 개발하라

이 원칙을 받아들이는 것에도 역시 감정적 어려움이 있을 수
있다. 인간이란 매우 우스운 존재이기도 하다. 건강한 소시민
일수록 사회가 정한 규범과 규칙을 준수해 가며 살아간다. 그
들은 그 틀을 존중한다. 직장 역시 가장 중요한 작은 사회로서
우리가 매일 시간을 보내는 곳이다. 개인으로서 한 사람이 처
음 회사에 들어가면 말단 직원으로 새로운 생활을 시작한다.
세월이 지나 그는 대리도 되고 과장도 된다. 월급도 좀 나아지
고 밑에 부하 직원도 생긴다. 귀밑머리가 희어지고 배에 살이
붙기 시작하면 부장으로 승진한다. 중간 관리자로서 그는 자
신이 좀 더 승진하여 '별'이라도 하나 달고 퇴사할 수 있기를
바란다. 그리고 같은 임원이라도 부하가 많고 강력한 부서에
서 껍데기가 아닌 진정한 실세로서 활약할 수 있기를 기대한
다. 이것이 소박한 월급쟁이의 꿈이다. 여러 가지 궂은일을 겪
어 가며 살아가는 우리에게 이 정도의 꿈이야 꿀 수 있는 충분
한 자격이 있다.

그러나 매우 유감스럽지만 이 꿈은 이제부터 꾸면 안 된다.
차라리 복권을 사는 것이 나을지도 모르는 허망한 꿈이다. 기
업의 피라미드 조직은 급속도로 붕괴하고 있다. 관리의 계층
이 줄어들어 최고 경영자부터 말단 직원까지의 계층적 구조
가 납작한 조직으로 되어가고 있다. 보다 분권적 조직으로 재
편되기도 하고 네트워크 조직으로 바뀌어 가면서 조직은 계층

적 직위의 수를 양산할 수 없게 되었다. 간혹 직원의 심리적 만족을 위해 명목상의 호칭 체계를 고심하여 만드는 경우도 있지만 그 개념은 과거와 매우 다르다. 예를 들어 부하가 한 명도 없는 전무나 상무가 있다. 그는 타이틀에 걸맞은 예우를 받는다. 그러나 그것이 전부이다.

한 예를 들어 보자. IDEO사는 캘리포니아주에 있는 대형 산업 디자인 회사인데 직원이 약 130명 정도다. 『잉크Inc.』지에 따르면 미국에서 가장 일하기 좋은 중소기업 중 하나이다. 이 회사의 특색은 직원들의 직위가 없다는 점이다. 다시 말하면 상사도 없고 부하도 없다. 디자이너들은 프로젝트별로 팀을 구성한다. 각 팀에는 팀장이 있다. 그러나 팀장의 권위는 그 프로젝트가 계속되는 동안만 인정된다. 오늘 매니저인 사람이 내일 평직원이 될 수 있다.

현재 많은 기업이 여러 가지 시도를 하고 있다. 그러나 결국 회사에 대한 기여도에 따라 개인에게 실질적인 보상이 주어지는 체계가 정착될 것이다. 한 예로 휴렛팩커드HP: Hewlett-Packard사는 대부분의 부서에서 직원을 평가하는 방법으로 랭킹ranking을 사용한다. 즉 특정 그룹의 직원을 모두 집합시켜 그 그룹에 기여한 가치에 따라 서열을 정한다. 이 가치를 결정할 때 각 직원의 일은 고려되지 않는다. 주어진 일이 무엇이든 그 그룹 전체에 대한 총체적 기여도를 기준으로 서열을 결정하는 것이다. 이것이 새로운 대안이다. 물론 결점이 없다는 뜻은 아니다. 기업이 과거의 전통적 경영에서 벗어나 새로운 시도를 하고 있으며, 그 방향에 대해 전체적 흐름을 파악하는 것이 중요하다는 것이다.

기업의 성격에 따라 기여도의 기준을 어떻게 볼 것인지는 쉬운 일이 아니다. 분명한 것은 기술력 수준이 매우 중요한 판단 기준이라는 점이다. 기업이 사업의 성공을 위해 필수적인 기술 인력 집단을 특별 관리해 가는 방법이 확산될 것이다. 이들은 언제나 조건이 더 좋다면 경쟁업체로 이동할 수 있는 가능성을 가지고 있다. 과거에는 이러한 이동을 회사에 대한 충성심이 막아 주었으나 이제 기업과 직원 모두는 이것을 중요한 요소로 생각하지 않는다. 따라서 노동 시장에서의 경쟁력 있는 보상 체계가 필수적이다. 모두에게 경쟁업체보다 더 많은 보상을 해 줄 여유는 물론 없을 것이다. 따라서 누구나 할 수 있고 쉽게 대체 가능한 인력은 고용의 안정성이 떨어지며, 보상도 높지 않다. 개인으로서 당신은 그러므로 과거의 직급 체계를 마음에 두지 말라. 그 대신 반드시 필수 기술력을 가지고 있는 사람으로 인정받을 수 있도록 시간과 노력을 경주하라.

다섯, 부서의 경계를 넘어 프로세스를 이해하라

부서 조직이란 사람을 관리하기 위한 것이지 일을 하기 위한 구조가 아니다. 일은 범부서적 횡적 흐름을 가지고 있다. 일은 부가 가치 행위의 논리적 흐름에 따라 이루어진다. 따라서 전체의 프로세스를 이해할 때 비로소 내게 주어진 역할을 제대로 수행할 수 있다. 애덤 스미스Adam Smith의 분업 원칙은 "나는 나의 일만 하면 된다"는 것이었다. 지금은 산업 혁명 시대의 초기가 아니다.

일을 수행함에 있어 부서적 연대보다 중요한 것이 바로 범부서적 연대와 협력이다. 연구, 설계에서부터 시작하여 생산, 판매, 유통, 설치 및 유지라는 일반적인 경영 활동은 이에 상응하는 각 부서를 만들어 냈다. 인간의 유대 관계 역시 주로 이 부서적 조직의 틀 안에서 이루어진다. 같은 부서끼리 모이고, 함께 먹고, 함께 마신다. 같은 공간에서 함께 일하며, 같은 상사에게 보고한다. 이들은 서로 미운 정 고운 정을 함께 나누는 공동의 이해 집단이다. 이 속에서의 일은 최대한의 협조와 융통성 속에서 잘 돌아가게 되어 있다.

그러나 일의 영역이 다른 부서로 넘어가게 될 때는 상황이 달라진다. 다른 부서는 다른 각도의 이해관계를 가지고 있다. 예를 들어 영업 부서는 물건을 많이 파는 것이 최우선 과제이다. 경리 및 재무 부서는 매출액 자체보다는 이익의 크기와 주어진 비용 내에서 경비가 관리될 수 있도록 주력한다. 이것은 상호 규제에 의한 관리 모델이다. 이때는 부서 간의 소통과 균형이 중요하다.

이해의 차이는 두 부서를 서로 적으로 만들어 간다. 영업 부서의 직원들은 대부분 '장사하는 데 가장 어려운 것은 다른 부서의 도움을 받는 것'이라고 생각한다. 경쟁업체보다도 도와줄 태세가 되어 있지 않은 다른 부서의 직원이 오히려 적인 것이다.

직원들의 의견을 정기적으로 모니터하는 어느 기업의 자료를 살펴보면, 팀워크 관련 항목에서 전형적인 현상을 발견하게 된다. 같은 부서 내의 팀워크에 대한 평가는 매우 좋게 나타나는 반면 범부서적 팀워크는 우려될 정도로 매우 낮은 수치를 보이는 것이다. 그들은 항상 다른 부서가 '좀 더 잘 도와주었으면' 하는 바람을 가지고 있다.

범부서적 유대가 잘 이루어지려면 전체적 그림을 이해하고 그 속에서 서로를 내부 고객으로 인식하는 사고의 전환과 적절한 유대 관리가 필요하다. 당신이 이 일을 왜 하고 있는지 진심으로 이해하라. 우리는 진심으로 이해하지 못하는 일을 잘 해낼 수 없다. 그리고 지금 하고 있는 일에 의해 혜택을 받고 있는 동료가 누구인지 알아보라. 그리고 그에게 찾아가 그가 원하는 것이 무엇인지 구체적으로 물어보라. 그리고 당신이 제공한 서비스에 그가 만족하고 있는지 적절한 지표를 통해 수시로 모니터하라. 이것이 바로 기업 내에서 당신이 '고객 중심적인 1인 기업'을 운영하는 방법이다. 마치 당신이 하나의 훌륭한 기업의 사장인 듯이 행동하라.

여섯, 변화를 일상의 원리로 받아들여라

변화에는 공포가 따른다. 미래의 기술을 만들어 가는 실리콘 밸리의 첫 번째 룰은 스피드와 변화이다. 이것이 바로 실리콘 밸리의 생명이며 생존 전략이다. 1995년 10월, 기업이 처음 공개될 때 1억 2,000만 달러가 몰려들어 반도체 업체 중 최고 기록을 세웠던 ESS 테크놀로지ESS Technology의 후버 첸 부사장은 인텔Intel 창업자 앤디 그로브Andy Grove를 닮고자 하는 40대의 인물이었다.

그는 미래를 만드는 실리콘 밸리의 사람들이 가지고 있는 가장 큰 두려움이 역설적이게도 "미래에 대한 공포"라고 말했다. 그에 따르면, 제품의 디자인이 완결되기 전에 벌써 고객의 주문이 달라진다. 제품의 주기가 이젠 9개월도 안 된다. 실리콘 밸리에서 살아남으려는 사람들은 정말이지 미래에 대한 공포를 떨쳐 버릴 수 없다. 그들은 항상 변화의 스피드로부터 공포를 느끼며, 이를 따라잡기 위해 매일 악몽을 꾼다. 실리콘 밸리의 생명력은 끊임없는 혁신에서부터 나온다.

변화는 당신의 적이 아니다. 두려운 것일수록 친구가 되면 힘이 된다. 변화를 이해하고 동지로 삼아라. 강력한 기술력의 충격을 두려워하지 말라. 그것들이 당신의 일을 상당량 대신해 줄 것이다. 당신이 가장 하기 싫어하던 단순하고 반복적이며 사무적인 모든 일을 대신할 것이다. 만일 지금 하고 있는 일이 모두 이런 것들이라면 당신은 매우 빠른 속도로 변화를 모색해야 한다. 기술이 대신할 수 없는 분야로 가장 빠른 속도로 진입하라. 그것은 주로 우리의 우뇌가 담당하는 영역이다. 즉 창의력, 직관력, 지각력의 부문이다.

『소우주Microcosm』라는 저서에서 조지 길더George Gilder는 아무리 발달된 슈퍼컴퓨터라도 인간이 매일 보고 듣고 느끼는 간단한 지각 기능을 수행할 수 있으려면 여러 광년이 걸릴 것이라고 말했다. 그러므로 컴퓨터가 할 수 없는 것, 가장 창조적이며 가장 인간적인 기능을 회복해야 한다.

회복이란 말을 이해하기 위해서 우리는 산업 혁명 이후의 전략을 인정해야 한다. 산업 혁명을 통해 인간은 육체적 노동에서 서서히 벗어나게 되었다. 그러나 우리는 공장과 사무실에서 단순하고 반복적인 업무를 수행하도록 강요당했다. 조립 라인은 분업의 기계적 반복을 작업의 룰로 설정했으며, 표준적인 절차를 맹목적으로 추종하도록 만들었다. 관료주의는 어제와 같은 오늘, 그리고 오늘과 같은 내일을 관리하는 체계적 조직의 모델이 되었다. 그 결과 우리는 혁신의 능력을 상실했다. 향후 자기 혁명의 기본 방향은 자신과 기술을 통합시키는 것이다.

앰벡스AmBex 벤처 그룹의 이종문 회장은 오스트리아제 권총인 글록Glock 45를 차고 다닌다. 몇 년 전, 실리콘 밸리 담당 보안관이 체포한 갱으로부터 이 회장이 납치 후보 명단에 올라 있다는 것을 안 후 허가해 준 것이다. 실리콘 밸리에는 그처럼 총을 가지고 다니는 최고 경영자가 전부 열한 명이라고 한다. 부에 따르는 리스크를 관리하는 한 수단인 셈이다. 종근당을 창업한 이종근 회장의 동생인 이 회장은 벤처 기업과 창의성에 관하여 이렇게 말했다. 나는 이 말 속에서 강력한 힘을 느낀다.

> 벤처란 동질의 인간들이 모여서 되는 게 아닙니다. 동질적인 가치관이 형성되어 있는 사회에는 창의성이 없어요. 자유분방하게 풀어놓고 개성을 살리는 교육을 해야 소프트웨어가 나옵니다. 또 요즘은 누구나가 만드는 것을 좀 싸게 만든다고 되는 세상이 아닙니다. 같은 값이라도 소비자를 자극하고 흥분시키는 제품을 만들어야 하고 그러려면 테크놀로지가 들어가야 합니다. 창의력의 향상에는 지식과 정보가 생명입니다. 안테나만 높이 세운다고 정보가 수신되는 것은 아닙니다. 내가 발신을 해야 정보는 흘러들어 오게 되어 있습니다. 휴먼 네트워크를 구축하고 매일 누군가를 만나야 합니다(그는 자신의 휴먼 네트워크가 약 200명쯤 된다고 했다. 그리고 잡지만 40~50개를 본다고 했다).

지식과 정보가 우리로 하여금 다르게 생각하도록 만드는 것은 비단 사업 영역에만 해당되는 것은 아니다. 『나의 문화 유산 답사기』라는 좋은 책을 쓴 유홍준 교수는 책의 서문에서, 미술에 대한 안목을 갖추고자 하는 사람들에게 다음과 같이 재치 있는 충고를 하고 있다. "인간은 아는 것만큼 느낄 뿐이고, 느끼는 것만큼 보인다." 참으로 귀여운 말이다. 그렇다면 알고자 하는 욕망은 어디에서 오는 것일까? 그는 정조 시대의 문인 유한전이 석농 김광국이라는 사람의 수장품에 붙인 글을 인용했다. "사랑하면 알게 되고, 알면 보이나니, 그때 보이는 것은 전과 같지 않으리라." 참으로 아름다운 말이다. 마치 가을 햇빛 속에 익어가는 과일처럼 고운 성숙을 느끼게 하는 말이다.

사랑을 할 때, 우리가 느끼는 지각의 힘은 대단하다. 이제 시처럼 쓰인 동양적 표현과 서술적이며 날카로운 서구적 표현의 차이를 잠시 비교해 보자. 다음은 『독서의 기술How to Read a Book』이라는 책에서 모티머 애들러Mortimer Adler 교수가 쓴 한 대목을 인용한 것이다.

사랑에 빠져서 연애편지를 읽을 때, 사람들은 자신의 실력을 최대한으로 발휘하여 읽는다. 그들은 단어 한 마디 한 마디를 세 가지 방식으로 읽는다. 그들은 행간을 읽고, 여백을 읽는다. 부분의 견지에서 전체를 읽고, 전체의 견지에서 부분을 읽는다. 콘텍스트와 애매성에 민감해지고, 암시와 함축에 예민해진다. 말의 색깔과 문장의 냄새와 단락의 무게를 알아차린다. 심지어는 구두점까지도 고려에 넣는다.

사랑할 때, 우리는 오감을 통해 알게 된다. 사랑의 감정은 슈퍼컴퓨터도 해 줄 수 없다. 인생을 사랑하라. 그리고 사랑과 정열을 가지고 스스로를 자신이 점점 좋아할 수 있는 사람으로 만들어 가라. 변화 없이 어떻게 그렇게 될 수 있겠는가? 변화와 혁신을 일상의 원리로 받아들일 때, 우리는 이미 엄청난 변화를 시작한 것이다.

미래에 대한 공포는 모든 사람이 넘어야 할 관문이다. 그리고 스스로를 변화시킨다는 것은 참으로 어려운 일 중의 하나이다. 이것은 도움이 필요한 일이다.

기업의 가장 커다란 가치는 바로 인간이다. 그리고 인간은 매우 정교하고 민감한 자산이다. 피터 드러커는 기업의 경쟁력 강화라는 이름으로 무분별한 감원과 대량 해고를 서슴지 않는 경영자가 있다면, 이는 사회적인 공적이라고 못 박고 있다. 나는 이 말에 전적으로 동감한다. 기업의 경영 혁명은 직원들의 참여와 지원 없이는 완성될 수 없다. 그들은 변화의 대상이 아니다. 그들이 변화의 주체가 될 때 비로소 경영 혁명은 일상생활에 뿌리를 내리게 된다. 그리고 그때서야 비로소 당신의 고객이 그 변화를 감지하고 좋아하게 된다. 당신은 성공한 것이다.

경영자는 단지 높은 사람이 아니다. 전용 비행기를 가지고 있고, 기절할 만큼 엄청난 연봉을 받으며, 직원 위에 군림하는 사람이 아니다. 그에게 지불되는 대가 역시 그가 기업에 기여한 가치에 해당되는 것이어야 한다. 그는 기업의 미래를 보여주어야 하며, 솔선수범하여 그 길을 향해 앞장서야 한다. 그 역시 한 개인으로서 자기 개혁과 혁명을 체험해야 하며, 끊임없이 배워야 한다. 기업이 어려워졌다면 1차적으로 그에 대한 책임을 져야 하는 사람이다. 특히 한국의 지금과 같은 상황에서는 과감하고 결단력이 있어야 하지만 동시에 기업의 사회적 책임을 이해하고 만들어 가야 한다.

리더로서의 어려움과 자괴감을 나폴레옹은 이렇게 말했다.

수많은 계획을 세웠지만, 자유롭게 이를 실행한 적은 한 번도 없었다. 배의 키를 잡고 힘센 선원들과 함께 있었음에도 물결은 항상 더 거칠었다. 진실로 나는 나 자신의 주인이 된 적이 한 번도 없었다. 나는 항상 환경의 지배를 받았다.

가장 강력한 리더의 한 사람으로 인류에게 부각되는 이 배짱 좋은 코르시카인도 어려움을 느꼈다면, 앞에 서서 다른 사람을 데리고 새로운 길을 나서야 한다는 것은 정말이지 어려운 일이 아닐 수 없다. 경영자에게 주어진 특별한 예우는 바로 이러한 어려움을 수행하고 있는 것에 대한 대가이다.

제4장

1인 기업가로 다시 시작하라

자신을 마치 한 사람으로 이루어져 있는, 대응력이 민활한 '1인 기업'이라고 규정하는 것은 회사와 자신의 관계를 새롭게 정립할 수 있게 한다. 충성심과 시간을 판 대가로 먹을거리를 해결하는 고용 관계가 아니라, 계약에 의한 상호 협력 관계라는 새로운 인식은 스스로를 직장에서 해방시킴으로써 1인 기업의 경영주로서의 새로운 출발을 가능하게 한다.

평생직장

이제는 추억이다

직장은 영원하지 않다. 한국에 있는 모든 근로자는 이제 이것을 분명히 알게 되었다. '평생직장'은 더 이상 지켜지지 않는 추억이 되었다. 산업 혁명과 함께 시작한 오늘날의 직장의 모습은 산업 사회가 막을 내리고 있는 지금 다른 형태로 변해 가고 있다. 정보와 지식으로 무장한 새로운 미래는 이미 우리 앞에 와 있고 직장의 모습 역시 이러한 변화에 맞게 바뀌어 가고 있다.

1996년 영국 정부가 발표한 보고서는 노동 시장의 유연성에 대하여 다음과 같은 연구 결과를 보여 주고 있다.

· 1995년, 시간제 근무자(24퍼센트), 자영업자(13퍼센트)와 임시

직 근로자(6퍼센트)의 합은 전체 노동력의 43퍼센트에 달하며, 여기에 실업률 8퍼센트를 더하면 51퍼센트의 노동력이 조직 내에서 정규 직원이 아닌 근로자로 생활하고 있다.

- 조직 안에서 근무하는 비정규 근로자들의 비율은 실업률을 제외하고 1985년 37퍼센트, 1995년 43퍼센트이며, 2005년에는 46.5퍼센트 정도로 추산되어 그 비율이 계속 늘어나고 있으며, 앞으로 더욱 늘어날 것으로 전망된다.

- 영국에서의 평균 직장 근무 연수는 약 6년 정도에 머물고 있어 '영구직'이라고 하기에 적합하지 않다.

미국의 경우도 별로 다르지 않다. 찰스 핸디Charles Handy가 제공하는 자료에 따르면, 시간제와 임시직 근로자의 수는 약 26퍼센트로 영국에 비해 약 4퍼센트 정도 적다. 자영업자의 경우는 약 반 정도에 해당하는 6퍼센트에 머물고 있고, 실업률은 5퍼센트이다. 모두 합해서 약 37퍼센트의 사용 가능 노동력이 조직의 밖에 있다는 것을 알 수 있다. 미국의 경우에도 평균 직장 근무 연수는 약 6년 정도에 불과하다. 다른 유럽 국가들의 수치도 이 정도 수준에서 오락가락하고 있다. 또한 어느 나라든지 조직 밖에서 일하는 노동력의 비율이 점점 더 커지고 있다. 바꾸어 말하면, 직장은 점점 더 많은 정규 직원을 방출할 것이다.

경제생활을 영위할 수 있는 방법으로 직장에 다니는 것만 있는 것은 아니다. 이미 3분의 1에서 2분의 1 정도의 인력이 다른 형태로 삶을 유지하고 있다. 사라져 가는 직장에서 끝까지 남기 위해서 안간힘을 쓴다는 것은 자신을 크랙 속으로 자꾸 밀어 넣어 바위틈에서 오도 가도 못하게 된 겁먹은 암벽 등반가와 같다. 위험해 보이지만 자신의 손과 발을 마음대로 움직일 수 있는 바위의 바깥쪽으로 나오지 않고는 바위를 기어오를 수 없다.

그렇다고 무작정 직장을 뛰쳐나오라는 이야기가 결코 아니다. 어떠한 상황에 놓이든 자신에게 책임이 있다는 것을 인정하는 사람들은 결코 경솔한 행동을 하지 않는다. 그들은 상황이 만들어 놓은 불행한 희생자로 자처하지 않는다. 오히려 준비를 서두르는 사람들이다. 그리고 자신의 열정과 재능을 활용할 수 있는 수요를 찾아내는 일에 부지런하다. 스스로 인생을 설계하는 것이다.

아침마다 수많은 사람이 직장을 향해 길을 나선다.
그러나 직장은 영원하지 않다. '평생직장'이란 추억일 뿐이며
앞으로도 안정된 직장 생활은 기대하기 힘들 것이다.

새로운 시작

직장인에서 경영인으로 탈바꿈하라

직장인들은 명함을 가지고 있다. 명함에는 자신의 직책과 직위가 찍혀 있다. 이것은 대체로 조직 내에서의 그 사람의 위치를 규정해 준다. 직장인은 이 위치에 따라 기대되는 역할을 수행해 주기를 요구받고 있다. 명함은 곧 그 사람의 현재의 평가와도 일치된다. 어떤 사람은 빨리도 조직 내에서 좋은 자리를 잡았고 또 어떤 사람은 오래 있었건만 그저 그런 자리밖에 차지하지 못했다. 능력이 없었거나, 속된 말로 '빽'이 없었기 때문이다. 많은 사람이 이 명함의 제약에서 벗어나지 못한다. 그것은 이상한 주술을 가지고 있기에 사람을 주눅 들게도 하고, 헛되이 목에 힘을 주게도 한다.

스스로 힘을 가지려면 명함의 주술에서 벗어날 수 있어야 한다. 그러기 위해서는 스스로를 자신의 경영자라고 규정할 필요가 있다. 이것은 다른 시각에서 자신의 일을 해석하는 힘을 제공한다. 자신을 마치 한 사람으로 이루어져 있는, 대응력이 민활한 '1인 기업'이라고 규정하는 것은 회사와 자신의 관계를 새롭게 정립할 수 있게 한다. 충성심과 시간을 판 대가로 먹을거리를 해결하는 고용 관계가 아니라, 계약에 의한 상호 협력 관계라는 새로운 인식은 스스로를 직장에서 해방시킴으로써 1인 기업의 경영주로서의 새로운 출발을 가능하게 한다.

Y 씨는 어떤 기업에서 고객들의 신용 상태를 평가하는 직책을 가지고 있는 사람이다. 이 직책은 IMF 후 기업의 도산율이 높아지자, 이 회사가 파는 고가의 상품에 대한 판매와 미수금을 관리하기 위해 신설된 것이다. 실제로 이 회사는 거래 기업의 도산으로 물품 대금의 상당 부분을 받지 못했다. 장사를 하는 것도 중요하지만 이미 판 물품 대금을 회수하는 것도 중요하다. 또한 팔고 돈을 떼이는 것보다는 사전에 지불 능력을 심사해 안전한 경우에만 거래가 가능하도록 고객의 신용 평가 기준과 프로세스를 확립할 필요도 생겼다.

그의 직무는 고객이 되고자 하는 기업의 재무제표, 과거의 대금 납입 실적, 신용 전문 평가 기관의 신용 감정서 등을 참고하여 그 기업의 신용 등급을 정하고, 그에 따라 적절한 조치를 할 수 있도록 영업 부서에 전문가 의견을 제시하는 것이다. 그리하여 최소한의 리스크 속에서 영업이 이루어지게 조언하고 관리하는 것이다.

이 직무는 외부의 전문 기관에 용역을 주어 할 수도 있었다. 그러나 이 회사는 Y 씨로 하여금 정규 직원으로서 이 일을 도맡아 하도록 만들었다. 이 경우 Y 씨가 취할 수 있는 태도는 두 가지이다. 하나는 신용 평가관Credit Officer이라는 한 사람의 직원으로서 자신의 명함에 규정된 직무를 수행하는 것이다. 상사를 통해 회사에서 부여받은 책임과 권한을 가지고 그 일만을 수행하면 되는 것이다. 그는 그저 한 사람의 직원이며 열심히 주어진 일을 성실하게 수행하고 회사로부터 정해진 급여를 받으면 되는 것이다. 지시에 따라 행하고, 상사에 대해서만 책임을 지며, 직무의 공식적 책임은 직무를 부여하고 지시를 내린 사람이 지는 전통적인 모델이다.

Y 씨가 취할 수 있는 또 하나의 행위 모델은 '조직에 매인 사람'이라는 수동성에서 벗어나 개인의 주도권을 회복하는 것이다. 마치 자신이 이 회사와 1년 정도 계약을 맺은 상태이며, 이 계약을 통해 적절한 신용 평가 서비스를 제공하는 협력 관계에 있는 1인 기업의 경영자로 행동하는 것이다. 한번 맺으면 몇 년이고 고용 계약이 지속되는 관계가 아니라 한 해 동안의 실적과 기여에 따라 다음 해에 다시 1년 정도의 재계약이 이루어지는 협력사의 관계라고 가정하는 것이다. 이러한 사고의

전환은 자신을 고용한 회사를 하나의 고객으로 보는 시각을 가져다준다.

신용 평가 프로세스가 영업부의 매출 창출 행위에는 커다란 제약을 주지 않은 반면, 회사의 리스크 관리에는 괄목할 만한 도움을 주었다면, 그는 훌륭한 역할을 수행한 것이다. 그러기 위해서 그는 자신의 신용 평가 프로세스가 영업 행위에 통제와 제약을 가하는 것만이 아니라 건전한 결과로 이어질 수 있도록 도와주는 것이라는 인식을 가져야 한다. 이 프로세스의 고객은 회사의 재무 상태를 관리하고자 하는 경영자들이기도 하지만 물품 대금을 떼이지 않고 장사를 하려는 영업부 직원이기도 하기 때문이다.

고객 집단들 사이의 상이한 요구는 갈등을 야기할 수 있다. 모든 경영 활동이 이러한 상이한 요구의 균형점을 찾아가는 것이라면 이 경우도 예외가 아니다. 예를 들어 한 고객사가 이 회사로부터 고가의 상품을 구입하고 싶어 한다고 가정하자. 그러나 신용 평가 결과 신용 등급이 낮아 담보를 제공하거나 은행으로부터 지급 보증을 받아야만 상품을 인도할 수 있다는 통보를 받았다고 하자. 고객사의 입장에서 보면 이것은 매우 불쾌한 일이다. 영업부의 입장에서는 신용 평가 프로세스 자체에 대한 필요성은 이해한다고 하더라도 고객사로 하여금 담보를 제공하게 하거나 은행 지급 보증을 받아 오게 하기는 여간 난감한 일이 아니다. 어떻게 그런 요구를 할 수 있단 말인가? 그뿐만 아니라 시장 점유율 확대를 위해 혈안이 되어 있는 대담한 경쟁자들이 도처에 깔려 있는 경우에는 이 신용 평가 기준이 부담이 되지 않을 리 없다.

경쟁력은 그러나 이러한 어려움 속에 존재한다. Y 씨가 스스로를 신용 평가 서비스를 제공하는 하나의 1인 기업으로 규정하고, 다음과 같은 조치를 취했다고 가정해 보자.

1. 경쟁사를 벤치마킹하여, 신용 평가 프로세스가 어떻게 준용되고 있는지 알아본다. 그들 역시 동일한 문제를 가지고 있을 것이다. 고객의 구매 의사가 있을 때마다 한 건 한 건 모두 신용 평가를 실시해 적절한 조치를 취할 수도 있다. 이것은 번거롭고 귀찮은 일이다. 아니면 거래 한도를 두어 이 범위 내에서는 신용 평가를 거치지 않고 영업부 책임하에서 거래가 진행될 수도 있다. 이것은 번거로움을 피할 수 있는 방법이지만 신용 한도액을 어떠한 절차를 거쳐, 얼마만큼 책정할 것인가라는 문제를 가지고 있다. 벤치마킹은 이러한 어려움에 대한 상대적 기준을 제공해 준다.

2. 영업부의 간부들과 직원들 중 신용 평가 프로세스에 민감한 이해관계를 가지고 있는 사람들을 선정하여 사전에 충분한 의견을 듣는다. 신용 평가 프로세스가 영업 행위에 미칠 수 있는 부정적 영향에 대한 충분한 의견을 듣고, 그들이 바라는 기대를 분명

히 파악한다. 예를 들어 매출액에 크게 영향을 미치는 고객사들을 사업부별로 20개씩 선정하여, 이들에 대한 신용 등급을 사전에 평가하고, 영업에 어려움을 주지 않는 범위 내에서 한도를 정해 운영하는 것이 좋겠다는 의견이 개진될 수도 있다. 혹은 현재의 자산 규모에 의한 담보 설정 능력보다는 수익성을 신용의 기준으로 책정할 수도 있다. 말하자면 미래의 능력과 수익을 담보로 상품을 판매할 수 있다는 말이다.

3. 경쟁사의 기준과 영업부의 의견을 수렴하고, 적절한 리스크 관리를 요구하는 경영진의 의사를 반영하여 회사의 통합적 의지와 일치되는 신용 평가 기준과 프로세스를 정립한다. 경우에 따라 이것은 경쟁사보다 통제와 관리의 성격이 더욱 강화된 것일 수도 있고, 리스크를 더 많이 감수한 모델이 될 수도 있다.

어떤 모델이 선택될 것인가는 경영진의 의사 결정에 달려 있다. 수익성은 떨어지더라도 시장 점유율은 잃을 수 없다는 의지가 강하다면 이 프로세스는 재무적 위험을 감수하는 모델을 택하게 될 것이다. 이기는 것이 중요하기 때문이다.

이 경우 Y 씨는 전문가로서 자신의 서비스 품질에 대하여 스스로 책임을 진다. 그리고 회사는 다른 신용 평가 전문 업체보다 그에게서 더 많은 혜택을 볼 수 있다는 확신을 가진다. 그는 다음 해에도 필요한 사람이다. 기업들의 신용 상태가 양호해진 후에도 이 직무는 없어지지 않는다. 설사 그렇다 하여도 두려울 것이 없다. 왜냐하면 그는 이미 1년 정도의 계약 관계에 의해 운영되는 1인 기업의 협력 업체처럼 행동해 왔기 때문이다. 그는 독립하여 수요가 있는 다른 기업들과 복수의 계약을 맺을 수 있으며, 이때 그는 비로소 명실상부한 1인 기업의 경영자가 되는 것이다. 그는 언제나 누구나와 사업을 할 수 있는 준비가 되어 있는 것이다.

경영은 투기가 아니다. 우리가 잘 알고 있는 세계적인 신용 평가 회사인 무디스Moody's나 스탠더드 앤드 푸어스Standard & Poor's가 쓰고 있는 신용 등급Credit Rate은 대체로 아홉 단계로 대별된다. 각각의 대분류 등급은 다시 여러 개로 세분되지만, 이 아홉 단계 대분류 중에서 네 번째까지의 등급, 즉 AAA, AA, A, BBB까지가 '투자 적합' 등급이다. 이를 벗어나는 나머지는 투자가 위험시되는 등급이다. '투자 부적격'의 다른 이름은 '투기'이다. 투기는 투자가 끝나는 곳에서 시작한다. 경영은 투자에 관한 것임을 잊을 때 돈에 집착하게 된다. 좋은 기업은 절대로 전공이 아닌 곳에서 게임을 벌리지 않는다. 준비된 개인은 절대로 자신이 없는 곳에서 다른 사람의 말을 믿고 퇴직금을 털어 넣지 않는다.

돈을 목적으로 삼지 말라. 돈은 기업에게나 개인에게나 경영의 결과로 주어지는 것이다. 시장 경제는 그 나름의 게임의 규칙을 가지고 있다. 사려는 사람이 원하는 것을 줄 수 있을 때, 그 대가로 돈을 받을 수 있다. 그리고 거기에는 항상 경쟁이 있다. 가장 잘하는 사람이 가장 많이 가져가게 되어 있다.

무디스나 스탠더드 앤드 푸어스 같은 신용 평가 기관은 언제나 필요하다. 그들에 대한 수요가 있다면, Y 씨에 대한 수요도 있다. 그들은 같은 일을 하지만 다른 영역에서 경쟁한다. 커다란 기업이 활동하기에 적당하지 않은 영역이 바로 개인이 활동하기에 적절한 곳이다. 틈새는 개인이 주도하는 1인 기업에게 주어진 훌륭한 시장이다. 1인 기업의 경영자라고 스스로를 규정한 사람들에게는 직장을 잃는 것이 두려운 것이 아니다. 그들이 두려워하는 것은 고객을 잃는 것이다.

1인 기업

그 여덟 가지 경영 원칙

고객은 힘들여 번 돈을 쓰는 대가로 두 가지를 원한다. 하나는 구입함으로써 느끼게 되는 '만족스러운 감정'이고, 또 다른 하나는 자신이 가지고 있는 '문제의 해결'이다. 이 두 가지를 충족시켜 사업을 번창하게 하고 싶은 사람은 다음과 같은 몇 가지의 원칙을 잘 지켜나가야 한다.

이 원칙들은 조직 내에서 일하는 사람이나 스스로의 사업을 운영하고 있는 사람이나 모두에게 공통적으로 적용되는 것들이다.

원칙 하나, 직무보다 고객에 집중하라

자본주의 시장 경제 체제에서 수요는 시장 속에 있다. 따라서 시장은 사업의 기본이다. 어느 기업도 시장을 떠나서는 성공할 수 없다. 이것은 개인에게도 똑같이 적용된다. 시장은 또한 살아 있는 생명체이다. 시장의 움직임을 따라잡는 기업은 성공한다. 인격체로서의 시장은 고객이라는 말로 바뀌어 불릴 수 있다. 시장은 한 사람의 고객이기도 하고, 동일한 요구를 가지고 있는 고객 집단이기도 하다. 기업과 시장은 한 사람의 직원과 한 사람의 고객의 만남으로 그 관계를 시작하고 지속한다.

당신의 고객은 누구이며, 당신에게 무엇을 기대하고 있는가? 당신이 영업 사원이라면, 1차적 고객은 물론 당신이 거래하고 있는 모든 고객이다. 만일 당신이 영업 관리를 맡고 있는 내근 직원이라면 당신의 서비스를 받고 있는 영업 직원이나 다른 부서의 직장 동료가 바로 고객이 된다. 당신이 만일 인사부의 직원이라면 모든 직원이 다 당신의 고객이다.

고객을 규정할 때, 직무에 얽매여서는 안 된다. 직무 기술서라는 것은 이제 없다는 것을 명심하라. 다시 말하면 내 일과 다른 직원의 일을 명확하게 구별해서는 안 된다. 단순한 사회로부터 복합적 역할을 동시에 수행하기를 요구받는 다양하고 복잡한 사회로 바뀌었기 때문이다. 모호한 직무의 경계로 서로 연결되어 있으며, 그 경계에서 하나의 팀이 되어 움직일 수 있을 때 조직은 활력을 가진다. 직무보다는 프로세스를 이해해야 한다. 프로세스는 고정적인 직무보다는 일의 흐름 속에서 자신에게 주어진 유연한 역할 위주로 인력을 배분하는 시스템을 가지고 있다.

만일 당신이 조직 밖에서 일하는 사람이라면, 당신의 가망 고객은 당신을 둘러싸고 있는 모든 사람이다. 그중에서 당신의 욕망과 재능에 부합되는 수요 집단을 찾아내 그들의 요구를 맞추어줄 때 새로운 사업을 시작할 수 있다.

자본주의 사회에서의 경영은 고객을 규정하고, 그 요구를 상품이나 서비스의 형태로 변형시켜 고객이 원하는 방법으로 전달하는 것이다. 또한 그 만족 수준을 관리하고, 고객으로부터 피드백을 받아 끊임없이 개선하는 행위이다. 경영의 성공은 그러므로 기업 안에 이러한 일을 잘할 수 있는 메커니즘을 짜 넣는 것이며, 직원에게 동기를 부여하여 이 일에 몰두하게 하는 것이다.

이것은 개인에게도 마찬가지이다. 당신이 정규 직장의 조직 내에 있든 밖에 있든 당신이 제공하는 서비스나 상품을 사려는 사람의 기대와 요구에 부합시킬 수 있는 메커니즘을 스스로 가지고 있을 때, 그리고 스스로를 격려하여 이 메커니즘을 이루어 갈 때, 게임에서 이길 수 있다.

미국 메인주의 프리포트에 위치한 유통업체 엘엘빈L. L. Bean의 본사에 걸려 있는 한 포스터는 고객이 무엇인지를 아주 잘 보여 주고 있다.

고객이란 무엇인가?

고객은 이 사무실에 있는 누구보다도 중요한 사람이다.

고객의 운명이 우리에게 달려 있는 것이 아니라,

우리의 운명이 고객의 손에 달려 있다.

고객이 오면 일하는 것을 방해받는다고 생각하지 마라.

고객이야말로 우리가 여기서 일하고 있는 목적이다.

우리가 고객에게 서비스를 제공함으로써 호의를 베푸는 것이 아니라, 고객이 우리에게 그렇게 할 수 있는 기회를 제공하는 호의를 베풀어 준 것이다.

고객은 말다툼을 하거나 누가 잘났나를 겨루는 대상이 아니다.

고객과의 말싸움에서 이길 수 있는 사람은 아무도 없다.

고객은 우리에게 자신이 원하는 것을 요구하는 사람이다.

우리의 직무는 고객과 우리 모두에게 적정한 가격으로

이 요구를 처리해 주는 일이다.

고객에 대한 이러한 인식은 구멍가게에서부터 거대한 유통 판매망을 가진 기업들에 이르기까지 매우 적절한 정의가 아닐 수 없다. 기업이 각각의 업종에 따라 고객의 특성과 기대 그리고 이를 대하는 직원의 태도를 관찰하여, 이에 맞는 고객의 정의를 가지는 것은 매우 우선적인 일이다. 고객이 누구인지 정확히 알지 못하고는 고객의 요구를 알아낼 수 없다.

고객 또는 고객 집단이 규정되면 이제 그들이 원하는 것이 무엇인지 알아내야 한다. 이것은 매우 부지런한 작업을 요구한다. 가만히 있으면 알게 되는 것이 아니다. 고객 집단을 이루고 있는 사람들 중에서 대표적인 사람들로부터 그들의 요구 사항을 수시로 들을 수 있는 휴먼 네트를 확보하는 것이 매우 중요하다. 이것은 어려운 일은 아니다. 자신에 대하여 호의를 가지고 있는 사람들, 각 부서를 대표하는 오피니언 리더들, 업무 처리에서 불편한 일이 있었던 사람들 중에서 적절한 비율로 개인적인 네트워크를 구성하는 것이다. 그리고 그들과 수시로 만나 그들이 바라는 것이 무엇인지, 어떤 시각에서 자신의 직무와 연관된 일들을 하고 있는지에 대하여 들어야 한다. 만나는 방법도 공식적인 회의의 형태가 될 수 있지만 전화 인터뷰가 필요한 때도 있고, 커피 한 잔을 같이 마시면서 이루어지는 사심 없는 의견 교환의 자리가 필요한 때도 있다.

휴먼 네트를 이용할 때 몇 가지 유념해야 할 사항이 있다. 우선 고객은 마음에 있는 모든 것을 다 말하지 않는다는 점이다. 아껴 두는 것도 있고, 숨겨 두는 것도 있다. 또한 그들이 말한 것과 당신이 들은 것 사이에는 반드시 괴리가 있게 마련이다. 그들 역시 바라는 것과 표현하는 것 사이에 괴리를 가지고 있는 인간일 수밖에 없다. 그리고 당신 역시 듣고 싶은 것만 들으려는 인간적 약점을 가지고 있는 사람이라는 것을 명심하라.

또 있다. 고객 역시 자신이 무엇을 원하는지 확실하게 모를 경우가 있다. 당신도 무엇을 사려 할 때, 분명한 목적이 없어 선택하지 못하는 경우가 있었던 것을 상기하면 이해가 갈 것이다. 또 하나는, 고객은 자신이 한 말을 바꿀 수 있다는 점이다. 그들 역시 언제든지 마음을 바꿀 수 있으며, 새로운 기대를 가질 수 있다는 것을 명심해야 한다. 그러므로 좋은 경영자는 경쟁업체와 경쟁하는 것보다 고객의 변덕스러운 요구를 관리하는 것이 훨씬 더 어렵고 본질적인 과제라는 것을 잘 알고 있다.

이번에는 고객과 관련하여 우리가 일반적으로 가지고 있는 오해에 대하여 한번 살펴보자. 만일 어떤 업무에 오래도록 몸담아 왔다면 그 일에 대하여 잘 안다고 스스로 생각할 수 있다. 그러나 실제로 당신이 고객에 대하여 알고 있는 것과 고객이 실제로 바라는 것 사이에는 차이가 많이 난다는 사실을 알아야 한다. 경영의 실패는 여기서부터 생겨나는 경우가 태반이다.

한 예를 들어 보자. 어떤 호텔에 300명 정도의 인원이 참석한 세미나에 당신이 참석했다고 가정하자. 그리고 두 시간쯤 지난 후, 20분 정도의 휴식 시간을 갖게 되었다. 이때 세미나에 참석한 사람들을 대상으로 휴식 시간에 고객들이 원하는 것이 무엇인지를 알기 위해 간단한 설문 조사를 했다고 하자. 다음 중에서 당신이 원하는 것들을 우선순위별로 차례대로 다섯 개만 골라 나열해 보아라.

☐ 사무실과 손쉽게 연락할 수 있는 전화가 여러 대 제공되어 있다.

☐ 많은 인원이 쉽게 움직일 수 있다(문의 크기, 좌석 및 가구 배치 등).

☐ 휴식 서비스 공간이 멋있게 데커레이션되어 있다.

☐ 따뜻한 커피와 차가 준비되어 있다.

☐ 많은 사람이 혼잡하지 않게 사용할 수 있는 화장실이 가까이 있다.

☐ 흡연 구역과 금연 구역이 구분되어 있다.

☐ 우아하고 흠집이 나지 않은 커피 잔과 집기가 있다.

☐ 다른 참가자들과 자유롭게 의견을 교환할 수 있는 공간이 있다.

☐ 종업원이 친절하다.

☐ 최상급 브랜드의 커피와 잘 어울리는 다과류가 있다.

다 골랐는가? 다 고르기 전에는 다음 페이지로 넘어가서는 안 된다. 그냥 넘어가면 독자로서 당신의 깨달음은 반감된다.

실제로 이 호텔에서 이러한 행사를 주관하는 연회부 직원들에게 동일한 설문을 요청했다. 그들이 알고 있다고 생각한 '고객의 요구'를 우선순위로 나열하였더니 다음과 같았다.

1. 따뜻한 커피와 차가 준비되어 있다.

2. 휴식 서비스 공간이 멋있게 데커레이션되어 있다.

3. 종업원이 친절하다.

4. 우아하고 흠집이 나지 않은 커피 잔과 집기가 있다.

5. 최상급 브랜드의 커피와 잘 어울리는 다과류가 있다.

　연회부 직원의 우선순위와 당신의 우선순위에는 많은 차이가 있는가? 아마 그럴 것이다. 당신은 어렵지 않게 이러한 시각의 차이가 왜 생겼는지 추측할 수 있을 것이다. 연회부는 자신에게 주어진 직무에 국한하여 고객의 요구를 파악한다. 만일 당신이 세미나를 개최하는 주최자라면 고객의 요구가 맞추어진 호텔과 그렇지 않은 호텔 중 어디를 선택할 것인가?

　고객의 요구를 잘 알고 있다고 착각하지 말라. 언제나 안테나를 높이 올리고 있어야 하며, 매우 부지런해야 한다. 고객과 접하는 모든 순간Moment of Truth이 바로 당신의 사업이 이루어지는 순간이며, 고객의 모든 것이 파악되는 시간이다.
　고객의 요구는 매우 다양하다. 그것을 보는 시각에 대하여 컨설턴트 중의 한 사람인 마이클 르뵈프Michael LeBoeuf가 쓴 『평생 고객을 만드는 법How to Win Customers and Keep Them for Life』에는 우리에게 도움을 주는 가르침이 있다.

　　내게 옷을 팔려고 하지 마세요.
　　대신 좋은 인상, 멋진 스타일, 매혹적인 외모를 팔아 주세요.
　　내게 보험을 팔려고 하지 말아요.
　　대신 마음의 평화와 내 가족을 위한 미래를 팔아 주세요.

내게 집을 팔 생각은 말아요.

대신 안락함과 만족감 그리고 되팔 때의 이익과

소유함으로 얻을 수 있는 자부심을 팔아 주세요.

내게 책을 팔려고요?

아니에요. 대신 즐거운 시간과 유익한 지식을 팔아 주세요.

내게 장난감을 팔려고 하지 말아요.

그 대신 내 아이들에게 즐거운 순간을 팔아 주세요.

내게 컴퓨터를 팔 생각은 하지 말아요.

대신 기적 같은 기술이 줄 수 있는 즐거움과

효익을 팔아 주세요.

내게 타이어를 팔려고 하지 마세요.

대신 기름을 덜 들이고 걱정에서 쉽게 벗어날 수 있는

자유를 팔아 주세요.

내게 비행기 티켓을 팔려고 하지 말아요.

대신 목적지에 빠르고 안전하게 그리고 제시간에 도착할 수 있
는 약속을 팔아 주세요.

내게 물건을 팔려고 하지 말아요.

대신 꿈과 느낌, 자부심과 일상생활의 행복을 팔아 주세요.

제발 내게 물건을 팔려고 하지 마세요.

원칙 둘, 자기만이 잘할 수 있는 틈새를 찾아라

미국 매사추세츠주의 케임브리지에 한 보모가 있다. 그녀는 쌍

둥이만 전문적으로 돌보는 보모였다. 아이만 양육하는 것이 아니라 그 부모에게 아이들을 돌보는 방법을 한 달간 훈련시켜 주는 일도 겸하고 있다. 그녀는 아이가 하나인 경우나 세쌍둥이인 경우는 맡지 않는다. 꼭 쌍둥이만 맡는다. 그녀가 쌍둥이만 맡게 된 데에는 이유가 있다. 매사추세츠의 케임브리지에는 맞벌이 부부가 많다. 모두 직장을 가지고 있기 때문에 아이를 늦게 갖는 경향이 있다. 30대 후반이나 40대 초반에 아이를 가지는 경우가 많다 보니 배란 촉진제를 필요로 하고 그러다 보니 종종 쌍둥이를 낳는다. 이렇게 되면 도움이 필요해진다. 맞벌이 부부라 돈은 있기 때문에 이 보모가 행하는 여러 가지 다양한 종류의 서비스에 돈을 지불할 준비가 되어 있다. 수요가 많기 때문에 그녀는 쌍둥이만 맡을 수 있는 것이다.

한 가지 예를 더 들어 보자. 28세의 한 청년이 런던에 살고 있다. 2~3년 전에 그는 호주와 뉴질랜드에서 유학 온 젊은이들을 만났다. 그 청년들은 대체로 학업을 마치고 자기 나라로 되돌아가기 전에 한 6개월 정도 더 머무르는 것이 보통이다. 런던에 머무는 동안에는 그들도 일을 하고 당연히 세금도 낸다. 그런데 그들이 자기 나라로 돌아가면 대부분의 세금이 환급된다. 한 해 전체의 벌이를 놓고 연말 정산을 하면 대부분이 세금 공제 기준을 밑도는 까닭에 세금 환불을 받는 것이다. 그러나 이 환급 절차가 귀찮고 까다롭기 때문에 본국으로 돌아간 후에는 대부분 이 일을 잊고 만다. 이 청년은 그들에게 영국의 국세청에서 돌려받게 될 환급금의 30퍼센트를 지불하면 자신이 모든 절차를 대행해서 세금을 돌려받을 수 있도록 해 주겠다고 제의했다. 지금 이 청년은 말하자면 번창하는 1인 기업을 운영하고 있는 셈이다. 그것도 자신의 침실에서 말이다.

우리나라 사례도 있다. 황익선 씨는 여의도에서 순댓국집을 한다. 좀 더 정확하게 말하면 돼지 내장과 순대로 만든 먹을거리를 제공한다. 내장탕과 순댓국 그리고 내장과 순대를 섞은 순대탕 이렇게 세 가지 기본 메뉴를 모두 3,500원 균일가로 판다. 또 내장과 순대를 소주 안주로 내놓기도 한다. 이 집은 겨우 서너 평 정도밖에 되지 않는다. 그러나 이 집의 순댓국, 내장탕의 맛은 웬만한 사람은 다 안다. 전날 술 한잔을 했거나 모처럼 짭짤하고 진한 음식에 구미가 당기는 경우에는 먼 데서라도 찾아오는 곳이다. 샐러리맨들이 대종을 이루지만 아직 옛날 가난한 시절의 맛을 찾는 주부들도 있고, 먹을 것에 대담한 젊은 처녀들도 스스럼없이 끼리끼리 온다. 서민만 오는 것도 아니다. TV로만 보던 국무총리를 지낸 사람도 수행원 몇 명과 이곳을 즐겨 찾는다.

이렇게 많은 사람이 찾아오니 12시와 1시 사이에 가면 줄을 서서 기다려야 한다. 이 집이 성업을 이루는 것은 두 가지 이유 때문이다. 맛과 가격이다. 바로 음식에 대한 가장 중요한 고객의 요구 사항을 맞추어 주고 있기 때문이다. 그가 왜 순댓국과 내장탕을 자신의 사업으로 선택했는지는 모른다. 중요한 것은 그가 돼지의 순대와 내장으로 '부드러운 씹을 것과 진한 국물 맛' 그리고 상대적으로 '저렴한 한 끼'를 만들어 내며 이것으로 사업의 승부를 걸었다는 점이다.

찰스 핸디의 책 『헝그리 정신*The Hungry Spirit*』 중에서 인용한 앞의 두 가지 외국 사례를 포함하여, 이 사례들에 등장하는 사람들은 모두 일상 속에서 자신이 기여할 수 있는 유용한 가치를 발견한 사람들이다. 그리고 그 필요에 부응할 수 있는 능력을 준비한 사람들이다. 이들은 방금 직장에서 해고당한 사람일 수 있다. 어쩌면 생산적인 사회로부터 버림받은 사람들인지도 모른다. 그러나 그들은 고객의 수요를 읽고, 자신의 준비된 재능을 돈벌이에 연결시킨 사람들이다.

원칙 셋, 고객처럼 느껴라

잭 캔필드*Jack Canfield*와 마크 빅터 한센*Mark Victor Hansen*이 내놓은 책으로 우리나라에도 소개되어 선풍적인 인기를 누렸던 『마음을 열어 주는 101가지 이야기*101 More Stories to Open the Heart and Rekindle the Spirit*』 속에 다음과 같은 편지 한 장이 실려 있다.

이 병원에 근무하는 의료진 여러분에게

(…) 나는 어제 당신들과 함께 시간을 보냈습니다. 나는 부모님을 모시고 이 병원에 왔었습니다. 우리는 어디로 가야 할지, 무엇을

하게 될지 알 수 없었습니다. 지금까지 당신들의 진료를 받아 본 적이 없기 때문입니다. '저소득층 의료 보험 수혜자'라는 혜택이 우리에게 주어진 적도 없었습니다.

어제 나는 나의 아버지라는 인격체가 당신들에 의해 하나의 진료 번호, 하나의 차트로 바뀌는 것을 보았습니다. (…) 나는 한 허약한 남자가 다섯 시간이나 이리저리 끌려다니는 것을 보았습니다. 원무과 직원들은 참을성이 없었으며, 간호사들은 지쳐 있었고, 시설은 예산 부족으로 형편없었습니다. 아버지는 모든 위엄과 자존심을 박탈당한 채, 그곳들을 통과해야만 했습니다. (…) 나의 아버지는 진료 지정일에 당신들의 책상 위에 올려져 있는 하나의 초록색 카드, 하나의 파일 번호에 지나지 않았습니다. 그리고 당신들이 기계적으로 말해 주는 말들을 알아듣지 못해 또다시 묻는 귀찮은 환자에 불과합니다. 그러나 아닙니다. 그것은 나의 아버지가 아닙니다. 단지 당신들이 그렇게 취급하고 있을 뿐입니다.

(…) 그분은 나의 아버지랍니다. 온갖 힘든 역경 속에서도 나를 키워 주셨고, 나를 신랑에게 인도해 주었고, 내 아이들이 태어날 때 받아 주셨고, 내가 어려울 때 20달러짜리 지폐를 내 손에 쥐어 주셨습니다. 그리고 내가 울 때 나를 달래 주셨습니다. 그리고 이제 얼마 후에 암이 그를 영원히 데리고 가 버리고 말 것임을 우리는 잘 알고 있습니다.

당신들은 이 편지가 사랑하는 이를 곧 잃게 된 슬픔에 빠진 딸이

자신의 감정을 주체하지 못하고 퍼붓는 비난이라고 생각할지도
모릅니다. 그렇지 않습니다. (…) 각각의 진료 차트는 한 사람의
인격체를 대변합니다. 그 인격체에게는 감정이 있고 살아온 내
력이 있고 인생이 있습니다. (…) 내일이면 당신의 사랑하는 사람
이 그 자리에 놓일 수도 있습니다.

(…) 이 편지를 읽은 뒤에 줄 서서 기다리고 있는 다음 사람들에게
친절하고 부드럽게 대해 주기를 바랍니다. 왜냐하면 그 사람은
누군가의 아버지이고 남편이고 아내이며 아들딸이기 때문입니
다. 그렇지 않다 할지라도 당신들과 마찬가지로 신이 창조한, 그
리하여 신이 사랑하는 한 사람의 인간이기 때문입니다.

— 작자 미상, 홀리 크레스웰 제공

고객의 입장이 되어 보면 그 민감한 부분을 느낄 수 있다. 감
정 이입은 똑같이 느낀다는 것을 뜻한다. 정서적 교감은 다른
사람을 이해하는 데 필수적이다. 동양적 가치관을 서구적 논
리와 표현으로 포장함으로써 크게 대중을 매료시킨 『성공하
는 사람들의 7가지 습관The Seven Habits of Highly Effective People』으
로 우리에게 잘 알려진 스티븐 코비Stephen R. Covey는 이러한 이
해의 대목을 "다른 사람의 신발에 발을 넣어 보는 것"이라고
불렀다. 땀이 차서 다소 축축할 수도 있는 다른 사람이 신던 신
발 속에 자신의 발을 넣는다는 것은 다소 지저분한 느낌이 있
다. 꺼리는 것이다. 그러나 바로 그 점 때문에 나는 이 표현이

매우 적절하다고 생각한다. 다른 사람의 입장이 되어 본다는 것, 특히 도움이 필요한 사람의 입장이 되어 본다는 것은 영악한 사람들이 심히 꺼리는 바다. 마음이 흐르지 못하기 때문에 우리는 다른 사람을 이해하기 어렵다.

나는 '물고기같이 느끼는 낚시꾼'이라는 말을 종종 사용한다. 그것은 이 표현 속에서 어떤 물리의 터득을 엿볼 수 있기 때문이다. 이와 마찬가지로 '고객의 눈으로 보는 사업가'란 이미 매우 확실하게 성공에 다가가 있는 사람들이다.

원칙 넷, 거래보다 장기적 관계를 소중히 하라

마이클 르뵈프는 꽤 성공한 경영 컨설턴트이다. 그는 『멋지게 일하기Working Smart』라는 책을 출판한 후에 퍼시픽 노스웨스트 벨Pacific Northwest Bell 전화 회사의 광고에 출연하기로 계약을 맺었다. TV 화면을 의식한 그는 뉴올리언스에 있는 옷 가게에서 새 양복을 한 벌 사려고 했다. 거기서 그는 프레드 어버트라는 점원을 만났다. 마이클은 프레드에게 자신이 TV 광고에 나갈 것이며, 그 때문에 새 옷을 한 벌 맞추고 싶다고 말했다. 프레드는 광고의 성격에 대해서 물었다. 그리고 마이클이 쓴 책을 한 권 가져다줄 것을 요청했다. 그의 이미지에 잘 어울리는 옷을 맞추기 위해 책의 내용을 보았으면 한다는 것이었다. 며칠 후 마이클은 그 집에서 짙은 감청색에 줄무늬가 있는 옷을 맞추었다. 마이클은 이 옷이 아주 마음에 들었다.

그런데 문제가 생겼다. 광고의 배경이 어두운색이라는 말을 나중에야 들었던 것이다. 검은색 배경에 짙은 색의 양복을 입는 것은 문제가 있었다. 그는 프레드에게 그 말을 하고 도움을 구했다. 프레드는 회색 계통의 양복을 권했다. 마이클은 먼저 맞춘 감청색 줄무늬 양복이 아주 마음에 들었기 때문에 반품하는 대신 새 양복을 하나 더 맞추고 싶었다.

프레드의 가게에도 회색 계통의 옷은 많이 있었다. 그러나 그는 자신의 가게에 있는 옷을 팔려고 하지 않았다. 대신 경쟁 상대인 옆 가게로 마이클을 보냈다. 프레드는 자기 가게보다 그 가게에 더 좋은 회색 계통의 옷이 많다고 말했다.

이 일이 있은 후 마이클은 프레드의 단골 고객이 되었다. 한 번은 그가 어떤 모임에서 강연을 할 일이 생겨 새 옷을 하나 사려고 프레드의 가게에 들렀다. 그때 프레드는 그에게 2주일 후에 세일을 시작할 것이니 그때까지 기다렸다가 구매하는 것이 더 좋겠다고 말했다. 마이클은 2주 후에 양복을 반값에 살 수 있었다.

프레드가 마이클의 마음을 사로잡은 것은 몇 가지의 원칙을 지켰기 때문이다. 그는 옷을 한 벌 더 파는 것보다 마이클과의 고객 관계를 더 중요하게 생각했다. 한 번의 거래보다는 그의 신뢰를 더 우선적으로 생각했기 때문이다. 그는 신뢰에 기초한 좋은 관계가 곧 상업적 이익을 가져다준다는 사실을 믿는 사람이었다. 그는 상품을 팔기보다는 마이클로 하여금 자기가 원하는 것을 살 수 있도록 도와주었다. 판다는 것과 살 수 있도록 도와준다는 것은 매우 다른 발상이다. 프레드는 매우 다른 사고의 틀, 즉 고객처럼 생각하는 시각을 가지고 있었던 것이다.

김혜영 씨는 63빌딩 분수프라자 뷔페에서 고객 서비스를 담당하는 여직원이다. 내가 그녀를 처음 만난 것은 아내와 점심을 하기 위해 들렀던 때였다. 그러나 실제로 그녀가 매우 기억에 남는 사람이 된 것은 두 번째 만남부터였다. 우선 그녀는 우리가 한 번 찾아온 적이 있다는 것을 기억했다. 그리고 식사가 끝나 갈 무렵 아이들에게 몇 개의 과자를 접시에 담아다 주었다. 뷔페였기 때문에 그녀가 그럴 필요는 없었지만 담아 온 과자들은 진열된 과자와 조금 다른 것들이었다. 얼마 후 그녀는 파란색 멜론을 또 한 접시 가져다주었다. 멜론 역시 음식 테이블에 있었기 때문에 특별한 것이 아니라고 생각했지만, 그녀가 가져다준 것은 특별히 달고 맛있었다. 아마 주방에 부탁하여 잘 익은 것 하나를 새로 썰어다 준 것이 아닌가 한다. 아이들과도 한두 마디 밝고 건강한 말들을 잊지 않았고, 특히 작은 아이에게 아주 예쁜 흰색 우산을 선물로 주었다. 그것은 그리 비싼 것은 아니었고 단순한 판촉물에 불과했지만 작은아이는 매우 좋아했다.

그녀는 1년에 두 번 정도 우리 가족에게 편지를 보냈다. 예를 들어 결혼기념일이라든가 크리스마스 같은 때에 말이다.

그녀의 편지는 인쇄물이 아니다. 친구들끼리 보내는 그런 편지처럼 안부를 묻고, 자신의 일들도 적고, 몇 가지의 좋은 축복의 말들을 나누는 그런 사적인 편지였다. 우리 가족은 특별한 가족 행사가 있으면 먼저 이 레스토랑을 떠올린다. 목적과 분위기에 어긋나지 않으면 대체로 이곳에 와서 저녁을 먹곤 하였다. 그래 보았자 1년에 두어 번 정도에 불과했지만. 여하튼 그때마다 그녀가 우리를 매우 특별한 고객으로 취급해 준다는 것을 느끼곤 했다. 평범한 고객일수록 '특별한 대우'만큼 기분 좋은 일은 없다. 특히 여러 사람과 함께 있을 때, 그런 특별한 느낌을 전해 준다는 것은 즐거운 외식에 잘 어울리는 오랜만의 사치 같은 것이었다.

그녀는 매우 좋은 기억력을 가지고 있는 것 같았다. 우리 가족이 좋아하는 것들 중에서 그날 가능한 것들을 언제나 작은 접시에 담아다 주었다. 돌아보아야 할 테이블은 많았겠지만 그녀는 언제나 우리에게만 잘해 준다는 느낌을 받게 해 주었다. 그러던 어느 날 그녀는 분수프라자 식당을 곧 그만두게 될 것 같다고 말했다. 결혼하느냐고 물었더니, 웃으며 그렇다고 대답했다. 그 후 한 번 더 이 식당에 갔는데 그녀는 없었다. 그리고 누구도 우리를 단골로 알아주는 사람이 없었다. 아이들도 우리 부부도 그 후에는 다시 이 식당에 갈 마음이 나지 않았다. 실제로 몇 년 동안 한 번도 가지 않았다.

김혜영 씨나 프레드는 고객을 소중하게 여기는 사람이다. 그들은 구매하는 과정을 즐길 수 있도록 도와주는 사람들이다. 작은 정성으로 고객이 특별한 대우를 받고 있다는 느낌을 갖게 해 주며, 자기 것을 강요하지 않음으로써 신뢰를 얻는 법을 아는 사람들이다.

원칙 다섯, 이전 가능한 자신의 재능을 활용하라

『포춘』에 테리 스타인스라는 여성 관리자에 대한 이야기가 소개된 적이 있었다. 그녀는 뱅크 오브 아메리카Bank of America 산하의 신용 카드 회사에 근무하고 있었다. 그녀는 샌프란시스코에 있는 본사에서 미수금 징수 부서의 관리자로 있었고 75명의 부하 직원을 거느리고 있었다.

그러던 어느 날, 그녀의 부서가 샌프란시스코에서 피닉스로 옮겨 가게 되었다. 그러나 그녀는 샌프란시스코에서 살기를 원했다. 그래서 본사의 다른 부서에서 새로운 일자리를 찾기로 작정했다. 그러다가 이 은행에서 '직원을 위한 상담역'이 필요하다는 것을 알게 되었다. 이 업무는 어려움을 겪고 있는 직원들, 특히 마약이나 알코올에 중독된 직원을 다루는 일이었기 때문에 최소 5년 이상의 인사부 근무 경력을 가지고 있어야 했다. 그녀는 그런 경력이 없었다. 그러나 그녀는 결국 그 자리를 얻어 냈다. 자신이 가지고 있는 관리자로서의 경력과 직원과 일대일로 하는 상담에는 같은 기술이 적용된다는 것을 설득시킬 수 있었기 때문이었다.

외향적이고 정력적인 그녀는 알코올과 마약 중독자를 다루는 일이 돈을 떼어먹고 달아난 사람을 다루는 것과 별로 다르지 않다는 것을 입증했다. 그녀는 어느 날 갑자기 자리를 잃어버린 한 관리자에게 이렇게 충고했다.

창조적으로 생각해 보세요. 당신의 존재, 당신의 능력을 좁은 울타리에 가두어 두지 마세요. 재능이란 사람들이 생각하는 것과는 달리 얼마든지 이전이 가능한 것입니다.

테리 스타인스는 자신의 재능을 잘 알고 있었다. 그것은 어쩌면 전통적인 관점에서 볼 때 특이한 재능이라고 불릴 만한 것이 아니었는지도 모른다. 재능은 학습과 밀접한 관계를 가지고 있다. 그러나 이 학습은 학교에서의 학습과 다르다. 이것은 정규 교과 과정을 배우는 능력과는 다른 것이다. 훨씬 포괄적이며 훨씬 다양한 재능이 학습 과정에 이용된다.

테리 스타인스의 능력, 즉 적극적이며 외향적이라는 특성 그리고 사람을 설득하고 다룰 수 있다는 것은 학교 교과 과정을 배우는 데는 별로 도움을 주지 못했을지 모르나 그녀가 인생을 살아가는 데는 매우 유용한 재능 중의 하나이다. 그리고 그녀는 자신이 가지고 있는 핵심적인 재능을 파악하고 있었다. 그러므로 그녀는 어떠한 상황에서도 이 재능을 재활용할 수 있었던 것이다. 그녀의 말대로 재능은 이전이 가능한 것이다.

원칙 여섯, 민감한 부분에서 새로운 지평을 열어라

내가 몇 년 전에 홍콩에 도착했을 때 봄비가 추적추적 내리고 있었다. 숙소로 예약된 만다린 호텔은 별로 크지 않았다. 프런트에서 체크인을 하기 위해 이름을 말했다. 여직원이 몇 개의 서류를 챙기더니 자기를 따라오라고 했다. 나는 순간적으로 무엇인가 잘못되었다고 생각했다. 예약이 안 된 걸까? 그렇다면 그렇게 말했을 것이다. 함께 엘리베이터를 타고 오르면서 내 앞에 서 있는 키가 크고 날씬한 여직원의 마음속에 들어 있는 생각을 읽기 위해 애썼다. 엘리베이터는 7층에서 멈췄다. 여직원은 방문을 열고 안으로 들어갔고, 문이 열리자 어두운 복도 쪽으로 창문을 통해 들어오는 빛이 환했다.

그 직원은 나보고 의자에 앉으라고 말했다. 그리고 방이 마음에 드는지 물었다. 이 질문을 시작으로 그녀는 내 앞에 서서 여러 가지를 물었다. 언제까지 묵을 것인지, 대금은 카드로 결제할 것인지, 아침 신문은 어느 것을 볼 것인지, 그리고 체크아웃은 12시까지이며, 공항까지 호텔 리무진을 이용할 의사가 있는지 등등을 물으며 내가 대답하는 대로 카드에 적었다. 나는 순간적으로 내가 체크인의 수속을 밟고 있다는 것을 알 수 있었다. 프런트에 줄을 서서 자기의 차례를 기다려야 하는 등록 절차 대신, 고객은 나처럼 앉아 있고, 직원이 서서 체크인을 하고 있었던 것이다. 갑자기 나는 무엇인가 매우 특별한 감정이 마음속에 차오르는 것을 느꼈다.

이제 그 여직원은 귀국하는 비행기 편을 재확인해 주기를 바라는지 물었다. 나는 내 비행기표를 꺼냈다. 그녀는 필요한 내용을 메모한 후 다시 돌려주었다. 그리고 웃으면서 체크인이 모두 끝났으니 편안한 여행이 되기를 바란다고 말했다. 그러고 나서 내게 차를 한잔하겠느냐고 덧붙였다. 커피, 재스민, 우롱차 같은 것들을 예로 들었다. 그녀가 나간 후, 잠시 후에 문에서 노크 소리가 났고, 밝고 환한 얼굴의 다른 여직원이 내게 중국차 한 주전자를 가져다주었다. 차를 마시며, 이들이 이런 아이디어들을 어디서 가지고 왔는지 참으로 궁금하다는 생각이 들었다.

나는 특별한 체크인 프로세스를 생각해 내서 실천에 옮기는 그들의 고객 중심 사고를 높이 평가한다. 생산성이라는 관점에서 보았을 때, 이 프로세스는 지나치게 사치스럽다. 아마도 이 호텔은 새로 도입된 이 프로세스를 오래도록 유지하지는 못했을 것이다. 아니면 손님이 아주 적은 시간대에 한해서 계속 시행하고 있을지도 모른다. 중요한 것은 그들이 다른 호텔에 비해 차별성을 가지고 싶어 하며, 그 차별성의 초점을 고객 서비스에 집중시켰다는 점이다. 한 연구 결과에 따르면, 호텔의 고객 서비스에 대한 고객의 만족도는 약 70퍼센트 정도가 프런트 데스크에서의 서비스에 의해 좌우된다. 그들은 고객 만족도가 가장 민감한 프로세스를 골라 고객 편의 위주로 바꾸었다.

나는 이 경험을 매우 소중한 것으로 간직하고 있다. 내가 무방비 상태에서 받은 놀라운 서비스이며, 호텔의 고객 서비스에 대한 하나의 기준을 제공했기 때문이다. 나는 이것을 실험 정신의 산물이라고 생각한다. 선택한 분야에서 최고가 되고 싶은 열망이 만드는 실험 정신은 기업에게나 개인에게나 최고가 되기 위한 출발점이다. 가장 앞서간다는 것은 전례를 가지고 있지 않다는 것을 말한다. 그러므로 그것은 언제나 새로운 실험 정신을 필요로 한다. 현재는 개선될 수 있는 것이며, 개선의 방향은 그것을 사용하는 사람이 가장 민감하게 반응하는 곳에 초점을 맞추어 추진되어야 한다. 훌륭한 일을 하지 않았는데, 훌륭한 결과를 기대한다는 것은 어리석은 일이다.

원칙 일곱, 기대의 수준을 관리하라

호텔의 룸서비스를 잘 이용하는 사람이 있다. 정해져 있는 메뉴 중에서 마음에 드는 음식을 골라 원하는 시간에 배달을 요청하면 방으로 가져다주기 때문에 아침 식사 같은 경우 이용하는 사람이 많다. 호텔의 투숙객 중에서 관광객들은 특별한 아침 스케줄이 있는 경우가 아니면 대체로 아침 시간을 느긋하게 보낸다. 그러나 비즈니스로 호텔에 묵고 있는 사람은 다른 사람들의 출근 시간과 일치하는 사이클을 따른다. 그들은 대개 7시 30분을 전후하여 아침을 배달받고 싶어 한다. 샤워를 끝내고 출근 준비를 모두 마친 후에 배달된 따뜻한 아침을 간단히 먹고, 출근하고 싶은 것이다. 이런 이유로 7시 30분 전후는 배달이 밀리는 시간대라고 가정해 보자.

또한 이 시간대에는 5분 내지 10분 정도의 시간에도 매우 민감하다. 출근을 해 본 사람이면 아침 시간 중 10분은 아주 바쁜 시간이라는 것을 잘 안다. 그렇기 때문에 10분 정도 늦게 배달되면 고객의 입장에서는 참기 힘들다. 10분 정도면 가벼운 식사 정도는 마칠 수 있는 시간이기 때문이다. 유감스럽게 이 시간대의 주문이 밀리기 때문에 식사 배달에 차질이 빚어지는 일이 꽤 많다. 호텔 측에서는 가능하다면 이 시간대의 배달 폭주에 대비하여 주방과 배달 예비 인력을 확보해 투입시키는 것이 필요하다. 그러나 이것이 어려울 경우, 고객의 기대 수준에 대한 관리가 반드시 필요하다. 예를 들어 다음과 같은 문구를 룸서비스 메뉴판에 적어 넣는 것이다.

저희는 고객 여러분이 원하시는 시간에 정확하게 식사를 배달해 드리도록 노력하고 있습니다. 그러나 오전 7시에서 8시 사이에는 주문 배달의 양이 많아 원하시는 시간보다 10분 정도 늦어질 수 있음을 이해해 주시기 바랍니다.

고객의 기대를 관리한다는 것Customer Expectation Management
은 중요한 발견에 기초하고 있다. 즉, 고객의 만족도는 어떤 기
업이 실제로 얼마나 잘하고 있느냐보다는 그 기업이 제공하는
제품이나 서비스에 대한 고객의 기대 수준에 훨씬 더 민감하
게 좌우된다. 예를 들어 똑같이 불쾌한 일을 겪었다 하여도 하
루에 200달러를 내는 호텔에서 겪은 것과 30달러를 내는 호
텔에서 겪은 것에 대한 관용도는 다르다. 고객은 200달러와
30달러의 차이를 즐기고 싶은 것이다. 30달러짜리 호텔에서
는 그러려니 해도, 200달러짜리 호텔에서는 용납될 수 없다.

그뿐만 아니라 고객의 입장에서 그 기업의 실제적인 서비스
수준을 사실 그대로 인식하기는 쉽지 않다. 대체로 한 기업에
대한 기대는 개인이 겪은 몇 번의 경험과 다른 사람들의 평가,
광고 그리고 각 개인의 개인적 욕구 등에 따라 형성된다. 그러
므로 고객의 만족도는 항상 사실보다는 일종의 '편견'에 의해
민감하게 좌우된다.

실험 정신을 가지고 고객의 기대를 능가하는 제품과 서비스
리더십을 지켜 가려는 노력은 항상 매우 중요하다. 동시에 가
능한 것과 불가능한 것을 확실하게 구분 지음으로써 처음부터
고객이 기대를 가지지 않도록 민감한 부분을 관리하는 것 역

시 매우 중요하다.

　실험 정신은 고객에게 꿈을 주는 것이다. 기대의 관리는 그 꿈의 애드벌룬에 끈을 달아 주는 것이다. 우리는 여기서도 꿈과 현실, 사실과 상상 사이의 균형을 필요로 한다.

원칙 여덟, 욕망과 꿈을 담아라

프레드 어버트는 단순한 세일즈맨에 머물고 싶지 않았다. 그는 그 분야에서 성공하고 싶었고, 언젠가 자신의 가게를 가지고 싶었을 것이다. 그리고 그동안 좋은 관계를 맺어 온 고객들로 붐비는 자신의 가게에서 즐겁게 웃고 있는 자신의 모습을 언제나 상상했을 것이다.

　테리 스타인스는 샌프란시스코를 떠나 피닉스로 가지 않아도 되었다. 그녀는 풍광이 좋고, 오랜 친구들이 살고 있는 정다운 곳에서 계속 살면서 자신 있는 분야에서 마음껏 능력을 발휘하고 싶었을 것이다. 그녀는 어려움에 처한 동료들에게 도움을 주는 자신의 모습에 매우 만족할 것이다. 그녀의 적극성과 정열로 미루어 뱅크 오브 아메리카를 그만두고 자신이 신설한 상담 센터를 운영하는 꿈을 가지고 있을지도 모른다. 그녀는 이미 그런 경력을 쌓았으며, 그런 일에 뛰어난 재능이 있다는 것을 알고 있기 때문이다.

김혜영 씨는 언젠가 혹은 이미 자신의 식당을 가지고 있을지도 모른다. 그녀는 자신을 레스토랑에서 일하는, 봉급은 적고 일은 많은 여급으로 생각하지 않았다. 그녀는 당당했고 친절했으며 매우 밝았다. 그녀는 그곳에서의 경험이 앞으로의 미래를 위해 훌륭한 밑거름이 될 것이라는 생각을 주위 사람들에게 행동으로 보여 주었다.

홍콩의 만다린 호텔은 서비스로 세계 최고가 되고 싶었을 것이다. 시설 면에서 그보다 월등한 호텔이 많지만 서비스만큼은 어느 호텔에도 지지 않고 싶었을 것이다. 그들은 언제나 새로운 실험 정신으로 호텔 서비스의 새로운 전례를 만들어 가는 메카가 감히 되고 싶었는지도 모른다.

매사추세츠의 쌍둥이를 돌보는 보모가 아직도 그 일을 계속하고 있는지 잘 모른다. 그러나 그녀는 아마도 이미 쌍둥이에 대한 전문가가 되어 있을 것이다. 그녀는 어쩌면 『쌍둥이 잘 키우는 법』이라는 책을 한 권 써냈을지도 모른다. 그녀가 겪었던 한 달 미만의 쌍둥이들과의 생활은 신기한 것을 좋아하는 미국의 TV 프로그램 〈굿 모닝 아메리카Good Morning America〉에 소개되었는지도 모른다.

영국의 그 머리가 쌩쌩 돌아가는 청년은 지금 무엇을 하고 있을까? 모름지기 이제는 자신의 작은 사무실을 차려 놓고, 단기 근로 체류자들을 위해 세금을 환급받게 해 주는 짭짤한 사업의 기틀을 잡았을지도 모른다. 아니면 세무사 같은 자격증을 취득해, 이와 유사한 세무 서비스를 제공하는 기업을 운영하고 있을지도 모른다. 옹색한 아마추어로 돈벌이를 시작했지만 자신의 경험과 재능을 결부시켜 스스로 하나의 서비스 영역을 개발했을지도 모른다.

황익선 씨는 광화문 세종문화회관 뒤쪽 당주동 거리에 여의도 가게보다 훨씬 크고 깨끗한 순댓국집을 새로 열었다. 그리고 강남에 2호점을 열어 모두 세 개의 순댓국집을 경영하고 있다. 그는 사장이 되었으며 일가친척이 참여하는 가족 기업을 만들었다. 스스로 고용을 창출한 것이다.

이런 사람들은 언제나 현실에 만족하지 않는 사람들이다. 그들은 한때 점원이었고, 여급이었고, 새벽부터 밤까지 엉성한 식당에 매여 사는 옹색한 국밥집 주인이었으며, 장래가 불투명한 아마추어로서 인생을 시작한 사람들이다. 그러나 그들은 자기 속에 있는 특별한 재능을 알고 있었고, 그것을 이용해 스스로 자신의 직업을 만들어 간 사람들이다. 그들은 힘들고, 노동의 대가에 못 미치는 초라한 돈벌이 속에서 자기 원칙에 따라 미래를 그려 간 사람들이다. 무력감과 나날의 어려움 때문에 힘들어했을지도 모르고 풀이 죽었을지도 모르지만 결국 상황의 압력에서 벗어나 스스로의 인생을 만들어 가는 작업에 뛰어든 사람들이다.

그들은 다른 사람들과 다르게 세상을 이해하고 해석한 사람들이다. 욕망을 가슴에 가지고 있었고, 꿈을 꾸고 있던 사람들이었다. 삶의 현재 속으로 미래를 끌어들일 줄 아는 상상력을 가지고 있는 사람들이었다. 그들은 자신을 믿는 사람들이며, 지금의 어려움 속에서 주저앉지 못하도록 스스로를 격려할 줄 아는 사람들이었다.

제5장

비전은 위대한 미래의 모습이다

좋은 기업은 확고한 이념과 비전을 가지고 있다. 그것은 돈과 수익과 숫자 이상의 것이며, 시간을 넘어 계승되는 것이며, 기업의 모든 활동의 기준이 되는 것이다. 어려운 시절에도 포기되지 않고 지켜지는 것이며, 더욱 다져지는 것이다. 기업 이념은 창업주의 가치관과 신념에 뿌리내린 것이다. 그러므로 본질적으로 개인적인 것이다. 그러나 조직 구성원들이 공유하기 위해서는 보편적이어야 한다. 그뿐만 아니라 통시적인 가치도 가지고 있어야 한다. 비전은 인문학적인 감수성에 기초한 생생하고 위대한 미래의 그림이다.

신념

스스로에게 한 약속

대부분 기업의 비전은 액자 속에서만 존재한다. 어디에나 걸려 있지만 직원 누구의 마음에도 있지 않다. 그것은 비전이 아니다.

좋은 기업은 확고한 이념과 비전을 가지고 있다. 그것은 돈과 수익과 숫자 이상의 것이며, 시간을 넘어 계승되는 것이며, 기업의 모든 활동의 기준이 되는 것이다. 어려운 시절에도 포기되지 않고 지켜지는 것이며, 더욱 다져지는 것이다. 기업 이념은 창업주의 가치관과 신념에 뿌리내린 것이다. 그러므로 본질적으로 개인적인 것이다. 그러나 조직 구성원들이 공유하기 위해서는 보편적이어야 한다. 그뿐만 아니라 통시적인 가치도 가지고 있어야 한다. 비전은 인문학적인 감수성에 기초한 생생하고 위대한 미래의 그림이다.

　1인 기업의 경영인 역시 어떤 일을 하든 확고한 신념과 비전을 가져야 한다. 당신은 욕망에 따라 무슨 일이든지 할 수 있다. 그러나 당신의 신념에 위배되는 일은 서슴없이 포기해야 한다. 신념이란 스스로에게 한 약속이며 그것을 지킬 것이라는 믿음이다. 당신은 스스로의 리더다. 그러므로 스스로에게 책임을 져야 하며 또한 조직과 사회에 대하여 책임을 져야 한다.

행동

어려울수록 원칙을 저버리지 마라

1982년 미국의 존슨앤드존슨Johnson & Johnson사는 이른바 '타
이레놀 사건'에 휘말렸다. 지금까지도 그 정체가 밝혀지지 않
은 한 정신 이상자가 타이레놀 속에 독극물을 투입하여 다섯
명이 사망하는 사건이 발생한 것이다. 존슨앤드존슨의 전 직
원은 또다시 독극물이 투입될 가능성이 있는 타이레놀 전량을
수거하는 일에 나섰다. 그러나 사건 발생 이틀 후, 문제의 타이
레놀은 캘리포니아 지역에서 다시 발견되었다.

　존슨앤드존슨의 제임스 버크James E. Burke 회장은 30분마다
TV 기자 회견을 자청했다. 그리고 모든 정보를 국민에게 공개
했으며 전국의 유통망을 통해 타이레놀 3,000만 병을 수거했
다. 이 과정에서 1,300억 원에 달하는 경제적 손실을 입었다.

그러나 버크 회장은 "우리 회사가 귀중한 생명을 구하는 데 조금이나마 보탬이 된 것이 자랑스럽다"고 말했다.

그들은 이 사건을 경찰의 손에만 맡기지 않았다. 그들은 자신들이 스스로 정한 회사의 기본 원칙과 비전을 지키려고 애썼다. 그들의 다음과 같은 경영 원칙은 단순히 회사의 벽에 걸려 있는 액자 속의 장식이 아니라, 경영자와 직원의 마음속에 살아 있는 행동 원칙이었다.

우리는 의사를 비롯한 모든 의료인은 물론 병을 앓고 있는 모든 사람과 그들의 어머니, 그리고 우리 회사의 제품과 서비스를 사용하는 모든 사람에 대하여 우선적 책임을 질 것이다.

그들은 어떠한 대가를 치르더라도 이러한 원칙과 비전을 지키려고 애썼다. 바로 타이레놀 사건 같은 일이 발생했을 때, 그들은 이 원칙에 충실했다. 한 가지 주목할 사실은 당시 월스트리트의 증권 분석가들이 이러한 조치가 존슨앤드존슨의 앞으로의 경영에 크게 도움이 될 것이라고 예측했다는 점이다. 실제로 이 사건 직후 타이레놀의 시장 점유율은 절반 정도 떨어졌지만 3년 후인 1985년에는 전체 진통제 시장의 35퍼센트를 차지하면서 과거 점유율을 회복했다.

기업의 경영자는 이익에 민감하다. 따라서 버크 회장처럼 행동한다는 것은 결코 쉬운 일이 아니다. 예를 하나 더 들어 보자. 1985년 서독의 자동차 회사인 아우디Audi는 자동차 가속 장치의 결함으로 일곱 명이 사망하고 400여 명이 부상을 당하는 문제에 직면하게 되었다. 〈60분60 Minutes〉이라는 미국의 TV 프로그램은 아우디의 자동차가 주차 도중 별다른 이유 없이 급가속이 붙어 벽을 뚫고 나갔다고 주장했다. 이에 대하여 아우디는 자체 조사를 실시하여 이는 운전자의 조작 실수에 따른 것일 가능성이 크다고 발표했다. 그러나 판매량은 '기술상의 하자 없음' 정도로 만회될 수 있는 것이 아니었다. 1985년 당시 7만 4,000대에 달하던 판매량은 불과 2년 만인 1987년에는 2만 6,000대로 떨어졌다. 심지어 주차장의 주차 요원들이 아우디에 대한 주차 서비스를 거부하는 사태까지 발생했다.

문제를 처리하는 과정에서 아우디는 기자 회견을 통해 '운전자의 실수'로 사건의 원인을 몰아감으로써 고객들로 하여금 심한 모멸감과 배신감을 느끼게 만들었다. 고객들은 아우디가 책임을 모면하기 위해 뻔뻔하고 교활한 술책을 부리고 있다고 생각했으며, 아우디 자동차는 위험하다는 생각을 갖게 되었다. 이 같은 상황에서도 아우디는 부인으로만 일관했으며 아무런 대안도 제시하지 않았다. 결국 미국 정부의 압력에 의해 브레이크와 액셀의 구조를 개선하게 되었고, 마침내 이 자동차의 트레이드마크(?)였던 '급가속 사고'도 자취를 감추었다.

영향력 있는 정부 관리를 매수하고, 돈을 뿌려 이권을 따내는 것이 바로 경영이라고 알고 있는 기업가들이 한국에는 꽤 많은 듯하다. 그들은 이것을 관행이라고 말하고, 그렇게 하지 않았을 때 당하는 불이익을 과장한다. 이런 사람들에게 존슨앤드존슨의 버크 회장처럼 행동하기를 기대한다는 것은 쉽지 않은 일이다. 그러나 존슨앤드존슨처럼 고객 지향적인 비전을 제시하는 회사가 아니고서는 결코 무한 경쟁 속에서 고객의 신뢰를 얻을 수 없다. 지금의 기업 환경에서 고객 지향적인 비전을 제시하지 못하는 기업은 더 이상 발붙일 곳이 없다. 그리고 그런 기업의 뒤를 보아주는 정부의 관리도 더 이상 안전할 수 없다.

좋은 기업은 원칙을 가지고 있고 이를 존중한다. 그들은 편법을 쓰지 않는다. 좋은 기업은 고객을 인간으로 인식한다. 생각하고 느끼고 감동하며, 신뢰에 보답하는가 하면 자신을 배려하지 않음에 분개하고 불평을 토하는 생활인으로 규정한다. 이것이 바로 좋은 기업이 가지고 있는 공통적 특징이다. 그들은 원칙을 통한 경영을 존중하며, 고객에게 감동을 전하는 비법을 알고 있다. 모든 위대한 비전은 위대한 가치관 위에 건설되어 있는 축조물이다.

상상력

현실적 이익을 초월하라

싱가포르를 가 본 사람들은 그곳이 아름다운 정원 속의 도시라는 것을 느낀다. 거리는 깨끗하고, 모든 건물은 서로 연결되어 있어서 웬만큼 비가 와도 젖지 않고 인근의 건물로 갈 수 있다. 같은 모습의 건물은 거의 없다. 숲은 거리의 어느 곳이나 무성하고 잘 가꾸어져 있으며, 적당한 곳에 아름다운 벤치들이 있다. 이러한 깔끔한 인상은 공항에 도착할 때 이미 갖게 된다. 비행기에서 내리면 승객들은 먼저 푹신한 카펫 위를 걷는다. 어느 훌륭한 호텔에 도착한 듯하다.

싱가포르가 세워지기 전 그곳은 그저 나무가 울창한 밀림이었거나, 잡초가 우거진 황량한 벌판이었을지도 모른다. 싱가포르를 만든 지도자들은 지금의 싱가포르를 위한 그림을 가지고 있었을 것이다. 그리고 그들은 그 그림대로 이 도시를 만들어 왔다.

비전을 제대로 이해하기 위해서는 건축물을 연상하는 것이 가장 완벽한 동질성을 부여한다. 비전은 '미래의 설계도'라고 말하는 사람이 많다. 그러나 나는 그 생각에 강하게 반대한다. 그것을 설계도라고 해석하는 데서부터 많은 오류가 발생한다는 것을 알고 있기 때문이다. 설계도는 전문가들을 위한 것이다. 보통 사람은 설계도를 보고 그 건물의 전체적 모습을 떠올릴 수 없다. 그것은 판독하기 어려운 수치와 기호일 뿐이다. 비전은 이해관계자 모두가 쉽게 그 모습을 머릿속에 떠올릴 수 있어야 하며, 그 모습의 아름다움 때문에 마음이 설레야 한다.

따라서 비전은 오히려 건물의 조감도와 흡사하다. 건물의 유려한 자태와 자재의 질감이 느껴져야 한다. 그리고 그 건물 속의 한 부분을 줌 업시키면 그 속에 앞으로 자신이 거주하고 생활할 새로운 공간이 보인다. 이 건물이 만들어지면 이 아름다운 곳으로 이사 올 것이다. 어둡고 추운 지금의 공간을 떠나 밝고 넓고 전망이 좋은 공간에서 생활하게 될 것이다.

많은 사람이 비전의 힘에 대해 이야기한다. 나는 이에 대해서던 캘리포니아대학 경영학과 교수인 버트 나누스Burt Nanus의 견해를 좋아한다. 그에 따르면 좋은 비전은 다음과 같은 힘을 가지고 있다.

비전은 위대한 미래의 모습이다

하나, 올바른 비전은 참여를 이끌어 내며 활기를 불어넣는다

직원의 참여를 유도하기 위해 우리는 종종 금전적 이익을 주는 방안을 강구한다. 모든 인센티브 제도는 여기에 속한다. 그러나 이것은 참여를 돈으로 사는 것을 말한다. 용병만으로 우리는 전쟁에서 이기기 어렵다. "나아가자, 조국의 아들이여, 이제야말로 영광의 그날이 왔다"로 시작하는 〈라 마르세예즈La Marseillaise〉를 부르는 젊은이들이 없이는 프랑스는 오스트리아와 프로이센 연합군 앞에서 조국과 혁명을 지키지 못했을 것이다.

비전은 사람들을 고무시켜 눈앞의 현실적인 이익을 초월하게 한다. 그리고 진정으로 가치 있는 어떤 것에 자발적으로 전심전력을 다하여 기꺼이 참여하게 만든다.

둘, 올바른 비전은 직원의 삶에 의미를 부여한다

앞에서 예를 든 몇 가지 사례를 통해 우리는 비전을 통하여 사회가 자신에게 부여한 '직위'를 뛰어넘을 수 있다는 것을 분명히 알게 되었다. 자신의 생각에 정열을 가짐으로써 인간은 스스로의 지위를 만들어 간다. 남이 만들어 주는 대로의 삶이 아니라 자신이 만들어 가는 삶을 살게 되는 것이다.

조직 내에서 비전을 공유함으로써 자신을 판매 사원이나 자재 취급 담당자가 아니라 가치 있는 제품과 서비스를 제공하는 최고의 팀의 일원으로 인식하게 되는 것이다.

셋, 올바른 비전은 현재와 미래를 연결해 준다. 그리고 과거를 존중한다

비전은 미래에 우리가 다다르려고 하는 곳이다. 그러나 이것은 현재를 통해 구현된다. 우리는 늘 일상적인 작업에 얽매여 있으며, 자질구레한 현재의 업무 때문에 항상 바쁘다. 계획된 일정 내에 판매 목표액을 맞추어야 하며, 예정된 날에 제품을 시장에 내놓기 위해 많은 스트레스에 시달린다. 경비를 줄이라고 닦달당하고, 수익률을 높이라는 압력을 받는다. 그러나 동시에 우리는 조직이 성장하기 위해서 장기적인 관점의 준비가 필요하다는 것을 알고 있다. 신제품과 새로운 서비스를 개발하고, 품질을 높이고, 새로운 운영 방식을 발견해 내고, 기술을 신장하고, 조직에 활력을 불어넣어야 경영자와 직원 그리고 투자자의 진정한 이해관계가 충족될 수 있다는 것을 알고 있다.

올바른 비전은 현재 조직에서 매일매일 일어나는 것과 미래에 구축되기를 바라는 것 사이를 연결해 준다. 따라서 비전은 스스로의 구현을 위하여 강화시키고 권장할 필요가 있는 바람직한 현재의 활동을 강조한다. 어려운 시기일수록 비전은, 장기적 관점에서 미래의 생존을 위협하는 요소를 최소화하기 위해 현재 무엇을 보존해야 하며, 무엇을 과감히 없앨 것인지에 대한 지침서의 역할을 한다.

올바른 비전은 또한 과거의 위대한 순간을 상기시킴으로써 미래에 대한 희망을 가지게 한다. 지금 관료주의에 시달리고 있는 기업은 과거 기업의 초창기에 가졌던 직원의 몰입과 신속성을 강조함으로써 가까운 미래에 다시 그러한 장점을 가질 수 있기를 바랄 것이다.

독산동의 열악한 근로 환경에서 근면과 정열을 통해 성장한 한 의류 기업이 강남에 아름다운 사옥을 짓고 이사를 했다. 이사한 후 그들은 어려운 한 해를 보냈다. 한국 사회가 전체적 불경기에 시달렸고, 의류 산업은 갈수록 경쟁이 심화되어 갔기 때문이다. 이 회사의 한 중역은 직원들이 과거에 가졌던 근면과 정열이 와해되고, 스스로를 아름다운 사옥과 어울리는 귀족 사원으로 착각하고 있다고 개탄했다. 그의 개탄은 아마 과거의 그 탄탄한 마음가짐을 미래에도 견지하고 싶어서일 것이다. 이처럼 비전은 과거의 장점과 교훈까지를 그 속에 담아 둠으로써 과거와 현재를 미래와 연결시킨다. 바로 미래의 관점에서 오늘을 보게 하고, 과거의 영광을 미래에 재생할 수 있도록 고무한다.

메시지

마음속으로 무찔러 들어가라

나는 비전을 개발하는 복잡한 방법들에 대하여 회의적이다. 버트 나누스는 『리더는 비전을 이렇게 만든다The Visionary Leadership』에서 비전 개발의 방법론을 제공하려고 애썼다. 그러나 나는 그의 노력이 리더십의 이론과 실천의 간격을 메울 수 있는 방법을 제공했다고 믿지 않는다.

비전은 그가 말한 대로 어떤 통찰에서부터 온다. 직관적 통찰은 설명하기 어려운 사항이다. 그것은 종종 경험, 상상력, 열망, 가능성 그리고 알 수 없는 신비한 직감에서 온다. 대체적으로 이러한 통찰은 논리적 판단의 힘을 받아 형태를 잡아 간다. 그러나 아직 충분히 설명될 수 없는 '그 무엇'의 상태도 있다.

디즈니랜드Disneyland를 만들어 낸 월트 디즈니Walt Disney의 비전을 생각해 보자.

디즈니랜드의 아이디어는 단순하다. 이곳은 부모와 아이들이 함께 행복과 깨달음을 발견하는 장소이다. 부모와 아이들은 함께 어울려 즐거운 시간을 보내고, 교사와 학생들은 보다 나은 이해와 교육 방식을 발견한다. 나이 든 세대들은 지나간 날들의 향수를 다시 느낄 것이며, 젊은이들은 미래의 도전을 맛볼 것이다. 이곳에서는 모든 사람이 자연과 인간에 대한 경이를 느끼고 이해할 수 있다. 디즈니랜드는 미국을 창조했던 이상과 꿈을 보여 줄 것이다. 또한 미국의 꿈과 현실을 극적으로 표현함으로써 모든 세상 사람에게 용기와 영감의 원천이 되게 할 것이다.

디즈니랜드는 박람회가 되고, 전시장이 되고, 운동장이 되고, 지역 사회의 센터가 되고, 생생한 사실들의 박물관이 되며, 아름다움과 마술의 공연장이 될 것이다. 디즈니랜드는 우리의 세상을 성취와 즐거움 그리고 희망으로 가득 채워 줄 것이다. 또한 우리는 이곳에서 이러한 경이로움을 삶의 한 부분으로 만드는 법을 깨닫게 될 것이다.

이 말속에는 아름다움이 느껴진다. 만일 당신이 사업가로서 오직 돈을 벌기 위해 디즈니랜드의 시설과 설비만을 베껴 온다면 반드시 실패한다. 당신은 오히려 월트 디즈니가 가지고 있던 훌륭한 의도를 치부致富를 위한 상업적 수단으로 전락시킨 책임을 져야 할 것이다. 당신은 부모와 아이들이 모처럼 낸 하루의 휴일을 망친 책임을 져야 하며, 교사가 학생들에게 보여 주고 싶었던 새로운 교육 방법을 망쳐 버린 책임 또한 져야 할 것이다. 그리고 아름다운 꿈과 모험 대신 각박한 상혼과 피폐한 탐욕을 보게 만든 책임 또한 져야 될 것이다. 사업가로서 당신이 존중하고 받아들여야 할 것은 바로 디즈니랜드가 가지고 있는 이러한 꿈과 비전이다. 이것은 개인적인 진실의 문제이며, 삶이며, 또한 미래이다.

빌 게이츠Bill Gates는 먼 미래의 기술이 가지고 있는 실용적인 유용성을 예견하는 탁월한 능력을 가지고 있다. 그는 컴퓨터를 통한 미래의 발전된 모습을 상상할 때 항상 이렇게 자문했다고 한다. "이러한 기술 발전은 어떠한 수요를 창조할 것인가?"

1975년에 그는 이미 PC의 미래를 예견하고 있었다. 그는 "모든 책상과 가정에 PC를!"이라는 엄청난 비전을 만들어 냈다. 그로부터 16년 후, 그의 경쟁자들이 여전히 전통적 PC 사업에 전념하고 있는 동안 그는 새로운 비전을 만들어 냈다. "PC에서 모든 것을!" 이 비전은 그로 하여금 음악, 영화, 사진, 텍스트를 통합하는 멀티미디어 컴퓨터에 수백만 달러를 투자하게 만들었다.

이러한 새로운 비전은 그로 하여금 다른 소프트웨어 회사들의 시장 점유율을 어떻게 빼앗아 올 것인가를 생각하게 만들지 않았다. 그는 이미 텔레비전, VCR, 콤팩트디스크 플레이어 등 가전제품을 만들어 내는 기업들이 자신의 주요 경쟁자가 될 날을 내다보고 있었다. 그는 꿈을 꾸고 있었다. 그리고 그 꿈에 자신의 모든 재산과 노력을 투입시킴으로써 마이크로소프트가 나아가야 할 새로운 길을 제시한 것이다.

빌 게이츠는 자신의 눈으로 세상을 보고, 다른 사람과 다르게 이를 해석할 수 있는 능력을 가지고 있었다. 아인슈타인Albert Einstein은 자신의 눈으로 세상을 읽을 수 있는 사람이 참으로 적다는 것을 지적한 바 있다. 그런 의미에서 빌 게이츠는 매우 위대한 사람이다.

훌륭한 비전은 종종 세상에 대한 색다른 시각에서 온다. 그러므로 비전을 가진 훌륭한 리더는 자신의 눈으로 세상을 보는 색다르고 빈틈없는 관찰자들이다. 월트 디즈니나 빌 게이츠는 모두 그런 면에서 공통적이다. 그들은 그러한 특이한 시각을 어디에서 가지고 왔을까? 어머니에게서? 아니면 신의 특별한 계시를 통해? 아니면 어느 날의 갑작스럽고도 우연한 깨달음으로부터?

한 회사의 사장은 개혁에 관심이 많았다. 그는 참으로 자신의 조직을 "고객 중심적이고, 직원 모두가 힘써 일하는 활력 있는 조직"으로 만들고 싶었다. 그러기 위해서는 많은 개혁이 있어야 한다고 믿었다. 그러나 그는 많은 일상적 상황을 처리해야 했고, 달마다 또 분기마다 목표액을 맞추어야 했다. 단기적으로 목표를 맞추기 위해 물량을 밀어내야 하는 경우도 있었다. 중역들은 언제나처럼 자신이 대표하는 부서의 입장에서 모든 일을 해석했다. 따라서 '고객 중심', '임파워먼트', '팀워크', '회사 차원의 신속한 의사 결정', '시장에서의 승리' 같은 가치들은 공허하고 관념적인 것이었으며, 현실 생활의 지배 원리로 작용하지 못했다.

그는 이러한 현실을 개혁하고 싶었다. 그러기 위해서는 개혁의 방향이 필요했다. 회사의 모든 힘을 한곳으로 몰아 몇 년 후에 당도해야 할 '아름다운 그곳'이 있어야 했던 것이다. 그는 어느 날 모든 중역에게 며칠 동안 시간을 낼 것을 주문했다. 회사의 비전을 만들기 위한 모임이었다. 오랜 숙의 끝에 나온 비전은 "우리는 고객 만족을 최우선으로 하는 최고의 서비스를 제공한다"는 것이었다. 며칠에 걸쳐 각고의 노력 끝에 탄생한 너무도 평범한 문구였다. 그는 그러나 여러 중역과 함께 회사의 기본 가치를 확인할 수 있었다는 것에 만족했으며, 이 평범한 문구를 회사의 비전 선언으로 채택했다.

포스터를 만들어 회의실마다 걸게 했고, 관리자 회의를 통해 이를 주지시켰고, 사내 방송을 통해 직원들에게 설명했다. 그러나 차츰 시간이 지나면서 모든 사람은 이 비전을 기억조차 하지 못했다. 아니, 애초부터 이 비전은 직원 누구의 마음도 감동시키지 못했다. 중역들 역시 고객 만족보다는 이달의 매출액, 이달의 목표액에 온통 마음을 빼앗기고 있었다. 중역 회의의 기본 주제는 여전히 숫자에 대한 논의가 주를 이루었다. 고객의 목소리는 비현실적인 과도한 요구로 치부되고, 돈과 회사의 목표, 문제의 해결에 대한 일회적 지침만이 회의의 주제가 되었다.

직원들은 중역과 관리자의 지침에 따른다. 관리 중심의 보수적인 기업일수록 이러한 지시 체계는 엄격하다. 며칠만 지나면 영리한 직원들은 중역과 관리자의 마음속에 들어 있는 것이 무엇인지 금방 알아차린다. 그들은 고객 만족을 말하지만, 사실은 고객의 주머니에 대해 말하고 있다는 것을 금방 깨닫는다. 고객과의 장기적 관계보다는 일회적 거래가 우선한다는 것을 감지하는 것이다. 실제로 이 회사의 직원들 역시 이중 가치 체계, 즉 '고객 만족을 위해, 고객의 주머니를 터는' 거래를 기본 마인드로 생각하고 있다. 그들은 고객의 마음을 이해하고, 그 요구를 분명히 구체화시켜 해결해 줄 뿐 아니라 미래의 설계를 도와줌으로써 고객과의 장기적 경영 파트너가 되는 일은 그저 이상적인 꿈이라고 생각한다.

경영자에게 있어 경영은 인생이다. 화가에게 있어 그림이 인생이고, 작곡가에게는 음률과 곡조가 인생인 것과 같다. 그리고 경영은 돈만이 목적이 아니다. 좋은 경영자는 기업 속에 자신의 인생을 담고 싶어 한다. 자신이 죽더라도 자신의 원칙이 살아 숨 쉬는 기업을 만들고 싶어 한다.

토머스 왓슨 2세Thomas J. Watson, Jr.는 IBM의 핵심 가치가 아버지에게서 귀에 못이 박히게 들어 온 이야기라고 말한다. 그는 『거인의 신념A Business and Its Beliefs』이라는 책에서 이렇게 말했다.

> 아버지에게는 그 가치들이 바로 삶의 법칙이었다. 어떠한 경우에라도 어떤 대가를 치르더라도 지켜야 하는 것이며, 모든 직원이 받아들여야 하는 것이며, 다음 경영자가 누가 되더라도 이어나가야 하는 것으로, 일생을 통해 양심적으로 따라야 하는 원칙이었다.

제약 회사인 머크Merck & Company의 사내 경영 지침서에는 "인류의 생명을 지키고 삶의 질을 향상시키는 것"이 이 회사의 사명이며, 사업의 성패는 이것을 얼마나 잘 지키는가에 달려 있다는 내용이 명시되어 있다.

휴렛팩커드의 전 회장이었던 존 영John Young은 1992년에 가졌던 한 인터뷰에서 이렇게 말했다.

휴렛팩커드의 창립 이념은 창립자가 그 이념을 세운 이래 변하지 않고 지켜져 왔다. (…) 이익이란 그 자체로 기업에게 매우 중요한 것이다. 그러나 그것 때문에 휴렛팩커드가 존재하는 것은 아니다. 우리는 이익보다 더 중요한 것 때문에 존재한다.

존슨앤드존슨의 제임스 버크 전 회장은 1943년에 로버트 존슨 2세가 만든 '우리의 신조'를 전파하는 데 자기 시간의 40퍼센트를 사용했다고 알려져 있다. 그는 이렇게 말했다.

우리의 경영 활동은 매일매일 이익을 맞추는 데 집중되어 있다. 이것은 업계에서 살아남기 위한 수단이다. 그러나 이런 식으로 사업을 하다 보면 우리는 단기간의 숫자에 집착하게 된다. '우리의 신조'는 직원들에게 "잠깐 기다려, 그건 해서는 안 돼"라고 말해 주는 것이다. 이러한 신조로 회사를 운영하기를 바라는 것이기 때문에 나는 마땅히 이 일을 하지 않을 수 없다.

이익이 없이 기업은 존속할 수 없다. 그러나 이익만을 위해 기업이 존재하는 것은 아니다. 기업은 자신의 존재 이유가 뚜렷하고, 그것을 엄격히 지킬 수 있을 때 비로소 고객에게 유익한 경영 활동을 할 수 있게 된다. 이익은 그 대가이며, 이러한 경영 활동의 결과일 뿐이다. 이익이 목적인 기업은 고객으로부터 신뢰를 받을 수 없다. 왜냐하면 고객은 기업의 이익이나 챙겨 주기 위해 존재하는 바보가 아니기 때문이다.

실제로 가치와 실적 사이에서 고민하는 기업은 매우 많다. 이것은 어쩌면 매일매일의 경영 활동에서 일상적으로 일어나는 어려움이다. GE의 잭 웰치 회장도 그 어려움을 털어놓았다.

실적도 좋고 가치 체계에 부합하는 이들이 제일 좋다. 실적은 낮더라도 가치 체계에 부합하는 사람들은 그다음이다. 실적도 낮고 가치 체계에도 부합하지 못하는 이들은 최하위이다. 그러나 정말 문제는 실적은 좋으나 가치 체계에 부합하지 못하는 사람들이다. 우리는 그들을 설득하려고 노력한다. 그리고 그들 때문에 많은 고민을 한다.

분명한 것은 좋은 기업은 언제나 자신이 존재하는 이유를 가지고 있고, 변하지 않는 핵심적 가치를 가지고 있다는 점이다. 성공을 위해 그들은 경영 전략과 전술을 어느 기업보다 빨리 바꾼다. 또한 앞으로도 더욱 빠른 속도로 바꾸어 갈 것이다. 그러나 어떤 유용한 전략과 전술이라도 기본 가치 체계에 부합되지 않으면 채택하지 않는다. 만일 그렇지 않다면 그들은 더 이상 좋은 기업이 아니다. 고객과 사회로부터 버림을 받을 것이다. 고객 없는 이익이란 없다. 이것처럼 분명한 경영의 전제는 없다.

아픈 사람들은 머크사가 "질병과 싸우고, 사람들을 고통으로부터 해방시킨다"는 위대한 일에 기여한다는 자부심을 지켜 가기를 바란다. 내 아이들은 앞으로 생길 자신의 아이들을 위해 디즈니랜드가 "모든 이에게 행복을"이라는 가치 체계를 지켜가길 바란다. 가정을 이룬 사람들은 GE가 "기술과 혁신을 통하여 생활에 풍요로움을 주는 일"을 하기를 기대한다. 사업을 하는 내 친구들은 메리어트Marriott 호텔이 "집을 떠난 사람들에게 친구와 함께 있는 편안함을" 줄 수 있기를 희망한다. 응용 기술의 혁신을 통해 소니가 "누구도 경험하지 못한 즐거움과 혜택"을 계속 줄 수 있기를 내 딸의 친구들은 바라고 있다. 그리고 월마트Walmart가 "보통 사람들에게 부자들과 똑같은 물건을 살 수 있는 기회"를 계속 제공하기를 바란다. 그리고 우리 모두는 한국의 기업이 세계인들에게 뚜렷한 핵심적 가치를 제공하기를 진심으로 바란다. 기대와 바람을 가지고 있는 사람들이 바로 고객이다. 그들을 실망시키는 것은 경영자가 해서는 안 될 제일의 원칙이다.

나는 세계의 훌륭한 기업들 중에서 핵심 기업 가치를 가지고 있지 않은 기업은 없다고 확신한다. 비전은 이러한 가치와 신념과 사명 속에서 만들어지는 것이다. 따라서 비전을 개발하는 방법이 따로 있지 않다. 오직 뼛속 깊은 곳에서 우러나오는 절실한 것을 찾아 명문화하는 것이다. 가장 우선적인 일은 바로 경영의 신념을 가지는 것이다. 어떤 일이 있어도 그 우선적 가치를 준수할 것이라는 믿음이 없이는 어떠한 비전도 비전으로서의 역할을 수행할 수 없다.

『성공하는 기업들의 8가지 습관Built to Last: Successful Habits of Visionary Companies』을 쓴 스탠퍼드대학 경영학과 교수인 제임스 콜린스James C. Collins와 제리 포라스Jerry I. Porras는 핵심 가치는 반드시 합리적일 필요는 없으며, 대외적으로 정당화되어야 할 이유도 없다고 말한다. 그것은 시류에 따라 달라지는 유행이 아니다. 시장 상황에 따라 변하는 것은 더욱 아니다. 다이내믹하게 변해야 하는 전략이나 운영 지침, 특별한 목표와 분명히 구별되어야 한다. 근시안적인 기대치나 경제적 이익과 혼동해서는 안 된다. 그것은 경영자가 세상을 보는 특별한 태도로부터 생겨난다.

그러므로 비전을 개발하기 위해 많은 돈을 내고 컨설팅을 받을 필요는 없다. 그것은 누군가의 철학을 빌려 온다고 해서 되는 것이 아니다. 빌려 온 철학은 신념이 될 수 없다. 그리고 신념이 없는 가치관은 지켜지지 않는다. 경영자 스스로 지키기 어려운 것을 직원에게 설득시킬 수는 없다. 바로 이것이 많은 기업이 비전을 개발하여 제시하고 있지만 벽에 걸린 액자의 가치 이상이 되지 못하는 이유이다.

경영자는 먼저 자신이 기업을 경영하는 이유를 알아야 한다. 그저 돈을 벌기 위해서라면 직원과 공유할 가치는 없다. 왜냐하면 돈은 공유할수록 조금 가져가게 되어 있기 때문이다. 그러나 신념은 공유할수록 강력해진다. 돈은 경영의 목적이 아니다. 그것은 경영의 결과일 뿐이다. 그리고 경영을 계속할 수 있게 만들어 준다. 어느 게임도 스코어에 집착하면 잘 풀리지 않게 되어 있다. 정신을 다하여 게임에 열중할 때 결과가 좋게 나온다.

그러므로 비전을 개발하기 위해서는 먼저 창업자나 이를 계승한 경영자가 확실한 경영의 목적과 신념을 정리해야 한다. 자신이 이 기업을 그만두고 떠나 한적한 세상을 즐기는 노인이 되더라도, 자신의 신념과 가치가 여전히 살아 움직이는 조직을 보고 싶다면 조직 속에 자신의 가치를 심어 두어야 한다.

비전은 보편적이면서 또한 개별적 특수성을 가지고 있어야 한다. 이 특수성은 기업이 종사하는 산업 영역과 밀접한 관련을 갖는다. 예를 들어 디즈니랜드의 "모든 이에게 행복을"이라는 비전은 놀이를 통한 즐거움과 기쁨을 목적으로 하는 오락 산업이기 때문에 가슴에 와닿는다. 또 마이크로소프트는 정보 산업에 종사한다. "PC에서 모든 것을!"이라는 비전은 바로 그들이 종사하는 산업 분야의 특수성에 기인한 것이다.

종사하는 산업의 특수성과 누구에게나 공유 가능한 보편성을 가진 분명한 메시지를 담은 문학적 표현은 직원이 자신의 개인 가치에 기업의 가치를 연결시킬 수 있도록 도와준다. 언어는 변화를 반영하는 것이기도 하지만 변화를 만들어 내는 문화적 자극제이기 때문이다. 구성원들은 비전이 표현하는 문학적 감수성을 통해 흥분하고, 출근한 이유를 확인하고, 업무의 기준을 읽을 수 있어야 한다. 기업의 비전에서 자신의 비전을 이끌어 낼 수 있어야 한다. 만일 이러한 공유 과정이 제대로 이루어질 수 없다면, 즉 기업의 가치와 개인의 가치가 공유될 수 없다면 가능한 한 빨리 새로운 직장을 찾아가는 것이 좋다.

실제로 미국의 노드스트롬Nordstrom사는 환상적인 고객 서비스로 유명하며, 여러 에피소드를 만들어 낼 만큼 고객 중심적인 백화점이다. 판매 담당 직원들은 다른 백화점보다 두 배 정도의 수입을 올리는 것으로 알려져 있다. 그러나 보통 신입 사원의 반 정도는 1년 이내에 노드스트롬을 그만둔다. 퇴직의 이유는 노드스트롬의 가치관과 제도가 심한 압박감을 주기 때문이라고 한다. 적응하지 못하는 직원은 노드스트롬을 싫어하게 되고 결국은 비참한 실패로 이곳에서의 경력을 끝낸다.

정도의 차이는 있지만 미국의 유수한 기업들은 창업자와 그를 계승하는 경영자들이 고수하는 핵심 가치를 직원 모두에게 요구하고 있기 때문에 이와 다른 가치 체계를 가지고 있는 사람들은 견뎌 내기가 쉽지 않다. 이것은 마치 믿음을 공유하는 사교 집단과 비슷하다.

매우 다행스러운 것은 많은 기업의 핵심 가치와 신념이 인류에게 필요한 가치라는 점이다. 위에서 나열한 여러 기업의 핵심적 가치와 신념은 매우 유익하고 고무적이며 또한 공감할 수 있는 가치들이다. 고통받는 사람을 돕는 제약 회사, 기쁨을 주는 놀이동산, 생활의 여유를 주는 가전제품 회사, 여성에게 아름다움을 주는 화장품 회사, 싸게 물건을 구입할 수 있는 기쁨을 주는 유통 회사 등은 경영 활동을 통해 사람들에게 유익을 준다.

어느 기업을 선택할 것인가는 당신에게 달려 있다. 어떤 기업을 만들어 갈 것인지 역시 당신에게 달려 있다. 기업 역시 개인과 마찬가지로 살아 있는 인격을 가지고 있다. 어떤 가치 체계를 가지고 있는 기업을 선택할 것인지에 대한 기준은 당신의 개인적 가치관에 달려 있다. 삶은 매 순간 선택의 연속이 아닌가? 개인의 일관된 정체성을 유지하기 위해서는 동일한 판단 기준에 따라 선택이 이루어져야 한다. 기업의 비전에서 공감과 흥분을 얻을 때, 그리하여 당신의 개인적 비전 역시 고양될 때, 기업은 당신에게 훌륭한 기여의 장이 된다.

삶은 '그저 생존하는 것' 이상의 것이다. 생존이 우선적 문제가 될 때 우리는 비참해진다. 진정한 실업은 청춘을 바친 직장에서 쫓겨나는 것이 아니다. 자신을 위해 하고 싶고, 할 수 있는 일을 찾지 못하는 것이다. 당신은 평범한 사람인지 모른다. 그러나 모든 위대한 사람 역시 평범한 사람에 지나지 않았던 시절을 가지고 있다.

나는 당신의 1인 기업이 개인적이고 보편적인 당신의 신념을 기업 이념으로 가지기를 바란다. 그리고 당신과 협력 관계에 있는 회사와 함께 그 가치를 공유할 수 있기를 희망한다. 또한 당신의 고객이 바로 그 살아 있는 신념에 이끌려 당신과의 관계를 신뢰할 수 있기를 바란다. 이것이 건강한 비즈니스의 시작이며 끝이다.

비전은 위대한 미래의 모습이다

조직

개인과 하나가 되는 순간

리처드 화이틀리Richard C. Whiteley는 고객 서비스 분야의 경영 혁신에 관한 전문가이다. 그는 각 개인에게 있어 조직의 비전은 각기 다른 개인적 의미를 가지고 있다는 것을 강조한다. 그는 두 가지 차원의 비전이 서로 연관되어 어우러지는 경우를 몇 가지 열거한 적이 있다. 다음은 그 예이다.

1960년대 미국의 아폴로 프로젝트가 진행 중일 때의 이야기다. 어느 날 한 방문객이 경비에게 "당신이 여기서 하는 일은 무엇입니까?"라고 묻자 그는 조금도 망설이지 않고 대답했다. "나는 사람이 달에 가는 것을 돕고 있습니다." 이 사람은 자신의 직업에 자부심이 많은 사람이며, 자신이 맡은 일과 조직 전체의 목적을 연결시켜 주어진 역할을 성실히 수행하는 사람이라는 것을 쉽게 알 수 있다.

고객 중심적 경영을 지향하는 조그만 회사에서 직원의 복지를 담당하는 부서가 다음과 같은 비전을 세웠다고 가정해 보자.

> 우리의 고객은 직원 모두이다. 우리는 그들의 복지를 다루고 있으며, 복지는 인간의 문제이다. 우리는 서류의 빈칸을 채우고, 수표의 금액이 제대로 쓰였는지를 체크하는 부서가 아니다. 우리는 직원(고객)이 아플 때 돌보아 주고, 그들이 곤란을 겪을 때 힘이 되어 주는 것이다.

그들은 복리 후생 제도의 행정 과정과 일의 처리 절차에 대하여 말하지 않는다. 단지 직원을 위해 할 수 있는 일에 초점을 맞추고 있다. 그들은 고객 중심을 경영 원칙으로 제시한 회사의 비전과 자신의 부서의 비전을 일치시키고 있다. 이 비전을 통해 그들은 직원들을 위해 월등한 서비스를 제공할 마음의 준비를 했으며, 업무의 최우선적 가치가 어디에 있는지에 대한 명확한 기준을 가지게 되었다.

만일 당신이 비행기의 부품을 만드는 기업의 생산 근로자라면 어떠한 비전이 당신의 비전으로 적합하며, 고객 중심 경영을 원칙으로 내세운 회사의 비전과 일치할 수 있을까? "나의 아내와 아이들이 안심하고 탈 수 있는 비행기를 만들고 싶다"

는 어떨까? 이러한 비전은 당신의 업무에 의미를 부여하며, 가치를 더해 준다. 당신은 완벽하고 꼼꼼한 부품 생산 기술자이며, 어떠한 부품의 오차도 허용하지 않을 것이다. 당신이 만든 부품은 곧 가족의 생명과 같은 것이다.

재무 담당자들은 딱딱한 사람들이다. 그들은 출근한 그 시간부터 퇴근할 때까지 숫자를 다룬다. 그들에게 비전이 없다면 일생을 그 일만 하면서 산다는 것은 답답한 일이다. "당신은 왜 아침에 일어나 출근하는가?"라는 질문에 대하여 어떻게 대답할 것인지 생각해 보라. 바로 그 대답이 당신의 비전일 수 있다. 만일 당신이 부서 동료들과 함께 고생 고생하여 다음과 같은 비전을 만들었다고 가정해 보자.

우리는 아무도 모르는 정보를 처리하는 사람들이다. 우리는 진정한 경쟁 우위를 확보할 수 있는 정보를 가지고 있다. 경영자들이 요구하는 정보를 제공할 뿐 아니라 시장에서 경쟁 우위를 확보할 수 있는 정보를 판매할 것이다.

이것은 시처럼 유려하여 당신의 가슴을 뛰게 하는 비전은 되지 못할지 모른다. 그러나 당신이 다루는 숫자는 정보가 되고, 그것을 만들어 내는 당신은 경영자가 요구하는 자료를 원하는 시간까지 만들어 주기 위해 밤을 새워야 하는 고달픈 월급쟁이가 아니다. 당신은 기업 내의 정보를 다루며, 그것은 당신의 기업을 성장시킬 수 있는 '아무도 모르는' 비밀인 것이다. 당신은 숫자를 통해 기업의 성과를 분석하고 해석한다. 직장의 상사가 아니라 당신과 당신의 동료들이 만든 이 비전을 통해, 이제 당신은 스스로 지켜야 할 규약을 만들었고 당신이 하는 일에 새로운 의미와 방향을 부여할 수 있게 되었다.

나는 한 대학에서 있었던 이야기를 듣고 감명을 받은 적이 있다. 주인공은 훌륭한 교수도 아니고 재기 발랄한 그 학교의 젊고 아름다운 학생도 아니었다. 그는 나이 들고 초라한 수위였다. 그는 학교의 가로등이 고장 나면 직접 고친다. 벤치가 필요한 곳이 있으면 벤치를 만들어 그 자리에 설치한다. 잔디가 길게 자라면 직접 깎는다. 그는 학교 안을 구석구석 돌아다니며 안전에 문제가 있는 모든 설비와 시설을 점검한다. 그는 자신이 해야 할 일을 "학생들이 안심하고 즐겁게 학교생활을 할 수 있도록 하는 것"이라고 규정하고 있었다.

그는 평범한 수위가 아니다. 자신의 일을 넓게 규정함으로써 스스로를 수위라는 직무에서 해방시켰다. 그는 이를 통해 존경받는 사회의 어른senior citizen이 되었다. 이것이 비전의 힘이다. 이것은 꿈이기도 하고, 희망이기도 하며 삶에 대한 자신의 해석이기도 하다.

제임스 쿠제스James M. Kouzes와 배리 포스너Barry Z. Posner는

『리더십 챌린지_The Leadership Challenge_』라는 책을 썼다. 그 속에서 그들은 레이첨사의 시설부 관리자였던 필 터너가 겪은 에피소드를 소개했다. 시설부의 직원은 보통 다음과 같은 전화를 받는 것으로 하루의 일과를 시작한다. "터너, 남자 화장실에 물이 넘칩니다. 기술자를 보내 주세요" 또는 "에어컨이 고장 났습니다. 찜통이에요. 빨리 수리해 주십시오." 터너는 직원들이 불평을 토해 낼 때 쓰는 목소리의 톤을 잘 알고 있다. 그들은 우선 짜증스러운 목소리다. 그 목소리에는 시설부가 시설 관리를 제대로 하지 않는다는 질책이 담겨 있다. 터너와 그의 부서 직원들은 항상 열심히 일하지만 동료들에게서 받는 일상의 요구는 이처럼 불평으로부터 시작한다. 그는 직원들이 감사할 줄 모른다고 생각했다. 그러나 그는 직원들이 중요하게 생각하는 것은 '자신의 공간'이라는 사실을 깨달았다. 그는 이렇게 말했다.

저는 우리 부서에 대하여 비전을 가지고 있습니다. 그러한 아이디어는 부사장님에게서 얻게 되었습니다. 언젠가 그분이 제 사무실에 들른 적이 있습니다. 그리고 제 어깨에 손을 얹고는 "터너, 내 사무실 창밖에 꽃을 심어 주어서 고맙네. 꽃을 보니 기분이 좋아져" 하시더군요. 그때 저는 알게 되었습니다. 내가 하는 일은 바로 다른 사람을 기분 좋게 만들어 주는 일이라는 것을 말입니다.

위대한 비전일수록 위대한 과정을 통해 구현된다. 만일 이 과정에 참여하는 사람들이 설레는 가슴으로 전력을 다하지 않는다면 어떻게 위대한 곳으로의 여정이 이루어지겠는가? 그러므로 살아 있는 비전이 되기 위해서는 반드시 조직의 모든 구성원이 공유하는 '보람 있고 구체적인' 무엇인가가 되어야 한다.

비전은 일상생활에서 실천됨으로써 비로소 그 의미를 가진다. 실천은 추상적 생각이 일상에서 구체화되는 과정이다. 터너의 예에서 알 수 있듯이 비전은 사회적으로 높은 지위에 있는 사람들, 예를 들어 대통령, 시장, 최고 경영자의 전유물이 아니다. 평범한 개인도 비전을 통해 위대해진다. 개인은 비전을 통해 스스로를 훌륭한 리더로 만들어 가는 것이다.

비전

어려울수록 빛나는 황홀한 각본

비전은 언제나 필요하다. 그러나 때때로 비전을 새롭게 정의해야 할 시기가 있게 마련이다. 만일 조직의 구성원이 스스로에 대하여 자부심을 느끼지 못한다면 우리는 서둘러 비전을 재정립해야 한다. 잘 관찰해 보라. 직원들이 진정한 참여 의식을 가지고 일하고 있는가? 혹시 급여만을 위해 일하고 있지는 않은가? 스스로를 이류라고 여기고 있지는 않은지 잘 살펴 보라. 이류와 함께 일류의 자리를 만들어 갈 수는 없다.

또 조직이 외부의 환경에 잘 적응하지 못할 때 우리는 새로운 비전을 필요로 한다. 고객이나 의뢰인 혹은 투자자나 주주 같은 중요한 외부의 사람들이 당신 조직이 쇠퇴하고 있다고 말한 적은 없는가? 혹은 기술적 변화에 제대로 적응하지 못하고 있다는 지적을 받은 적은 없는가? 구태의연한 경영으로 새로운 경쟁자가 시장의 주도적 위치를 장악해 가고 있지는 않은가? 만일 우리는 그저 모방하기에 바쁘고, 경쟁자들은 받아들이고 개선하고 혁신하고 있다면 새로운 비전이 절실한 때이다.

놓치고 있는 중요한 실수가 발견되고, 변화에 무감각해지고, 새로운 미래에 대한 호기심과 도전이 부족할 때 새로운 비전이 필요하다. 또한 조직 내에 유언비어가 판을 치고, 풍문이 유일한 정보의 수단이 될 때 역시 새로운 비전이 필요하다. 조직 구성원들이 최고 경영자와 중역을 진심으로 신뢰하고 따르지 않는다면 지금 새로운 비전으로 사람들을 설득하고 고무시켜야 한다. 경영이라는 것은 상징적인 활동이다. 그것은 직원들에게 활력을 불어넣어 이전에는 중요하게 생각하지 않았던 새로운 일을 중요한 것으로 여기고 전념하게 만드는 것이다.

설득이란 합리적인 만큼 또한 매우 정서적인 것이다. 비전은 바로 경영자가 직원들로 하여금 미래를 믿도록 만들기 위해 제시하는 합리적이고도 정서적인 신념이다. 그리고 그것은 필수적인 경영 요소이다.

비전은 조직이나 개인에게 있어 '바람직하고 이상적인 미래에 대한 정신적인 모델'이다. 우리는 이를 통해 미래의 꿈을 가지며 현재의 어려움을 넘어 스스로를 쇄신하고, 변혁할 수 있도록 격려한다. 마틴 루터 킹Martin Luther King Jr. 목사가 "나에게는 꿈이 있습니다"라고 소리 높일 때, 그 말속에는 사회의 하부 집단으로 천대받는 흑인의 현재를 넘어 미국 사회에서 당당한 역할을 담당하는 새로운 흑인의 모습이 담겨 있다. 미래에 대한 밝고 화려한 꿈이 없이 어떻게 우리가 더 나아질 수 있으며, 당당한 주역으로서 일익을 담당할 수 있겠는가?

빅터 프랭클Viktor E. Frankl 박사는 유대인이다. 그는 제2차 세계 대전 당시 나치의 죽음의 수용소에서 살아남은 사람 중의 한 명이다. 그 후 그는 수용소에서 직접 체험한 경험과 인간적 반응을 환자의 심리 치료에 적용함으로써 심리 치료법에 일대 변혁을 가져오는 로고테라피Logotherapy라는 방법론을 개발했다. 전문가들은 이 치료법의 가치를 매우 높게 평가해 프로이트와 아들러 이후의 가장 커다란 성과라고 말한다.

수용소에서 모든 개인적 역사를 상실한 채 하나의 번호로 불리다가 다시 한 사람의 인간으로 돌아온 그의 이야기는 한 개인이 지닌 비전의 힘을 극명하게 보여 준다. 그의 책『죽음의 수용소에서Man's Search for Meaning』에는 그가 수용소에서 겪었던 비참한 삶의 실체가 고스란히 담겨 있다. 그중 하나를 읽어 보자.

언젠가 한번은 매우 추운 날이었는데, 우리는 숲속에서 수도 파이프를 묻기 위해 땅을 파고 있었다. 날씨가 너무 추워 땅은 꽁꽁

얼어붙어 있었다. 당시 나는 이미 신체적으로 매우 약한 상태였다. 그때 뺨이 붉은 작업반장이 다가왔는데, 정말 돼지의 얼굴과 흡사했다. 그는 두툼한 장갑을 끼고 있었는데 나는 그 장갑이 몹시 탐이 났다. 그는 내 앞에 서서 내가 일하는 모습을 한동안 지켜보았다. 나는 직감적으로 문제가 생겼다는 것을 깨달았다. 왜냐하면 내 앞에는 내가 구덩이에서 파낸 흙이 쌓여 있었는데, 그 양이 다른 사람들에 비해 적었기 때문이다. 드디어 그자가 트집을 잡기 시작했다.

"이런 돼지 같은 새끼, 널 쭉 지켜보았는데, 이 새끼, 그것도 일이라고 하는 거야? 이빨로 흙을 파게 만들어 줄까? 너 같은 자식은 지금 당장 돼지처럼 죽여 줄 수 있어. 알아? 일이라곤 해 본 적이 없는 새끼구먼. 너 뭐 하다가 왔어, 이 돼지 새끼야, 사업가였냐?"

나는 조심해야 했다. 그리고 그가 죽이겠다고 협박하는 것에 대해 심각하게 대처해야 했다. 나는 허리를 펴고 몸을 일으켜 세웠다. 그리고 그의 눈을 똑바로 보면서 말했다.

"나는 의사였소."

"의사? 개새끼, 사람들의 등을 쳐서 돈깨나 긁어냈겠군."

"가난한 사람들은 돈을 받지 않고 치료해 주었소."

그러나 그때 나는 이미 너무 많은 말을 했다는 것을 알아차렸다. 그는 내게 달려들어 미친 듯이 소리를 지르며 때리기 시작했다. 나는 의식을 잃었다.

내가 이 작은 에피소드를 여기에 소개하는 이유는 분노가 죄수를 더욱 견디기 어렵게 한다는 것을 말하기 위해서이다. 잔인함이나 고통에 대한 분노가 아니라 모멸감에 대한 분노 말이다. 그때 나는 정말 피가 거꾸로 솟는 듯했다. 왜냐하면 나의 인생에 대해서는 정말 아무것도 모르는 그와 같은 인간이 나의 인생을 평가하는 것을 들을 수밖에 없었기 때문이다.

나는 이 일이 있은 후에 내 동료에게 다음과 같은 말을 했고, 그 말이 내게 아이와 같이 유치한 위로를 주었다는 것을 고백해야겠다.

"정말 너무도 천하게 생겨 먹어서 아마 내 간호원은 그를 대기실에서 기다리게 하지도 않았을 거야."

빅터 프랭클은 수없이 많은 육체적 고통과 마음의 상처를 입었다. 그가 아우슈비츠에 있는 죽음의 수용소에 처음 도착하여, 나치가 시키는 대로 옷과 시계, 반지를 벗었을 때, 이미 그는 자신의 모든 개인적 역사를 잊었다. 아내, 아이들 그리고 친구들과의 모든 끈은 끊어지고 그는 하나의 인간에서 하나로 번호로 전락했다.

그는 자신의 마음속에서 일어나는 감정들과 반응을 기억하고 기록하였다. 이 죽음의 수용소에서 살아 나가, 많은 사람 앞에서 그리고 대학의 강의실에서 자신이 겪었던 모든 일을 증명하는 모습을 그려 보았다. 그리고 바로 그 희망 때문에 삶에서 떠날 수 없었다. 살아야 했다. 결국 그는 살아남았고 자기가 꿈꾸었던 것, 하나의 번호에 불과했던 삶을 이야기할 수 있었다.

그는 수용소에서 자신에게 주어진 고난의 의미를 찾으려고 애썼다. 한 개인으로서 무력하기 짝이 없는 그는 이미 벌어진 사실, 즉 '수용소의 한 죄수'라는 상황을 바꿀 수 없었다. 절망이란 더 이상 어쩔 수 없을 때 생겨나는 것이다. 상황을 바꿀 수 없을 때 우리는 절망한다. 그러나 그는 변화시킬 수 있는 것이 하나 존재한다는 것을 깨달았다. 상황을 변화시킬 수 없다면, 이 상황을 해석하는 자신의 관점을 바꾸는 것이다. 그는 고난의 의미를 찾기 시작했다. 후에 그는 자신이 겪은 이러한 변화의 힘을 환자의 치료에 적용했다.

어느 날 그는 아내의 죽음을 겪고 상실감에 시달리는 한 노인을 치료하게 되었다. 그는 환자를 바라보며 조용히 물었다.

"만일 선생님이 먼저 돌아가셔서, 아내가 지금 혼자 남아 생을 살아야 한다면, 그분은 어떻게 살아갈까요?"

"그건 상상할 수 없는 일입니다. 제 처가 혼자 남아 지금 제가 겪고 있는 절망을 겪게 할 수는 없습니다."

"선생님의 고통은 그렇다면, 아내의 고통을 대신한 것입니다."

그 환자는 아무 말도 하지 않았지만 프랭클의 손을 꼭 잡은 후 돌아갔다. 그는 자신의 고난의 의미를 알게 된 것이다. 비록 아내가 죽었다는 상황을 바꿀 수는 없었지만 '희생'이라는 고난의 의미를 깨달음으로써 환자에서 꿋꿋한 인간으로 다시 돌아올 수 있었다.

나는 이것을 단순한 마음의 위로라고 여기지 않는다. 무기력한 사람들을 위한 정신적 위로라고 여기지 않는다. 마음을 바꾸면 세상이 달라진다는 것은 석가의 가르침이기도 하다. 그리고 세상은 실제로 그런 사람들에 의해 만들어져 왔고, 이해되어 왔다. 그렇지 않은가?

빅터 프랭클은 고난만이 우리로 하여금 인생의 의미를 알게 하는 유일한 방법이라고 말하지 않는다. 고난은 피할 수 있다면 그 원인을 제거해 반드시 피해야 한다. 일부러 고난을 찾아가는 것은 마조히즘이다. 죽음의 수용소에서의 생활, 청춘을 바친 직장에서의 내몰림 혹은 치명적인 암, 사랑하는 사람의 죽음 등과 같이 우리가 피할 수 없는 절망적 상황조차도 그 의미를 발견함으로써 재해석될 수 있다. 스스로를 변화시킴으로써 절망적 상황을 바꾸어 가는 것이다.

중요한 것은 그가 고난을 재해석함으로써 미래에 대한 꿈을 만들어 낼 수 있었다는 점이다. 그는 자신이 겪고 있는 고난을 객관화시킬 수 있었다. 그리고 스스로 자신의 고난에 대한 관찰자가 되었다. 그는 살아남아 이 체험을 알려야만 하고 이 체험을 통해 환자를 치료해야만 했다. 그는 도저히 그곳에서 죽을 수가 없었던 것이다. 나는 이것을 감히 그의 비전이라고 부른다.

그는 모든 사람에게 공통적으로 적용되는 인생의 의미가 있다고 믿지 않았다. 사람마다 다른 인생을 살고 있다. 그리고 같은 사람이라도 날마다, 시간마다 인생의 의미는 달라진다고 믿었다. 마치 우리가 바둑을 둘 때 객관적으로 '가장 훌륭한 수'란 없는 것과 같다. 상대방이 누구냐에 따라서 그리고 어떤 상황에 처해 있느냐에 따라 가장 훌륭한 수가 두어지기 때문이다. 사람이 살아가는 것도 이와 같다. 그러므로 우리는 인생의 추상적 의미를 알아내려고 애쓸 필요가 없다. 인생은 구체적인 것이다. 어느 누구도 대신 살아 줄 수 없으며, 되풀이되는 것도 아니다. 그러므로 지금 이 순간에 당신에게 주어진 것이 바로 당신의 인생이다. 지금 이 순간은 바로 도전이며 당신이 풀어야 할 과제이다.

그러므로 당신은 인생이 무엇인지 묻지 마라. 그 대신 인생으로 하여금 당신에게 인생이 무엇인지 묻도록 해야 한다. 임종의 자리에 누워 당신은 인생에게 당신의 삶이 어떠했는지 이야기해야 한다. 누구와 함께 살아왔으며, 무슨 일을 했는지, 그리고 그때 그 일은 참으로 잘한 일이고, 그때 그 일은 두고두고 가슴 아픈 후회였다고 말해야 한다. 이 구체성이 바로 당신의 인생이며, 광대무변한 우주 속에서 오직 당신만이 가지고 있는 유일무이함이다. 참으로 진지한 일이 아닐 수 없다.

당신 옆에 있는 그 사람들, 아내, 딸 혹은 남편과 아들, 안 아무개, 송 아무개 같은 몇 명에 불과한 친구들, 이미 흘러가 만날 수 없는 사람들……. 바로 이런 사람들이 당신의 인생의 순간순간을 함께한 사람들이다. 당신의 인생은 그들과 함께한 시간과 사건으로 이루어져 있으며, 그것이 바로 당신 인생의 정체이다.

비전은 아직 살아 있는 당신이 남은 미래를 위해 짜 놓은 황홀한 각본이며, 진지한 깨달음으로부터 시작한다.

제6장

자신과 만나기 위한 산책길

언제나 내가 아닌 다른 무엇이 되고 싶었던 것 같다. 하지만 나는
이제 내가 되고 싶다. 일상을 살아가면서 늘 더 좋은 존재가 될 수
있으며, 늘 더 좋은 방법이 있다고 믿는 것이다. 그리고 항상 지금
의 자기 자신보다 나아지려고 애쓰다 보면, 나는 언젠가 나를 아
주 좋아하게 될 것이다.

발견

미운 오리 새끼

스리랑카에 한 어부가 있었다. 그는 32세이다. 겉으로 보면 한 50은 돼 보인다. 거친 바람과 뜨거운 태양 아래서 하루 종일 고기를 잡기 때문이다. 그는 그저 기둥 몇 개에 지붕을 얼기설기 엮은 집에서 아내와 자식들을 데리고 산다. 누군가가 그에게 행복하냐고 물었다. 그는 그저 씩 웃고 대답을 하지 않는다. 다시 그에게 무엇이 행복이라고 생각하는지 물었다. 어부는 쑥스럽게 웃으며 말했지만 나는 그 대답에서 분명한 확신을 느낄 수 있었다. 그의 행복은 "고기가 많이 잡히고, 가족들이 건강하면" 이루어지는 것이다.

나는 어느 때 행복한가? 무엇이 행복이라 생각하는가? 쓸 만한 돈이 있고, 가족들이 건강하고, 하는 일이 잘되면 행복할까? 쓸 만한 돈이란 얼마나 되어야 하는 것일까? 지금보다 분명히 많은 금액일 텐데 어떻게 그만큼을 벌 수 있겠는가? 가족들이 건강하기만 하면 될까? 성적은 좋지 않지만 아이가 건강하니 행복할 수 있을까? 또 내가 하는 일이란 무엇을 말하는 것인가? 하는 일이 잘된다는 것은 직장에서의 인정과 승진을 말하는 것인가 아니면 스스로의 성취도인가? 아니면 그 모두인가?

이 모두를 갖기 위해서 나는 무엇을 해야 하는가? 나는 아무래도 스리랑카의 어부보다는 행복해질 가능성이 희박하다. 어부는 단순한 생활과 확고한 생각을 가지고 있기 때문이다.

나는 돈에 그다지 연연해하지 않는다. 많이 있으면 좋겠지만, 그럴 리는 없으니 그러려니 하고 산다. 내 맘대로 부유해질 수 없다면 '내 맘에 드는 길'을 찾아가야 하는데 문제는 그것이 무엇이며, 나는 그 길을 제대로 가고 있는지 모른다는 점이다. 젊었을 때부터 가지고 있던 이 질문을 아직도 가지고 있다. 질문을 안고 평생을 살다 보면 언젠가 우리는 그 질문의 답 속에 살고 있는 우리를 보게 될 것이라는 릴케Rainer Maria Rilke의 말을 믿는다. 그 방법밖에 더 있겠는가! 다만 나이가 들수록 초조하리만큼 이 질문에 더욱 진지해진다.

누구의 시인지 기억할 수 없지만 내 메모장에 적혀 있는 것을 옮겨 적는다.

무엇을

구했는가 그대는

목숨의 한끝을

올올히 풀어 헤쳐

애써 구한 것은

바람 되고

흙 되고

물 되어 흩어지는구나

만일 우리가 무엇을 구하기 위하여 인생을 살았다면 저세상으로 가져갈 수 없으니 허망할 것이다.

힘, 영향력을 구하는 지렁이 닮은 용들이 많다. 또 권력을 잡은 후엔 그동안 냉대받아 온 구차함에서 몸을 일으켜 서민의 척수를 빨아 치부致富하려고 벼르는 인간은 더 많아 몇십 몇백 곱절인지 헤아릴 수 없다. 돈을 구하다가 몸마저 자유롭지 못하게 된 어리석은 사람들로 감옥은 터질 것 같고 국민의 세금은 더 많은 감옥을 짓기 위해 쓰인다.

그런가 하면 행복한 가정을 원하는 수없이 많은 갑남을녀가 있다. 그러나 그것마저 결코 쉽지 않다. 사려 깊고 부모에 순종적인 아이들을 원하지만 이 조그만 아이들은 나이가 들수록 원수가 되어 간다. 그들의 조그만 머릿속에는 그들만의 세상이 자라나고, 부모가 보기에 한없는 어리석음과 설득할 수 없는 고집으로 채워져 간다. 아이들은 어렸을 때, 그 몇 년 동안의 재롱으로 부모에 대한 모든 감사의 표시를 다 끝내고, 부모의 곁을 떠나간다. 아이들에게 많이 바랄수록 당신의 마음은 고통과 실망으로 가득 찰 것이다.

교사였다가 미래학자로 길을 바꾼 윌리엄 브리지스의 표현대로 인간을 위해 무엇인가 참으로 가치 있는 것을 해 놓은 사람들은 모두 자기가 아닌 다른 사람이 되고 싶지 않았던 사람들이다. 그리고 그들은 바로 나와 당신처럼 늘 조금 피곤하고, 종종 풀이 죽어 있고, 회의적이며, 남의 평가 때문에 괴로워한 보잘것없는 사람이었다.

보잘것없던 사람들이 어느 날 아름다운 모습으로 바뀌는 것은 자신이 그동안 오리가 되고 싶은 한 마리의 백조였음을 발견할 때부터이다. 다른 사람과 자신의 다른 점을 알게 된 것이다. 그리고 자신에게 상냥하게 대하면서부터 그는 더 이상 오리가 되지 못하는 미운 오리 새끼이기를 그만두게 된다. 그는 자신의 몸을 덮고 있는 흰색 털이 아름답다는 사실을 알게 되고, 커다란 몸집을 받아들임으로써 비로소 당당함을 가진다. 그리고 그는 오리와는 다른 백조의 일상을 따른다.

그러므로 바꾼다는 것은 발견이다. 다르다는 것을 인식하고 받아들이는 것이다. 자신을 사랑하고 잘 대해 주면 느끼게 된다. 느끼면 알게 되고, 그때 세상은 다른 것으로 다가와 있다.

자신과 만나기 위한 산책길

언제나 내가 아닌 다른 무엇이 되고 싶었던 것 같다. 하지만 나는 이제 내가 되고 싶다. 일상을 살아가면서 늘 더 좋은 존재가 될 수 있으며, 늘 더 좋은 방법이 있다고 믿는 것이다. 그리고 항상 지금의 자기 자신보다 나아지려고 애쓰다 보면, 나는 언젠가 나를 아주 좋아하게 될 것이다.

일탈

마음의 여유

주인이 괜찮은 술집에서 오랜 친구와 마신 술

새벽에 일어나 읽은 좋은 책, 밑줄······

장정이 마음에 드는 공책과 검은색 파카 만년필

가끔 글 쓰기, 일기

토요일의 등산, 땀 그리고 목욕

새벽의 노량진 시장, 아이들이 좋아하는 기어 다니는 꽃게

해 질 녘 여름 시장 좌판 위의 우뭇가사리 넣은 콩국

인사동 툇마루 막걸리와 골뱅이, 아내와 함께한 대작

여행, 산속에서 지낸 밤, 쏟아지는 별

바다 내음과 소리, 물 위로 튀는 물고기 한 마리

자신과 만나기 위한 산책길

내가 좋아하는 것들이다. 말하자면 내 일상을 지켜 준 것들이다. 일상의 어딘가에 숨어 있다가 나타나 그 팍팍한 생활에 물을 뿌린다. 이 작은 것들이 중요한 것이다. 돈이 많이 없어도 할 수 있고, 거물이 아니어도 즐길 수 있다. 잠시 마음을 열면 찾을 수 있는 것들이다. 마음의 여유만이 일상의 여유를 낳는다.

그러나 이들은 일상의 건너편에 있다가 우리가 힘들어할 때, 제가 알아서 강을 건너와 우리를 잠시 쉬게 하는 것은 아니다. 이것들 자체가 바로 일상의 일부인 것이다. 일상 속에서의 짧은 쉼 같은 것이다. 우리는 일상의 지리함 속에 이것들을 잘 짜 넣음으로써 그 수수함에 약간의 화려함과 멋을 더할 수 있다.

이렇게 볼 때, 이것들은 삶에 대한 나의 태도를 말하는 것이다. 나를 다른 곳으로 데려가기 때문에 달라짐을 느낄 수 있는 것이 아니라 나를 조금 바꿈으로써 비로소 나를 데리고 떠날 수 있다. 어디를 가도 따라오는 것은 나 자신이다. 같은 나를 데리고 다른 곳으로 가도 그곳은 같아진다. 떨쳐 버릴 수 없는 것이 바로 나이기 때문이다.

실크 로드를 따라 타클라마칸 사막을 카라반과 함께 헤매고 있는 나의 모습을 그리워한 적이 없는 것은 아니다. 이스탄불의 어두운 어느 카페에서 오랜 여정의 피로를 술 한잔으로 풀고 있는 나를 상상해 본 적이 없는 것도 아니다. 히말라야가 보이고, 그 산 위의 눈이 녹아내려 이룬 호수가 보이는 마차푸차레 로지에서 며칠을 지내며, 둥근 보름달이 그 호수에 비치는 것을 보고 싶다. 아니면 가족 모두 캐나다나 뉴질랜드의 아름다운 곳으로 이민을 갈까도 생각해 보았다. 그러나 거기에 진정한 삶이 있는 것은 또한 아니다.

삶은 추상적인 것이 아니다. 구체적이며, 매일 아침 눈을 비비고 일어났을 때, 우리에게 주어지는 그것이 바로 삶이다. 그것은 지금 주어진 물리적 시간이기도 하고, 우리가 생각하고 있는 것 자체이기도 하다. 우리가 아침에 먹은 음식이기도 하고, 저녁에 좋은 사람과 나눈 빛깔이 아름다운 포도주이기도 하다. 마음속의 꿈이기도 하고, 잊히지 않은 추억이기도 하다. 슈퍼마켓에서 산 몇 마리의 코다리 명태이기도 하고, 스칠 때 얼핏 나눈 웃음이기도 하다.

삶은 작은 것이다. 그러나 모든 위대함은 작은 것에서부터 시작한다. 신은 세부적인 것 속에 존재한다. 일상의 일들이 모자이크 조각처럼 모여 한 사람의 삶을 형상화한다. 그러므로 우리의 하루하루는 전체의 삶을 이루는 세부적 내용이다. 작은 개울이 모여 강으로 흐르듯이 일상이 모여 삶이 된다.

그러므로 오늘이 그냥 흘러가게 하지 마라. 내일이 태양과 함께 다시 시작하겠지만 그것은 내일을 위한 것이다. 오늘은 영원히 나의 곁을 떠나간다. 아쉬워하라. 어제와 다를 것 없이 보내 버린 오늘이 어둠 속으로 사라져 버리는 것을 참으로 가슴 아프게 생각하라.

오늘은 그러므로 어제와 다르게 느끼는 날이다. 어제와 다른 시선으로 주위를 둘러보는 날이다. 날마다 새롭다는 것은 축복받은 것이다. 어린아이였을 때 우리는 우리의 눈으로 세상을 보았다. 그때 세상은 빛나는 호기심이었다. 그리고 그 후 우리는 다른 사람의 눈으로 세상을 보게 되었고, '나'는 아무것도 아닌 군중 속의 한 사람이 되어 버렸다. 30대에는 30평, 40대에는 40평의 아파트에 살아야 하는 대열 속에 끼지 못하면 초라한 인생이 되고 마는 것이다. 의사가 되어 돈을 벌고, 변호사가 되어 절박한 서민의 억울함을 수입의 원천으로 삼아야 잘난 사람이 되고 말았다. 지금 이 고리를 풀지 못하면 우리는 이 오리 떼 속에서 영원히 '오리가 되지 못하는 오리'가 되고 말 것이다.

꿈

아름다운 욕망

하고 싶은 것을 욕망이라 부른다. 욕망은 참으로 잡다하고, 뒤죽박죽이고, 변덕으로 점철되어 있다. 고기 한 점을 먹기 위해 차로 한두 시간 걸리는 길을 나설 수도 있다. 단풍이 고와 설악산이나 내장산으로 가기 위해 군중과 얽혀 거리에서 시간을 다 써 버리기도 한다. 이렇게 쉽게 이루어지는 욕망도 있는가 하면 평생을 바라지만 이루어지지 않을, 그래서 잊고 싶은 욕망도 있다. 하나를 얻기 위해 하나를 상실해야 하는 욕망의 관계도 있다. 그 둘을 다 얻으려고 하다가 몸을 망치는 사람들도 있다. 돈도 얻고 정치적 권력도 얻으려고 할 때 꼭 감옥에 가게 되는 사람도 많다. 조만간 그렇게 될 사람은 더 많다.

로버트 프로스트Robert Frost의 시 「가지 않은 길The Road Not

Taken」처럼 사람들이 좀 덜 간 길을 택하다 보면 다른 길은 갈 수 없는 것이 인생이다. 또 욕망은 잘 변한다. 유치한 단계에 있을 때 주로 이런 일들이 일어난다. 박찬호를 보면 야구 선수가 되고 싶고, 동방신기를 보면 가수가 되고 싶어진다. 마더 테레사를 보면 평생 가난한 사람들을 위해 사는 것도 의미 있는 일이라고 여기게 된다. 이런 욕망의 기복은 어렸을 때 주로 일어난다.

인간의 욕망은 밖의 세상에서 자유롭게 구현되기 어렵다. 그것은 왜곡된다. 마음속에 있는 욕망과 표출된 욕망은 다르다. 적어도 심리학자들은 그렇게 본다.

매우 모호한 말인 스트레스는 '정신적 긴장 이상'의 의미를 지니고 있다. 심층 심리학에서 말하는 외적 인격과 마음 그리고 무의식 사이의 불균형을 뜻한다. 사회적 인간으로서 우리는 조직에서 부여받은 얼굴을 가지고 있다. 사회는 우리에게 역할을 주었고, 책임을 맡겼으며 약속을 이행하기를 강요한다. 심층 심리학자들은 이것을 페르소나Persona(얼굴)라고 말한다. 이것은 외부 세계와의 관계에서 필요한 것이기 때문에 외적 인격이라 불린다. 우리의 통념상 '체면'이 바로 여기에 속한다.

당연히 이에 상응하는 내적 얼굴의 개념이 존재하는데 그것을 젤레Seele(마음)라고 부른다. 이것은 자아의식이다. 스스로 인식하고 있으나 외부로 표출되지 않은 혼자만이 알고 있는

제복은 개인의 페르소나를 명시한다.
제복을 입음으로써 사회적 존재로서 우리가 조직으로부터 부여받은 얼굴,
즉 페르소나가 드러난다.

내적 인격이다. 이 의식의 건너편에는 본인도 잘 알 수 없는 그림자가 있는데 이것이 바로 무의식의 세계이다. 샤텐Schatten(그림자)이라고 일컫는다. 그들은 이 무의식 역시 보이지 않는 자아의 일부분이라고 생각한다.

자기를 실현한다는 말은 결국 '얼굴'과 '마음'과 '그림자'를 통합해서 전체적으로 하나의 인격을 만들어 가는 것이다. 심층 심리학자들은 이러한 통합의 욕구, 즉 자기실현은 본능적인 요구라고 말한다. 스트레스는 이 통합 과정에서 심화되는 불균형에 기인한다. 사회적으로 주어진 역할과 약속 그리고 기대에 미치지 못한다는 신호를 감지하면 우리는 스트레스를 받는다. 또한 자신의 사회적 성취와는 무관하게 '하고 싶은 일'과 '해야 한다고 사회적으로 주문된 기대'와의 차이로 인해 많은 갈등과 스트레스를 받는다. 어떤 경우 알 수 없는 두려움 때문에 마음의 평화를 잃을 때도 있다. 이러한 정신적 불균형은 결국 육체적 불균형으로 이어진다. 이것은 곧 건강의 상실을 의미한다.

정신적 불균형은 치료가 필요하다. 이것은 정신적 개혁을 요구한다. 그리고 그 개혁은 우리의 마음속 깊이 자리 잡고 있는 무의식의 욕망에 귀를 기울이는 것부터 시작해야 한다. 묶여 있는 욕망을 풀어놓는 작업부터 해야 한다. 바로 욕망에 대한 패러다임을 바꾸는 것으로부터 시작해야 한다.

욕망은 절제되어야 한다는 생각은 지나치게 집단과 사회가 강조된 대목이다. 이 속에는 개인에 대한 몫이 과소평가되어 있다. 어쩌면 사회라는 개념 자체가 자유와는 적대 관계에 있는 것인지 모른다. 사회는 보수적이다. 그리고 새로운 사상을 배척한다. 대중은 대열에 끼고 싶어 한다. 유행이란 바로 이런 획일화의 상징이다. 대중은 이 속에서 안심을 얻는다.

우리는 통을 하나 만들고 욕망이 그 통을 넘쳐 나오려고 하면 얼른 뚜껑을 닫아 버린다. 교육이란, 문명의 틀 속에서 주어진 사회적 전통에 아이들을 맞추는 것이다. 근신과 절제와 동일화가 사회의 미덕으로 강조되어 왔다. 욕망은 은폐되었다. 대신 '다른 종류의 경건성a different kind of piety'이 요구되었다. 이때 카를 융이 말하는 '그림자'는 사회가 수용할 수 없는 위험한 동물이 되는 것이다. 그래서 관습적으로 폐쇄된 사회는 청년을 두려워한다. 욕망을 감지할 수 있는 인문학적 감수성은 이러한 사회에서는 용납되지 않기 때문이다.

그러나 가장 강력하고 지속적인 행동의 동기는 욕망이다. 하고 싶은 마음인 것이다. 욕망이 없이 우리는 무엇도 해낼 수 없다. 그러므로 욕망은 좋은 것이다. 우리를 살아 있게 하는 힘이다. 욕망을 잃어버리는 날 우리도 죽는다.

욕망에는 끝이 없다. 그것은 태양처럼 거의 무한한 에너지를 가지고 있다. 이 강력한 에너지를 내 삶에 활용하려면 적절히 운영하는 것이 가능해야 한다. 예를 들어 건강하게 오래 살고 싶은 욕망을 가지고 있다면, 식탁에서의 식욕을 줄여 과식을 막아야 한다. 욕망의 불길을 키우기도 하고 줄이기도 하는 통제력을 가지는 사람이 바로 자기여야 한다. 그 권리를 타인이 가지고 있어서는 안 된다.

욕망이 반사회적일 때 인간은 불행해진다. '욕망은 개인적인 것이므로 사회 속에서 필연적으로 부딪히게 되어 있다. 그러므로 그것은 통제되어야 한다'는 생각은 개인이 가져야 할 생각이 아니다. 그것은 "만인에 의한 만인의 투쟁"을 주장한 홉스Thomas Hobbes로부터 시작된 지배자들의 논리이다. 자율성이 없는 사회가 붕괴되는 것은 욕망에 대한 외부의 압살 때문이다. 욕망이라는 걷잡을 수 없는 에너지에 대한 통제와 관리는 각 개인의 몫이다.

꿈은 나를 위해 존재하지만 다른 사람과의 관계 속에서 이루어진다. 나는 꿈의 실현을 통해 다른 사람의 즐거움에 기여하고 다른 사람의 기쁨을 통해 내 꿈의 의미는 확장된다. 맛있는 것을 토할 때까지 먹고, 예쁜 여자가 따라 주는 술에 취하고, 경기도만큼이나 넓은 땅을 가지는 것이 인간의 욕망은 아니다. 욕망은 공익에 기여하는 모습으로 실현되어야 한다.

그것은 이야기책 속에 나오는 세 가지 소원과 같다. 병 속에서 나온 거인이든, 수염이 하얀 산신령이든 그들은 우리가 한 행위에 대한 보답으로 세 가지 소원을 들어주겠다고 말한다. 우리의 고민은 여기에서부터 시작한다. 돈을 원해야 하나, 영원한 목숨을 원할 것인가, 아름다운 아내인가 혹은 권력인가? 세상을 꿰뚫어 볼 수 있는 밝은 눈일까 아니면 무슨 병이든 고칠 수 있는 황금 사과일까?

비전이란 우리에게 세 가지 소원과 같은 것이다. 그것은 욕망이며, 또한 많은 욕망 중의 선택이다. 그러나 그것을 들어줄 사람은 램프 속의 '지니'가 아니라 바로 자기 자신이다.

많은 욕망 중에서 무엇을 선택할 것인가는 어려운 일이다. 선택은 또한 다른 것의 포기이기 때문이다. 우리는 이 선택에서 자신의 마음속에서 우러나오는 욕망의 목소리에 진솔하게 귀를 기울여야 한다. 자신이 본 것을 믿고, 자신이 바라는 것을 선택해야 한다. 다른 사람이 가치 있다고 말하는 것, 학교에서 배운 위선, 사회라는 시장이 원하는 것이 아니라 진정 내 속의 자아가 갈망하는 것을 말할 수 있어야 한다. 욕망에 솔직하다는 것은 이것을 의미한다. 이때 젤레와 샤텐은 손을 잡을 수 있다. 이 악수가 의미하는 것은 마음의 평화이다. 이때 비로소 깊은 잠에 빠질 수 있다. 쉴 수 있는 것이다.

영국의 교육 개혁가이며, 서머힐 학교를 창설한 닐Alexander

Sutherland Neill은 탁월한 시각을 가진 사람이다. 그에 의하면, 젊은이들이 타락할지 모른다고 걱정하는 사람들은 그들 자신이 이미 타락해 있는 사람이다. 추잡한 공상을 하는 사람들만이 타락을 걱정한다. 서머힐의 이념은 어린이들이 각자 자신의 관심에 따라 자연스럽게 살아갈 수 있도록 도와주는 것이다. 스스로 깨달은 아이들은 모든 것을 할 수 있다. 그동안 중요한 가치로 여겼던 어떤 것을 포기한다는 것이 얼마나 어려운 것인지 잘 알고 있다. 그러나 우리가 어떤 것을 포기할 때라야 우리의 삶은 나아짐과 동시에 행복을 찾을 수 있다.

진정한 욕망은 그러므로 사회적 가치에서 오는 것이 아니다. 부유함이 행복의 조건이 아니다. 불행한 부자는 헤아릴 수 없이 많다. 권력이 행복의 조건도 아니다. 권력을 가진 자가 많은 사람을 불행하게 만들고 자신도 파멸한 이야기는 역사의 가장 흔한 이야기 중의 하나이다.

진정한 욕망의 성취는 우리를 행복하게 한다. 행복한 사람은 싸움을 좋아하지 않는다. 그들은 전쟁광이 되어 사람을 학살하지 않는다. 행복한 아내는 남편과 아이들에게 욕설을 퍼붓지 않는다. 행복한 아이는 다른 아이를 방해하지 않으며 괴롭히지도 않는다. 행복한 사람이 도둑질을 하거나 살인을 하거나 강간을 한 일은 없다.

우리의 욕망이 공익에 기여하는 방법으로 구현된다는 것은 다른 사람의 불행 위에서 나의 행복이 구축될 수 없다는 것을 의미한다. 행복은 한 사람이 가짐으로써 다른 사람은 포기할 수밖에 없는 유한한 물질이 아니다. 그것은 무한한 자원이다.

그것을 가지고 있을 때 사람들은 내가 왜 행복한지, 내가 그 행복을 가질 가치가 있는지 묻지 않는다. 불행하다고 느낄 때 이 불행이 어디서 와서 하필 왜 내게 달라붙어 있는지에 대해 분개하고, 통곡한다.

영화 〈사랑의 기적Awakenings〉에서 식물인간이 되어 누워 있는 레너드의 어머니는 이렇게 말한다.

제가 아름답고 건강한 아이를 낳았을 때는 운이 좋다고 생각하지 않았습니다. 레너드처럼 예쁘고 완벽한 아이를 선물로 받을 만한 자격이 내게 있었는지 묻지 않았습니다. 그러나 레너드에게 병이 나자 저는 당연한 듯이 따져 물었습니다. 왜 내게 이런 불행이 생기는지 대답해 줄 것을 요구했습니다.

누구나 행복은 당연하고 자연스러운 것으로 생각한다. 그것은 건강과 같다. 건강하다는 것은 아무런 불편을 느끼지 않는 것이다. 그것은 무감無感의 상태이다. 건강한 사람은 숨 쉬는 것을 의식하지 못한다. 그저 쉰다. 그러나 일단 탈이 나면 손에 박힌 작은 가시 하나라도 우리의 신경을 집중하게 만든다.

레너드가 깨어났을 때, 의사들은 그에게 물었다.

의사들: 가장 원하는 것이 무엇입니까?

레너드: 가장 단순한 것들입니다.

의사들: 예를 들면 어떤 것들입니까?

레너드: 산책하는 것, 사물을 바라보는 것, 사람들에게 말을 건네는 것, 이곳으로 갈지 저곳으로 갈지 혹은 곧장 갈지를 나 스스로 결정하는 것, 바로 이런 것들입니다. 여러분이 당연하게 여기는 모든 것을 하고 싶단 말입니다.

의사들: 그것뿐입니까?

레너드: 그것뿐입니다.

행복은 단순한 것이다. 그리고 일상 속에 있다. 일상에서 떠나 본 사람만이 그것의 가치를 안다. 병원에 누워 있는 사람에게는 창밖에 보이는 모든 일상 속으로 되돌아가는 것이 유일한 소망이다. 장바구니를 들고 가는 아낙, 목판 위에 놓인 노란색 감귤을 하나 사서 까먹을 수 있다는 것, 병원 건물의 한쪽 벽을 비추는 햇빛 혹은 달빛, 마포 고바우 집에서 피어오르는 연기 때문에 눈물을 흘리며 나눈 술 한잔, 친구와의 대화, 어린아이의 철없는 웃음, 국밥 한 그릇, 늦은 밤까지 앉아 있을 수 있다는 것…… 이런 것들 속에 행복은 있다.

불행은 자기 밖에서, 다른 사람이 가치 있다고 인정해 주는 무엇인가를 행복의 조건으로 생각할 때부터 찾아오기 시작한다. 그러므로 그는 돈을 많이 가지지 못하면 불행해진다. 또 직장에서 승진하지 못하기 때문에 불행하다고 말한다. 또 커다란 집과 고급 차를 갖지 못하면 그것을 가진 자들에게 화를 낸다. 그래서 '막가파'는 잘사는 사람들에게 복수하고 싶었던 것이다.

자기의 욕망에 솔직하고, 자신의 눈으로 세상을 보는 사람은 세상이 부여하는 가치보다 자신의 욕망에 더 충실하다. 시인 김춘수는 "당신이 나를 불러 준 다음에 비로소 나는 당신의 꽃"이 될 수 있다고 말한다. 얼마나 달콤한 말인가? 그러나 당신은 다른 이가 당신을 꽃이라고 불러 주기 이전에 이미 꽃이었다. 다만 '당신'이 나의 욕망이었기 때문에 나는 당신으로부터 꽃이라고 인정받고 싶은 것이다. 만일 당신이 나의 타오르는 욕망이 아니었다면 나는 당신이 나를 무어라고 부르든 상관하지 않을 것이다.

나의 '타오르는 욕망'은 무엇인가라는 질문은 나의 '삶의 비전'은 무엇인가라는 질문과 같다. 그리고 이것은 '나의 삶을 아름답고 멋있는 것'으로 만들어 주는 것은 무엇인가라는 질문과 같다.

희망

쇼생크 탈출

감옥에는 자유가 없다. 그러므로 '자유롭지 않다'는 상징적 의미의 '감옥'이다. 감옥에서의 일상에는 오줌을 누러 갈 때도 허락을 받아야 하는 수동적 생활만이 주어진다.

영화 〈쇼생크 탈출The Shawshank Redemption〉의 주인공 앤디는 재수 옴 붙은 사람이다. 아내는 골프 코치와 불륜에 빠지고, 그는 아내와 정부를 살해한 혐의로 기소되어 유죄 판결을 받는다. 두 사람을 죽였기 때문에 두 배의 종신형을 받은 그는 사랑에 배신당하고 자유마저 속박당했으며 사회로부터 격리되었다. 그러나 감옥 속에는 또 하나의 사회가 존재한다. 탐욕스럽고 무자비한 노튼 소장과 그의 부하들이 군림하는 무법의 폐쇄 사회가 곧 쇼생크이다.

앤디는 그 속에서 매우 위험한 단어인 희망을 가지고 있는 유일한 사람이었다. 그의 희망은 희망만으로 존재하는 것이 아니라 하루하루 구체화되는 것이었다. 비록 그것은 자루의 길이가 15센티미터 남짓한 돌 공예용 망치로 쇼생크의 벽에 터널을 뚫는 위험하고 지지부진한 것이었지만, 그는 날마다 한 주먹씩의 돌을 뜯어냈다. 오랜 시간이 지난 후 그는 결국 탈출하여 햇빛이 아름다운 바다로 간다.

그러나 앤디의 매력은 각고 끝에 탈출에 성공한다는 통속적 결과에 있지 않다. 그는 감옥 안에서 적어도 두 가지의 일을 자신의 일상으로 끌어들인다. 그리고 수동적 일상에서 빠져나와 능동적 일상을 만들어 간다. 첫 번째는 감옥 안에 도서관을 만드는 것이었다. 10년에 걸쳐 훌륭한 도서관을 만든 그는 두 번째 프로젝트를 시작한다. 그것은 토미라는 좀도둑 청년에게 글을 가르쳐 고등학교 졸업 자격을 딸 수 있도록 하는 일이었다.

나는 이 영화에 나오는 〈피가로의 결혼Le nozze di Figaro〉의 음률을 잊을 수 없다. 이것은 앤디라는 인물의 삶에 대한 태도를 가장 잘 읽을 수 있는 대목이다. 도서관을 만들기 위한 작업을 시작한 지 오래된 어느 날, 6년 동안의 끈질긴 앤디의 편지질에 넌더리가 난 외부 단체로부터 기부된 헌책들 속에서 그는 〈피가로의 결혼〉 음반을 발견한다. 그리고 방송실로 가 이것을 튼다. 항상 죄수들에게 명령만 내리던 스피커에서 한 여자 가수의 노래가 흘러나오자 모든 죄수는 스피커를 쳐다보며 넋을 잃는다.

그것은 영문을 모르는 기적이었다. 그것은 자유의 바람이었으며 영혼의 음성이었다. 죄수들은 이 이탈리아 여가수가 부르는 노래의 가사를 알지 못한다. 그러나 그녀는 무엇인가 아주 아름다운 것을 노래한다. 쇼생크의 벽이 무너져 내리고 죄수들은 새가 되어 날아오른다. 어째서 이런 일이 일상 속에서 생길 수 있었을까? 앤디는 이 작은 반역의 대가로 독방에 감금되지만, 그는 수동적으로 주어진 삶 위에 자신이 생각하는 삶을 쌓아 가고 있었다.

속세는 걸리는 것이 많다. 마음대로 할 수 있는 것이 없다고 모두들 불평을 한다. 결혼하기 전에는 돈이 없어 하고 싶은 것을 못한다고 중얼거린다. 결혼하면 아내와 아이들 때문에 마음대로 하지 못한다고 슬픈 목소리로 투덜거린다. 아이들이 커서 곁을 떠나면 이제 몸이 말을 듣지 않는다고 넋두리를 한다. 인생은 언제나, 하고 싶지만 못하는 것과 할 수 있지만 하고 싶지 않은 것으로 구성되어 있는 것처럼 보인다. 그들에게 세상은 감옥이며, 감옥으로부터의 탈출은 희망이 아니라 곧 죽음일 뿐이다.

오줌을 누는 데도 허락을 받아야 했던 늙은 브룩스는 출감 후 "브룩스가 여기 있었다Brooks was here"라고 벽에 새겨 놓고 목을 매달아 죽는다. 누가 시키지 않으면 아무것도 할 수 없었던 그에게 출감 후의 생활은 견딜 수 없는 것이었다. 레드는 그러나 앤디와의 재회를 위해, 먼저 탈옥한 앤디와의 약속 장소로 간다. "레드도 여기 있었다So was Red"라고 브룩스의 유언 옆에 칼로 파 놓았지만 그는 죽지 않았다. 앤디의 희망에 감염된 것이다. 희망 역시 전염성이 강하다. 이제 레드에게 그것은 '위험한 단어'가 아니라 생을 지속하게 하는 힘이었다.

희망을 가지고 매일 조금씩 그것을 구체화시켜 나가면, 우리 역시 언젠가 쇼생크에서처럼 지리한 일상의 감옥으로부터 빗물조차 자유로운 바깥세상 - 내가 일상을 만들어 갈 수 있는 세상 - 으로 나올 수 있다. 세상은 '하고 싶고, 할 수 있는 곳'으로 바뀌게 되는 것이다.

인간의 삶은 세상과 유리되어 있지 않다. 속박은 그곳에서 온다. 속세란 자유롭지 않은 곳이다. 그것은 내게 요구하고 기대하며 자신의 가치를 강요한다. 그리고 그곳은 위험한 욕망들이 서로 엉켜 부글거리는 곳이다. 욕망이 없는 삶은 이미 속세의 삶이 아니다. 욕망과 싸우고 화해하여 도를 얻으려는 사람은 속세를 떠나 수도자가 될 수밖에 없다.

나에게 희망은 욕망에 대한 그리움이다. 나는 그것을 가지고 있다. 그러므로 나는 속세를 떠날 수 없다. 나는 욕망에 솔직해지고 싶다. 그리고 일상을 살면서 내 욕망을 이루고 싶다. 내가 일상을 살면서 바라는 것은 무엇인가? 목숨의 한 올 한 올을 풀어 갈망한 것은 무엇인가?

나는 창을 열면 바다가 보이는 곳에서 살고 싶다. 말로 표현할 수 없는 신비로운 빛의 감촉이 느껴지는, 태양이 아름답고 바람이 부드러운 곳에서 살고 싶다. 그리고 열 평쯤의 채소밭을 가꾸어, 농약을 치지 않은 싱싱한 채소를 여름 내내 먹고 싶다. 하루에 세 시간쯤 책을 읽고 싶다. 책상에 앉아 밑줄을 치고 노트에 적으며 공부처럼 하는 독서를 하고 싶다. 그리고 한두 시간 글을 쓰고 싶다.

나는 한 가지 일을 아주 잘하고 싶다. 그리고 하루하루 조금씩 더 잘할 수 있기를 바란다. 나이가 많이 들어서도 매일 그일을 하고, 어제보다 나아졌다는 것을 느낄 수 있기를 바란다. 파블로 카살스Pablo Casals는 위대한 첼리스트이다. 그는 95세가 되어서도 하루에 여섯 시간씩 연습을 하는 것으로 알려졌다. 이미 가장 위대한 대가가 되었지만 자신의 연주 실력이 아직도 매일 조금씩 향상된다는 것을 느낀다고 말했다. 배우고 익히는 것이 즐거움임을 아는 사람들에 속하고 싶다.

또한 나는 좋은 아버지가 되고 싶다. 아이들의 나이는 해가 바뀔 때마다 하나씩 늘어날 것이다. 그리고 아이들은 자신의 세상을 찾아 점점 멀리 떠나갈 것이다. 아이들은 이 여행에 마음이 들떠 있다. 긴장하기도 하고, 헤매기도 하고, 우울해하기

삶은 거창한 것이 아니다. 지금 이 순간 자신이 희망하는 것을 하고 있다면, 바로
'행복'이라는 말을 떠올려도 좋다. 나에게는 하루하루의 책 읽기와 글쓰기가
그 행복의 순간을 가져다준다.

도 하고, 두려워하기도 한다. 쌀쌀맞아지기도 하고, 떼를 쓰기도 하고, 악을 쓰기도 한다. 아름답기도 하고 또한 추악하기도한 세상과의 만남은 이렇게 이루어지고, 부모들은 그들의 떠나가는 뒷모습에서 그리움을 느낀다. 만일 우리가 이 그리움을 이기지 못한다면, 그들에게 우리는 그저 부모일 뿐이다.

만일 이 그리움을 이길 수 있다면, 그리하여 그들이 자신의 삶을 찾아가는 어렵고 아름다운 혼자만의 길을 인정해 준다면, 우리는 그들에게 부모일 뿐 아니라 사랑하는 사람으로 남는다. 그들이 나와 아내의 삶에 가장 커다란 즐거움이듯이 우리들 역시 그들에게 언제나 찾아갈 수 있는 그리움이 될 것이다. 나는 그런 아버지가 되고 싶다.

나는 아이들을 위해 하나의 경구를 만들었다. "힘껏 배워서 늘 푸르고 고운 사람"이라고 적어 현관의 입구에 장식을 하여 걸어 두었다. 오래전 아이들의 학교에서 가훈 하나씩을 가져오라고 했을 때 고심하여 만든 것이다. 처음에는 아이들에게 적합하다고 염두에 두었으나 지금은 오히려 나를 위해서 걸어 두었다. 유교적인 냄새가 나긴 하지만, '푸르다'는 말속에 들어 있는 도덕성보다는 야생력을 강조하고 싶었다. 강 같고 바다 같은 자연의 힘을 잃지 않기를 바란 것이다. 나는 아이들이 다소 인생을 '거침없이' 살아가도록 권하고 싶다. 자신의 눈으로 세상을 보며, 그 속에서 배우고 고통을 겪고, 그리고 즐거움과 보람을 찾기를 열망한다.

　마리아 칼라스Maria Callas는 좋은 목소리를 가지고 있지는 않다. 거친 맛이 있다. 그녀의 노래를 들으면 어떤 카리스마를 느낀다. 아마 사람들이 그녀를 잊지 못하는 것은 이런 주술적인 힘 때문일 것이다. 나는 음악에 문외한이지만 그녀의 목소리의 '거침없음'에서 힘을 느낀다.

　이렇게 적고 보니 나의 희망 - 욕망에 대한 그리움 - 이 일상 속에서 이루어질 수 있으리라는 꿈이 생긴다. 나에게 꿈이 있다는 것이 즐겁다. 그리고 그것이 일상 속에서 이루어질 수 있다고 기대할 수 있어 좋다. 삶은 일상의 밖에 있는 것이 아니다.

재능

학교에서 활용되지 못한 자산

어렸을 때의 꿈이 커 가면서 사라지거나 다른 것으로 바뀌어 정착하기도 하는데, 꿈의 실현은 능력과 많은 관계를 가지고 있다. 능력은 지능적 자질도 포함하지만 인내, 노력 등 감성적 자질과 자세, 태도까지를 포함한다.

대체로 우리는 얼마나 똑똑한 사람인지에 관한 기준으로 학벌을 든다. 특히 한국인은 학벌에 대단히 민감하다. 학벌은 학교 성적에 직접 연결되어 있다. 학교 공부는 대체로 다음 세 가지 지능에 기초한다. 기억 지능, 분석 지능, 수리 지능이다. 그러므로 백과사전식으로 기억하고, 인과 관계를 추리하고 개념화시키며, 숫자 계산에 밝은 사람들은 좋은 성적을 올릴 수 있었고, 좋은 학교에 들어가 똑똑한 사람으로 취급받았다.

그러나 하버드대학의 교육학과 교수인 하워드 가드너How-ard Gardner는 모두 일곱 가지의 서로 다른 지능 목록을 개발해 냈으며, 대니얼 골먼Daniel Goleman 같은 사람은 감성 지능Emo-tional Intelligence의 중요성을 강조했다.

인간은 학교 시험을 잘 보게 하는 세 가지 지능 외에도 훨씬 더 많은 지능을 가지고 있다. 우리가 자신에게 부여된 남다른 지능을 발견하고 잘 살릴 수 있다면 밥벌이는 물론 스스로를 특화시켜 이 세상에 기여할 수 있는 가능성이 높아진다.

다음에 나열한 지능들은 당신의 지능을 쉽게 발견할 수 있는 몇 가지의 보편적 보기이다. 나에게만 주어진 재능과 능력이 있다는 것을 인식하고 그것을 찾아내려는 노력이 필요하다.

언어 지능Linguistic Intelligence

어떤 사람은 다른 사람보다 언어를 빨리 배운다. 여러 가지 언어를 구사하기도 하고 한 언어라고 하여도 그 표현이 깊고 넓다. 말뿐만 아니라 글도 마찬가지이다. 외국어 구사 능력과 문필력이 매우 훌륭한 자산이라는 것을 부인하는 사람은 없다.

공간 지능Spatial Intelligence

사물 속에서 어떤 패턴을 발견하고 이해하는 능력을 의미한다. 예술가, 창업가, 시스템 분석가들은 이 재능에 뛰어나다. 그러나 이 사람들은 학교 시험에 크게 영향을 주는 세 가지 지능에서는 약할 수 있다. 이 사람들은 그러므로 학창 시절에 똑똑하지 못하다는 평을 받았을 수도 있다.

직관 지능Intuitive Intelligence

이것은 사물의 불분명한 모습 속에서 그 정체를 감지하는 능력인데, 보통 분석 지능과 상반되기 때문에 의사 전달 과정에서 문제를 야기하기도 한다. 일상생활에서도 그 예를 많이 찾을 수 있다. 내 친구 중 한 명도 이 직관력이 매우 뛰어나다. 그러나 그는 논쟁이 벌어지면 대체로 논리적 근거를 펴지 못해 불리한 입장에 설 때가 많다. 종종 "네 말이 맞는 것 같지만 사실은 내가 맞단 말이야. 두고 봐"라고 말하며 불만스럽게 논쟁을 끝내지만 결국 보면 그가 옳은 경우가 많다. 무언가 정확하게 설명하고 설득시킬 수는 없지만 감을 통해 핵심을 잡아내는 사람은 이 능력을 가지고 있다고 보면 된다.

감성 지능Emotional Intelligence

최근에 우리나라에서도 매우 중요시되고 있는 지능이다. 실제로 자기 존중, 자제력, 일관성, 지구력, 열정 그리고 동기 부여 능력 등은 다른 어느 지능보다 성공에 중요하다. 아리스토텔레스는 이렇게 말했다. "누구나 화를 낼 수 있다. 그러나 당사자를 가려, 적절한 때에, 적절한 이유로, 필요한 만큼 알맞게

화를 내는 것은 쉽지 않다." 감성 지능이 높은 사람들은 이런 일에 능하다. 그리고 언제나 스스로를 격려하며, 자기와의 약속을 지키려고 애쓴다. 만일 당신이 이런 일들에 관심을 가지고 있고, 잘해 나간다면 매우 운이 좋은 사람이다. 당신의 감성 지능이 높다는 것을 의미하기 때문이다.

실용 지능Practical Intelligence

보통 상식이라고 불리는 지능이다. 이것은 '할 수 있는 것'과 '해야 하는 것'을 구분하는 능력으로 탁월한 현실감을 제공한다. 다른 사람들이 '해야 하는 것'에 대한 당위론 논쟁에서 벗어나지 못하고 있을 때, 그는 벌써 할 수 있는 것과 할 수 없는 것을 구별하여 '할 수 있는 해야 할 일'에 힘을 기울인다. 그런 사람들은 이 지능이 높다.

맹상군孟嘗君의 이름은 전문田文이며 제나라 사람이다. 빈객을 좋아해 식객이 1,000명이 넘었던 것으로 유명하다. 사마천司馬遷의 『사기史記』 '맹상군열전'의 주인공이다. 그의 식객 중에 풍환馮驩이라는 사람이 있었다. 풍환은 용모와 풍채가 뛰어나고 말을 잘했다. 그는 재상 자리에서 밀려났던 맹상군이 복귀하는 데 큰 공을 세웠다. 풍환은 맹상군이 재상으로 복직되자, 떠나갔던 많은 식객이 다시 돌아오는 것을 맞을 준비를 했다. 이때 맹상군이 탄식을 하며 그 사람들의 신의 없음을 탓하면서 다시 자기를 찾아오는 자가 있으면 그 얼굴에 침을 뱉어 크게 모욕을 주겠다고 말했다. 이 말을 들은 풍환은 맹상군에게 절을 하며 이렇게 말했다.

살아 있는 자가 반드시 죽는 것은 사물의 당연한 귀결입니다. 부귀하면 추종하는 자가 많고, 빈천하면 교우가 적은 것은 당연한 이치입니다. 군주(맹상군)는 아침에 시장에 가는 사람들을 보신 적이 있을 것입니다. 아침에는 앞을 다투어 시장으로 몰려가지만 날이 저물어 시장을 지나는 사람들은 돌아보지도 않습니다. 그것은 아침을 좋아하고 저녁을 싫어해서가 아닙니다. 저녁에는 시장에 상품이 없기 때문입니다. 그와 같이 군주께서 자리에서 물러났을 때 손이 모두 떠난 것은 당연한 순리입니다. 그러한 일로 원망을 하고 함부로 손의 길을 끊는 것은 당연한 일이 아닙니다. 바라건대 군주는 손을 대접하기를 예전과 같이 하여 주십시오.

맹상군은 이 말을 듣고 풍환에게 마주 절하며 감탄하였다. 이 풍환과 같은 사람이 바로 실용 지능이 뛰어난 좋은 예이다.

대인 관계 지능Interpersonal Intelligence

이것은 조직 사회에서의 성공에 가장 큰 영향을 미치는 능력 중의 하나이다. 보통 사회성 지능Social Intelligence이라고도 불리며, 다른 사람과 함께 일을 처리하는 능력이다. 지도력의 필수

조건이기도 하다. 이 지능이 높은 사람들은 다른 사람으로 하여금 그와 함께 일하는 것을 좋아하도록 만든다.

그러나 대인 관계 지능이 높다고 하여 모든 사람을 다 좋아하는 것은 아니며, 모든 사람이 다 그를 좋아하는 것도 아니다. 오히려 그는 무슨 일을 하든 자신을 좋아하지 않는 사람이 있게 마련이라는 것을 잘 알고 있다. 모든 사람이 다 자기를 좋아하기를 바라는 것은 지나친 기대이다.

지능이라는 측면과는 좀 거리가 있지만 대인 관계의 매우 중요한 사례가 있어 잠시 소개한다.

> 하루는 자공이 공자에게 물었다.
> "마을의 모든 사람이 좋아하는 사람은 어떠합니까?"
> "좋은 사람이라 할 수 없다."
> "마을의 모든 사람이 미워하는 사람은 어떠합니까?"
> "그 역시 좋은 사람이라 할 수 없다. 마을의 선한 사람들이 좋아하고, 불선한 사람들이 미워하는 사람만 같지 못하다."

주자朱子는 모든 사람이 좋아하는 사람은 그의 행동에 필시 영합이 있으며, 모든 사람이 미워하는 사람은 그의 행동에 실實이 없다고 풀이했다. 이 문장은 조선 왕조 내내 논란이 된 당파성에 대한 금과옥조로 여겨졌다. 불편부당 혹은 중립은 반대 당파의 비난을 두려워하는 나약함으로 받아들여졌거나, 아무에게나 영합이 가능한 기회주의적 처신으로 보였다. 혹은 현실을 모르는 순진한 이상주의로 받아들여졌다. 그리하여 그들은 회색 지대가 없는 흑백의 구도 속으로 빠져들었다. 그리고 그것이 우리에게 유산이 되었다. 아직도 이분법적인 사고의 패턴이 우리 사회를 지배하고 있는 것 같다.

나는 공자의 말이 틀리다고 생각하지 않는다. 그러나 자기의 패거리가 항상 선하며, 다른 사람들의 패거리는 항상 악이라는 유치한 패거리 정신은 혐오한다. 선과 악을 자신들의 이해관계의 껍데기로 뒤집어씌운 위선을 싫어한다. 또 『논어論語』의 '양화편陽貨篇'에 자공子貢과 공자의 대화가 나온다. 스승과 제자의 장단이 기막히게 맞아 드는 아주 귀엽기 짝이 없는 대화들이다. 좋은 제자를 키우는 것이 참으로 즐거운 일이라는 것을 실감하게 한다. 나는 특히 이 대화를 좋아한다.

자공이 공자에게 물었다.

"군자는 인仁하고 사랑하는 사람인데, 군자도 미워하는 사람이 있습니까?"

"미워하는 사람이 있느니라. 남의 단점을 떠드는 사람을 미워한다. 낮은 자리에 있으면서 윗사람을 훼방하는 사람을 미워한다. 용기는 있지만 예의를 모르고, 무례한 일을 용기라고 생각하는 사람을 미워한다. 과감하고 결단력은 있으나 도리를 모르는 사람을 미워한다. 그대도 미워하는 사람이 있는가?"

이에 자공이 대답하였다.

"남의 말 엿들은 것을 가지고 제가 아는 척하는 것을 미워하며, 남의 허물을 끄집어내는 것을 직直하다 하는 사람을 미워합니다."

다시 지능의 종류로 돌아가자. 그 외에 체육 지능Athletic Intelligence, 음악 지능Musical Intelligence 같은 것들도 있다. 이것은 어떤 천부적인 재능 같은 것으로 알려져 있으나 지능으로 불릴 수 있는 특성을 가지고 있는 것으로 밝혀졌다.

전문가들은 이러한 분야의 지능 외에도 더 많은 지능이 있으며 그 목록은 점점 더 많아진다는 데 일반적으로 동의한다. 그리고 이러한 지능들은 기억, 분석, 수리 지능에 기초한 학교 교육의 평가에 의해 제대로 평가받지 못했으며, 제대로 개발되지도 못했다.

나는 어떠한가. 나는 특별하게 잘하는 것이 없다. 목소리는 좋지만 노래는 못한다. 내 생각에 얼굴은 그런대로 마음에 들지만 앞머리가 좀 벗겨져 싫다. 그래서 나는 모자에 남다른 관심을 가지고 있다. 책 읽는 것을 좋아하지만 빨리 읽지는 않는다. 즐기면서 보는 편이고 많이 읽는 편이다. 책을 읽으며 메모를 하고, 간혹 짧은 글을 쓰기도 한다. 언젠가 오래전에 지리한 술자리를 털고 일어나 갑자기 일기가 쓰고 싶어져 문 닫은 문구점 문을 두드린 적도 있다.

사람을 편하게 해 주는 편이지만 내가 싫어하는 사람들과 만나는 것을 그렇게 좋아하지 않는다. 비교적 관용적이고 너그러운 것 같다. 그러나 아무에게나 다 그렇지는 못하다. 운동 중에서 잘하는 것은 하나도 없다. 그러나 산에 가서 걷는 일은 꽤 한다. 하지만 빨리 뛰지는 못한다. 특별히 적극적이지는 않지만 한 우물을 파는 편이다. 시작했으니 끝까지 가려고 애를 쓴다.

이해력이 좋은 편이고 종합적으로 판단하는 일에 강한 면이 있다. 그러나 분석적이지는 않다. 항상 꿈을 꾼다. 그리고 희망을 가지고 있다. 이것이 내가 가진 가장 커다란 능력인 것 같다. 그림을 잘 그리지 못한다. 그러나 그림을 잘 그려 보고 싶은 욕망이 꽤 오랫동안 계속되었다. 실제로 대학 시절에 혼자 몇 번 그려 본 적이 있다.

나는 다른 사람들 앞에서 의견을 말하고 발표하는 것에 자신이 많다. 그래서 좋은 강사라는 칭찬을 많이 들었다. 그러나 재치가 넘치지는 못한다. 평소에는 말을 많이 하지 않는다.

내가 할 수 있는 것들을 생각나는 대로 적어 보면 나는 참으로 평범한 사람이다. 어떤 면에서는 평범에도 미치지 못한다. 여기에 몇 가지의 사회적 경험을 더해 보겠다.

나는 20년 동안 세계적인 다국적 기업에서 경영 혁신을 기획하고 추진하는 일을 맡았다. 주로 마케팅과 서비스 분야의 변화 관리 전문가로 일하면서 프로세스 리엔지니어링을 중심으로 경영 혁신 전반을 총괄하였다. 그러므로 고객과 시장을 중심으로 하는 기업 문화, 교육과 훈련, 평가 및 보상 체계, 프로세스의 운영 모드 설계 등을 포함한 경영 관리 시스템의 혁신이 프로세스 혁신과 함께 나의 주요 관심 영역이었다.

또한 1991년 이래, 미국의 국가 품질상인 말콤 볼드리지 평가 모델에 따른 국제 심사관으로 중국, 대만, 홍콩 및 아세안 국가 그리고 호주 등 아시아 태평양 지역의 경영 시스템 수준을 평가하고 컨설팅했다.

이 동안의 경영 혁신 기획 및 실무적 경험과 국제 경영 평가관으로서의 체계적 훈련 등은 이 분야에서 독자적이고 힘 있는 시각을 갖도록 해 주었다. 나는 이 일을 하는 동안 실무적 깊이가 편협으로 흐르지 않도록 경계했다. 그래서 객관성과 보편성을 가진 이론적 축적을 위해 팀원들과 함께 몇 권의 책을 번역했다. 이것은 일종의 끊임없는 배움의 과정이었다. 그 동안 나는 변화와 개혁이 가지는 개념과 과정에 친숙해졌다.

그러나 부끄럽게도 나는 힘은 체득으로부터 온다는 것을 불과 얼마 전에야 진정으로 이해하기 시작했다. 변화와 개혁은 다른 사람을 위한 주제가 아니다. 그것은 나의 주제이며, 나로부터 시작한다는 깨달음이다. 나는 마흔 살이 넘어서야 비로소 나를 바꾸어 가는, 그리하여 진정한 내가 되고 싶다는 욕망을 가지게 되었다. 영리하지 못한 사람은 다른 사람이 다 깨달은 후에야 비로소 그 뜻을 안다. 그러나 정말 바보는 알고도 못하는 사람들이다.

사람들은 변화를 바라면서도 두려워한다. 변화하지 않아도 될 이유를 찾으면 위안을 받는다. 변화에는 여러 가지 저항의 패턴이 있다. 변화를 기회로 만들어 가는 사람들은 언제나 성공한다. 이런 사람들은 변화 속에 자신의 몸을 담그는 것을 마다하지 않는다. 그들이라고 두렵지 않겠는가? 그러나 그들은 혼란 속에서 형태를 잡아 가는 미래의 모습을 읽는다. 그러나 어떤 사람은 변화가 온통 휩쓸고 간 뒤에도 무엇이 변했는지조차 알지 못한다.

변화의 관리

부정적 변화를 극복하는 법

변화 관리 전문가로서 나는 우선 변화를 일상의 원리로 받아들였다. 그리고 역설적이게도 변화가 일상의 안정에 기여한다는 사실을 깨달았다. 핸들을 적절하게 움직이지 않고 자전거를 가게 할 수는 없다. 자전거가 쓰러지는 경우는 불균형 때문이며, 균형을 위해 우리는 끊임없는 조정을 하지 않으면 안 된다. 또한 목적지에 도착하기 위해 몇 번의 좌회전과 우회전을 겪지 않을 수 없다. 자전거의 핸들을 고정시키는 것은 넘어진다는 것을 의미한다.

누가 한 말인지는 잊어버렸다. 그는 아직 나침반이 바르르 떨며 불안스레 북쪽을 가리키려고 안간힘을 쓸 때 그것을 믿고 따른다고 했다. 그러나 그것이 더 이상 그런 불안한 노력을 하지 않고 한곳을 가리키며 요지부동일 때 그것을 버린다고 했다. 더 이상 나침반이 아니기 때문이다. 무엇에 안주한다는 것은 위험한 일이다. 경계해야 할 일이다.

삶의 균형을 잡아 가는 것도 이와 비슷하다. 엘리자베스 퀴블러 로스Elisabeth Kübler-Ross라는 학자는 변화의 수용 과정을 몇 개의 단계로 나누어 구별한다. 즉 경험, 거부, 분노, 체념과 인정, 절망, 도전, 화해 등이다.

가장 부정적 변화는 죽음일 것이다. 인간이 죽음을 받아들이기까지의 반응은 그 진행 과정에 따라 매우 다르지만 여기에는 일종의 공통적 패턴이 있다. 만일 단계마다 달라지는 공통적 반응에 적절한 대응을 할 수 있다면 변화의 각 단계를 효과적으로 관리할 수 있을 것이다.

한 사람이 병원에서 정기 검진을 하였다고 하자. 만일 암이라는 진단이 나왔다면 그의 반응은 어떠할까? 우선 엄청난 충격을 받을 것이다. 최초의 반응은 믿을 수 없다는 표정이다. 그는 정밀 진단을 요구한다. 또는 다른 병원을 찾아가 다시 검사를 받는다. '거부'의 단계이다. 그러나 다시 검사해도 암은 확실하다. 그는 모든 사람에게 화를 낸다. "다른 나쁜 놈들은 다 잘만 사는데 왜 나에게 이런 일이 생긴단 말인가? 내가 무슨 잘못이 있단 말인가?" 분노에 휩싸이면 병원에서 치료받는 것도 설득시키기 어렵다. 거부의 단계에서 분노의 단계로 옮겨 간 것이다.

그러나 시간이 지나면 스스로와 타협을 한다. 이것은 현실을 '인정'하고 '체념'함으로써 가능하다. "이왕 벌어진 일이니 최선을 다하면 나을 수 있을지 몰라. 의술은 하루하루 나아지고, 새로운 항암제 개발이 진행되고 있으니 한번 해 보는 거야. 이렇게 그냥 갈 수는 없어." 그는 입원을 하고 의사의 말에 충실하게 따른다. 그러나 시간이 흘러 몸의 고통을 느끼면 '절망'에 빠지기 시작한다. "아무도 암의 손아귀에서 벗어날 수 없어. 나라고 별수 있겠어. 그저 이 구토라도 멎었으면 좋겠어."

그는 이제 지나간 삶을 돌아보고 용기를 내 죽음을 받아들일 준비를 한다. 종말과 함께 새로운 세계에 대한 희망을 가지며, 죽음을 진심으로 받아들인다. 이것이 곧 '도전과 화해'의 단계이다.

이제 변화에 반응하는 사회적 과정의 예를 들어 보자. 1997년 초부터 한보와 기아 사태를 겪어야 했던 우리는 재벌들의 잇따른 부도 속에서 10월이 되자, 미국 달러화에 대한 한국 원화의 환율이 통제를 벗어나는 것을 하루하루 지켜보았다. 보유하고 있는 달러를 쏟아부었지만 어림없는 일이었고 한국은행은 드디어 방어를 포기했다. 환율의 변동 제한 폭을 없애는 조치를 취했지만 달러당 2,000원을 넘어설지도 모르는 심리적 공황이 현실로 다가오고 있었다.

IMF의 구제 금융 이외에 아무런 대안이 없다는 것이 정론이 되어 갔다. 경제에 대한 종속이 우려되고, 대량 실업이 점쳐졌다. 기업은 강력한 구조 조정의 단계에 들어갈 것이며, 서민은 고용의 불안정과 함께 반 이하로 줄어든 수입으로 엄청난 물가고에 시달리게 될 것이 불을 보듯 뻔했다. 여론은 국가 부도를 떠들어 댔고, 위기의 순간에도 앵무새처럼 원론만 되풀이했다. 차기 대통령 당선자는 엄청난 외채 외에는 아무것도 없이 텅 빈 정부를 인수했다.

이것이 당시 변화가 다가오는 모습이었다. 하나의 가상 시나리오가 현실로 다가온 것이다. 이것이 바로 '경험'이다. 이러한 부정적인 경험은 처음에는 받아들이기 힘들다.

"그럴 리가 없어. 도대체 국가가 부도를 낸다는 게 말이 되는 일이야? 우리가 OECD에 가입한 게 언제인데, 도대체 무슨 소리를 하는 거야. 아마 어떤 환 투기꾼의 장난일 거야. 우리의 실물 경제는 동남아하고는 달라. 제조업 기반이 튼튼하고, 그래도 무역 규모가 세계 11위라고 하잖아. 홍콩과 대만 같은 나라도 조금 휘청거리다가 그냥 지나가 버렸잖아. 일시적 과정이고, 곧 정상을 찾을 거야." 이러한 위안은 바로 '부정'의 모습이다.

그러나 12월 3일 한국 정부는 결국 IMF에 사상 최대 규모의 구제 금융을 신청했다. 모든 국민은 이때 비로소 우리가 최대 채무국 중의 하나가 되었으며, 한국은행의 외환 보유고는 이미 바닥이 났고, 그동안의 번영은 결국 빚으로 벌인 잔치라는 것을 알게 되었다. 이때 우리의 '분노'는 극에 달했다.

"도대체 이게 뭐야. 정부는 뭐 하는 거야. 대통령이 이 일을 언제 알게 된 거야. 도대체 알고나 있었던 거야? 경제 정책을 맡고 있는 관료들은 무엇 하는 인간들이야. 그 자리에 앉아 돈만 축내는 인간들. 재벌? 모두 하나같이 돈밖에 모르는 파렴치한 인간들. 아무 데서나 마구 돈 빌려다가 부동산 투기나 하고, 돈이 되면 어떤 업종이든 뛰어드는 탐욕스러운 문어들. 어려워지니까 구조 조정이란 이름으로 한솥밥 먹던 사람들을 무자비하게 잘라 내는 몰인정한 사람들. 여론에서 하는 소리는 또 뭐야. 허리띠를 졸라매라니. 내가 언제 허리띠 풀어놓은 적 있어? 모처럼 가족하고 나가 얼마나 나올까 걱정하며 외식 몇 번 한 게 전부야. 뭘 어떻게 더 줄이라는 거야, 이 똥배 나온 인간들아."

이것이 바로 '분노'의 과정이다(여기에 묘사한 부정적 표현은 그저 분노를 표현하기 위한 약간의 시도임을 명심해야 한다. 실제로는 이 정도로 끝나지 않는다. 세상의 모든 욕설과 저주가 다 담겨 있다).

'체념과 인정'은 보통 함께 오며 협상의 과정을 거친다. 분노의 불길이 지나가면 어쩔 수 없이 이를 받아들이게 된다.

"이게 뭐야. 결국 빚잔치였잖아. 그러나 어쩌겠어. 우리가 그 정도밖에 안 되는걸. 결국 그동안 우리 경제력이 너무 과장되었던 거야. 장기적으로 좋은 기회가 될 수 있을 거야. 어차피 치러야 할 과정이라면 이때 한꺼번에 확 해 버리는 거야. 보통 때 같으면 금융 개혁이니, 재벌 개혁이니 이런 일들이 실제로 행해질 수 있겠어? 한 번 더 기적을 만드는 거야. 새 대통령이 당선되었고 노사정 대화도 이제 타결되었으니 다행스러운 일이야. 옛날 생각하면 지금 정도야 별로 겁날 것도 없어. 옛날엔 정말 굶기를 밥 먹듯 했지. 한 이삼 년 죽어라고 하면 잘되겠지.”

우리가 성공적으로 이 '체념과 인정' 과정을 넘어서면 아주 어려운 단계 하나를 지난 셈이 된다. 그러나 이것으로 끝나지 않는다. 실제적인 고통은 그때부터 시작된다. '절망'의 순간이 다가오는 것이다. 하늘을 가득 덮은 검은 구름이 엄청난 폭우를 쏟아붓는 시점이 바로 다가오고 있다. 이는 단기적인 고통의 순간이고 한 사람 한 사람이 직접 감내해야 하는 일상이다. 사회는 어두운 그림자들로 가득하고, 가난한 사람들의 하루하루가 어렵게 이어진다. 기업은 돈을 구하려고 허둥대고 하루하루를 넘기는 것이 지옥 같아진다. 실업은 늘어만 간다. 거리의 어디에도 활기를 느낄 수 없다. 어둡고 추운 겨울처럼 날씨는 음산하고 노루 꼬리만 한 해는 이미 져 춥기 그지없다.

“이거 언제 끝나는 거야? 직업도 없고, 잘하는 것도 없고, 할 일도 없잖아. 실업 수당은 타 먹을 수 있는 거야? 내가 지금 살고 있는 거야? 이제는 쓸모없는 인간이 되고 만 것 같아. 아니 그래, 겨우 네 명밖에 안 되는 식구도 먹여 살리기가 이렇게 힘든 거야? 옛날이 좋았던 걸 그때는 몰랐어."

이것이 '절망'의 단계이고, 이때 사회의 활력은 위기를 맞는다. 변화의 과정 중 가장 힘들고 어려운 대목이며, 직접적인 고통이 일상생활의 순간순간을 압박한다. 당장 끼니가 걱정이다. 아이들의 학비를 내기가 어렵다. 은행 빚의 이자를 내기는 더욱 어렵다. 더욱 힘든 일은 이러한 빈곤이 언제까지 계속될 것인지 끝이 보이지 않는다는 사실이다. 절망은 미래를 만들어 내지 못하는 마음의 궁핍에서부터 온다.

이 단계를 극복하려면 어둠 속에서 빛을 찾아내는 자기 격려와 용기가 필요하다. 삶이 반전될 수 있는 순간이다. 인생은 의미를 찾아가는 것이며, 자기 자신이 되어 가는 과정이다. 은행 통장에 남아 있는 잔액 이상의 것이 인생이다.

'도전과 화해'의 과정은 마음의 빛을 찾아 주는 것으로부터 시작한다. "지금 어렵지 않은 사람은 없어. 이 시기는 언젠가 끝이 날 거야. 1년이 걸릴 수도 있고 2년이 걸릴 수도 있어. 내게 지금 필요한 것은 그때를 위해서 지금을 견뎌 내는 거야. 그러나 단지 견뎌 내기만 해서는 안 돼. 달라질 미래가 원하는 것을 지금부터 준비해야 해. 그게 무엇인지 찾아야 한단 말이야. 미래가 원하는 것 중에서 내가 하고 싶은 것을 찾아내 지금부터 시간을 투자하는 거야. 나는 나를 위해서 시간을 투자한 적이 없어. 그래서 나는 내가 된 적이 없는 거야. 내가 되어 본 적이 없기 때문에 나의 운명은 다른 사람의 운명과 같을 수밖에 없어. 그들이 망하면 나도 망하고, 그들이 불행하면 나도 따라서 불행해지는 거야. 하루에 한두 시간이라도 나를 위해 투자를 해야 해. 당장은 식구들을 먹여 살리기 위해 하루에 열 시간은 내가 하기 싫은 일을 해야 될지도 몰라. 그러나 나머지 시간은 내가 하고 싶고, 잘할 수 있는 일에 시간을 쏟아붓겠어. 지금부터!"

우리는 하고 싶은 일을 할 때 가장 잘할 수 있다. 또 기업 내에서 가장 열심히 일하는 사람을 보면 그 일을 즐기는 사람이라는 것을 알 수 있다. 자기가 원하는 일을 할 수 있는 사람은 자신을 위해 그 일을 선택할 수 있는 자유를 가진 사람이다. 그는 남을 위하여 일하지 않는다. 남이 시키는 일을 하며 인생을 보내지 않는다.

인생이란 하고 싶은 일을 하기 위해 주어진 시간이다. 그리고 그 의미의 해석은 각 개인에게 달려 있다. 자기와의 화해는 그리움으로 남아 있는 욕망을 찾아 그것을 풀어 줄 때 찾아온다. 자기를 위해 일한다는 것은 행복한 것이다. 그리고 행복한 사람만이 행복한 사회를 만드는 데 기여한다. 변화를 통해 우리는 우리를 완성해 가는 것이다.

시간의 재발견

시간은 미래로 흐르지 않는다

변화를 이해하기 위해서는 미래의 관점에서 현재를 보는 시각을 가지지 않으면 안 된다. 나는 "미래를 이해하는 가장 확실한 방법은 미래를 창조하는 것"이라는 말에 동의한다. 그런 의미에서 나는 미래를 매우 독특한 관점에서 조망한다. 적어도 '시간은 미래로 흐른다'라는 상식에서 벗어나려고 애쓴다. 이러한 인식의 전환은 때때로 미래를 아직 발생하지 않은 시간이나 사건으로 보는 불확실성의 횡포에서 우리를 구해 준다.

미래는 우리가 알 수 없는 미지의 세계가 아니다. 미래는 이미 일어났는지도 모른다. 충북대 양선규 교수의 책 『칼과 그림자』에 영화 〈터미네이터The Terminator〉와 관련하여 몇 가지 재미있는 관찰과 인용이 있어 소개한다. 이 영화를 본 사람은 이 영화가 시간에 대한 우리의 직선적 사고를 뛰어넘었다는 것을 알 것이다. 2029년, 존 코너가 이끄는 저항군과 싸우는 컴퓨터 스카이넷은 전세를 뒤엎고자 존 코너의 탄생 자체를 없었던 일로 만들려고 한다. 즉, 존 코너의 어머니 사라 코너를 살해하려 한다. 이에 대응하여 존 코너는 부하인 카일 리스를 1984년으로 보내 어머니 사라 코너의 살해를 막아 자신과 인간을 보호하려고 한다. 전선은 2029년에서 1984년으로 확장되었다. 이 경우 1984년은 2029년에서 볼 때 과거가 아닌 미래의 일이 된다. 즉 미래가 과거보다 먼저 존재하는 것이다.

이것은 단지 영화 속에만 존재하는 사고가 아니다. 실제로 시간에 대한 적극적인 물리학적 견해들은 1949년 양자 역학의 대가인 파인만Richard Feynman으로부터 제시되었다. 그는 미래로 흐른 시간과 과거로 흐른 시간은 수학적으로 서로 아무런 차이가 없다고 말했다. 그의 주장에 따르면 과거 시제와 미래 시제는 근본에 있어 동일한 것이다.

'터미네이터가 2029년에서 1984년으로 갈 것이다'라는 개념은 '터미네이터가 2029년에서 1984년으로 갔다'는 개념과 동일하다. 즉 미래와 과거는 혼용될 수 있는 것이다. 따라서 물리학자들은 시간이, 그저 과거에서 미래를 향해 흐르는 것이며 미래는 아직 일어나지 않은 미지의 것이라는 관점에서 벗어나기를 권한다.

이러한 시각을 통해 우리는 현재와 미래를 '영원한 현재'라는 관점에서 볼 수 있다. 서기 2100년은 이미 발생해 있다. 당신도 이미 2100년의 모습을 가지고 있다. 그러나 무슨 일이 벌어졌는지, 나의 모습이 어떻게 변해 있는지는 아직 모른다. 어떤 이유에서인지는 모르지만 이미 발생한 과거인 2100년의 모습에 대한 '기억'을 우리가 해낼 수 없기 때문이다. 미래를 기억하지 못하는 기억 상실증에 우리는 걸려 있는 것이다.

　　서기 2100년 10월 31일, 시월의 마지막 날의 관점에서 볼 때 2007년 10월 31일은 93년 후의 미래가 된다. 이때 나는 이날을 내가 지금 사용할 수 있는 시간, 즉 현재라고 인식하고 있다. 미래를 현재라고 인식하는 정신적 착란 - 이것은 시간을 과거, 현재, 미래로 인식하는 정상인의 관점에서 본 것이다 - 은 우리를 과거의 속박에서 벗어나게 해 준다.

　　과거에 대한 기억 상실자들은 과거로부터 자유롭기 때문에 보통 사람보다 커다란 꿈을 가진다. 그들은 이룰 수 있는 현실로서의 꿈을 믿으며 그 꿈에 보다 충실하다. 삶을 다시 한번 아름답고 멋진 것으로 만들고 싶어 하는 사람들은 언제나 미래를 현실로 인식한다. 이것은 현재에 묶여 살고 있는 사람들에게는 정신 착란으로 보일 수 있다. 에디슨은 똑똑하지 못한 아이로 오해를 받았으며, 빌 게이츠가 이렇게 엄청난 부를 거머쥘 수 있으리라는 것을 예상한 사람은 별로 많지 않았다. 그들의 특징은 미래의 관점에서 현재를 볼 수 있는 능력에 있다. 그리고 '지금'은 "이미 아름답고 멋진 삶을 살고 있는 나"를 위해 굉장한 반전의 씨를 뿌려야 하는 바로 그 결정적 시기이다.

지금 우리는 미래를 수정할 수 있는 '현재'라는 자리에 서 있다. 마치 현재의 잘못을 고칠 수 있는 유일한 시점인 과거로 돌아와 있는 것과 같다. 불행한 미래는 지금 막아야 한다. 훌륭한 미래는 지금 만들어져야 하는 것이다. 지금이라는 시간이 지나가 버리면 우리는 기술적으로 다시 과거로 돌아가 현재를 수정할 수 없다. 그러므로 지금 우리의 미래를 결정하는 일들이 그저 제멋대로 흘러가게 방치해 둘 수 없다. 현재는 미래를 치유할 수 있는 기술적으로 유일한 시점인 것이다.

과거를 기억하는 데 사용되는 능력은 기억력이다. 그러나 미래를 기억해 내는 데 사용되는 능력은 상상력이다. 상상력이 없는 현재는 껍데기와 같다. 상상력이 존중되지 않는 일상의 생활은 죽은 시간이다. 죽은 시간 속에서 살아 있는 것은 살아갈 수 없다. 죽은 시간 속에 존재하는 것은 죽은 영혼들뿐이다.

린위탕林語堂은 『중국 중국인*My Country and My People*』이라는 책에서 중국인들의 직관과 상상에 대하여 썼다.

직관은 자주 천진난만한 상상을 가미시킨다. 중국 의학에서 어떤 것들은 기이한 연상에 근거를 둔다. 피부가 두툴두툴한 두꺼비는 피부병을 치료하는 데 쓰인다. 초등학생에게 닭발을 먹이

"시간이 흐른다"라는 말은, 시간을 물의 속성으로 이해한다는 의미이다.
물은 상류에서 하류로, 높은 곳에서 낮은 곳으로 흐르지만
그러나 시간은 꼭 과거에서 미래를 향해 흘러가지는 않는다.

면 교과서를 찢는 버릇이 생긴다. 어부는 배 안에서 밥을 먹을 때 절대로 생선을 뒤집지 않는다. 생선을 뒤집는 것은 곧 배가 뒤집히는 것과 같기 때문이다. 그들은 이러한 이야기가 근거가 있는 것인지 아닌지를 알아보려 하지 않는다. 그것은 진실과 허구가 마치 꿈처럼 즐겁게 시적으로 한데 섞여 있는 심리 상태를 반영한다.

우리는 상상을 통해 현실의 영역을 확장한다. 세상을 시처럼 살아가는 것이다. 유명한 역사가인 칼 베커Carl L. Becker는 "각 개인은 모두 자신의 역사가Every man is his own historian"라고 말했다. 역사가에게 가장 필요한 것은 역사적 상상력이다. 기록자의 주관적 이해에서 벗어나기 어려운 불완전한 기록과 착각으로 가득 찬 기억 속에서 과거를 재구성할 수 있는 것은 상상력밖에 없다. 그러므로 크로체Benedetto Croce의 말처럼 모든 역사는 역사가가 속한 '현대사'일 수밖에 없다. 상상력은 미래를 이해하는 데 더더욱 필요하다.

상상력을 통해 우리가 '기억해 낸 미래'라는 개념과 가장 흡사한 것은 우리가 지금까지 비전이라고 불러 온 개념이다. "이루어지리라고 믿는 가슴 떨리는 아름다운 미래의 모습"이 지금까지의 비전의 정의였다면, 이제부터 이 단어는 "내가 곧 확인하게 될 미래에 대한 아름다운 기억"인 것이다. 구원은 상상력 속에 있고, 생활 속에서 실현된다.

시간의 소유

지금 시간을 낸다는 것

삶은 시간과의 만남이다. 삶에 영향을 주는 많은 요소는 외생적으로 주어진다. 부모나 가문은 선택할 수 없다. 마찬가지로 부유한 가정에서 태어나 다양한 부를 누리는 일은 누구에게나 주어지는 것이 아니다. 복권이 팔리는 것은 아무나 당첨될 수 있다는 가능성 때문이다. 그러나 실제로 당첨되는 것은 아무나가 아니다. 극히 일부만이 우연한 행운을 누린다.

마찬가지로 부유한 가정에 태어난다는 것은 여러 가능성 중에서 얻게 된 우연한 행운이다. 어쩌면 행운이라고 부르기에는 위험할지도 모른다. 왜냐하면 부유하지만 고약한 부모를 만날 수도 있고, 부유함은 일생 동안 보장된 것이 아니기 때문이다. 부유한 동안만큼은 덕을 본 것이 아니냐고 묻는다면, 그것은 옳은 지적이다. 그러나 그저 우연히 얻은 것은 또 우연히 사라질 수 있다. 왜냐하면 자기 것이 아니기 때문이다.

소유에 관한 재미있는 이야기를 살펴보자. 이 이야기는 찰스 핸디의 『헝그리 정신』에 들어 있다. 한 부유한 영국인이 아프리카에 사는 친구를 영국으로 초대했다. 차를 타고 자신의 소유지를 돌아다니며, 그곳에 있는 들과 산과 호수가 모두 자신의 것이라고 말했다. 그 광대하고 아름다운 산하에 감탄한 채 입을 벌리고 차 구석에 움츠리고 앉아 있던 초라한 아프리카인은 매우 의아하다는 듯이 물었다.

"저 산이 너의 소유란 말이야?"

"그래. 나의 것이지."

"소유한다는 것은 마음대로 처분할 수 있다는 것을 뜻하는 거야. 저 산을 없앨 수 있다는 말은 아니지? 저 산은 너의 아이들이 보고 즐기고 더불어 사는 아름다운 것이야. 네가 말하는 소유라는 것은 잠시 그것을 대신 관리하고 있다는 것을 의미하는 게 아닐까?"

우리는 이 이야기 속에서 정신의 아름다움을 읽을 수 있다.

몇십 년 전만 해도 아기가 태어나자마자 죽는 경우가 흔했다. 그러나 요즈음 우리 사회의 영아 사망률은 매우 낮다. 이제 환갑이 되어 환갑잔치를 벌이면 사람들의 손가락질을 받을 수

도 있다. 예순 살 정도면 아직 건장하기 때문이다. 대신 칠순 잔치를 크게 하는 것이 보편화되고 있다. 예로부터 70세를 사는 것은 매우 드문 일이었지만 요즈음은 남자의 평균 연령에도 미치지 못한다. 그만큼 우리는 시간을 더 많이 가질 수 있게 되었다.

그러나 돌이켜 보면, 자기 마음대로 쓴 시간은 얼마 되지 않는다. 어렸을 때는 학교 다니고 숙제하느라고 언제나 시간을 제대로 쓰지 못했다. 커서는 직장에 묶여 있고, 집에서는 가족들과 나누어야 하는 시간에 매여 있다. 사회인으로서 친구로서 아버지로서 또 남편으로서 해야 할 일들에 시간을 쪼개 쓰다 보면 정작 자신을 위해 쓴 시간은 참으로 적다.

자신이 누구인가 다른 사람에게 설명해 보라. 그러면 당신은 매우 복잡한 사회적 관계 속의 한 사람에 지나지 않는다는 것을 알 수 있다. 당신은 어느 회사의 영업 담당 부장이거나 혹은 의사일지도 모르고 혹은 막일꾼인지도 모른다. 그리고 김말자의 남편이며, 개똥이와 길순이의 아버지일 것이다. 아니면 홍길동의 아내이며, 아버지 이동배의 둘째 딸일지도 모른다. 그리고 어느 고등학교를 나왔고, 대학은 어디를 나왔는지에 따라 당신의 지적 능력은 대충 평가받게 된다. 과연 당신은 누구인가?

이력서에 써넣은 당신의 신상명세서가 당신의 모든 것을 말해 주는가? 당신은 정말 누구이며, 무엇이 당신을 가장 잘 대변해 주는가? 당신이 이력서에 써넣은 학벌, 경력은 그동안 당신이 어디에 시간을 쏟아 왔는지를 보여 주는 과거의 시간표이다. 말하자면 스물이 갓 넘을 때까지는 학교에서 시간을 보냈고, 3년은 군대에 가 있었고, 또 그 후의 10년은 회사에서 일했다는 것을 보여 준다. 우리가 스스로에 대하여 잘 정리하여 말하기 어려운 것은 자기 자신이 되기 위해 쓴 시간이 부족하기 때문이다. 회사를 위해 10년을 써 왔지만 자기 자신을 위해 얼마를 썼는지 모르기 때문에 그 외에는 써넣을 수 없는 것이다.

바쁜 사람은 바보이다. 그는 항상 중요한 일은 나중에 하고, 급한 일부터 처리하는 사람이다. 대부분의 사람이 그렇다. 그러므로 대부분의 사람은 시간이 한참 지난 후 왜 그렇게 바빴는지, 그동안 무엇을 했는지 잘 기억하지 못한다. 중요한 일은 급하지 않다는 이유로 언제나 그대로 방치되어 있다가 잠시 숨을 길게 내쉴 때에만 생각난다. 앞만 보고 죽을 둥 살 둥 뛰다 보면 아이들은 커지고, 늘어난 체중에 귀밑머리가 하얗다. 그렇게 뛰었건만 돈은 언제나 부족하고 이루어 놓은 것은 없다. 왜 그렇게 바빴는가? 무엇을 위해 사는가?

내가 1997년 8월 9일 진주를 향해 내려갈 때, 남쪽으로부터 태풍이 올라오고 있었다. 그러나 날씨는 무덥고 맑았다. 아직 태풍의 영향권 안에 들지 않은 모양이었다. 아침에 아내가 서울역까지 태워다 주었고 대합실에서 간단히 커피 한 잔씩을 마셨다. 개찰구 앞에서 손을 흔들고 헤어지면서 아내의 눈에는 평소와 다른 눈길이 있었다. 한 달 동안 떨어져 있은 적은 거의 없었다. 짧은 이별의 감회를 눈 속에서 읽을 수 있었다.

이제 진주에 거의 도착할 시간이 되었다. 진주가 눈에 들어오면서부터 내가 이곳에 마지막 온 것이 거의 17년 전쯤 된다는 것을 상기했다. 그때 몇몇 친구들과 함께 어느 로터리 근처에서 맷돌에 간 콩국에 한천을 넣은 콩국수를 길거리에 쭈그리고 앉아 먹은 기억이 새롭다. 진주의 기억이 양귀비꽃보다 더 붉은 마음의 논개와 촉석루가 아니라 콩국수로 남아 있다는 것이 우스웠다. 덕산으로 가는 시외버스를 타기 위해 터미널에 도착하여 콩물 한 사발을 마시고 버스에 몸을 실은 것은 오후 2시 30분경이었다.

"하늘이 울어도 울리지 않는" 지리산 천왕봉이 보이는 덕산 마을에는 '산천재山天齋'라는 아주 작은 한옥이 보존되어 있다. 남명南冥 조식曺植이 살던 곳이다. 평생 벼슬에서 멀리 있었지만, 이치만 떠들고 행함이 없던 당시의 지도자들은 감히 따를 수 없는 태산이었다. 동주東洲 이용희李用熙는 남명을 그리며 한탄했다. "정치가는 다 망해갈 때도 최상이라고 말하지만, 학자는 가장 좋은 시절에도 의문을 제기한다."

남명은 바로 그런 학자였다. 남명 선생이 살던 곳이며 운치 있는 덕천 서원이 있는 곳이 바로 이곳 덕산이다. 지리산을 오르는 산행길의 발단이 되는 중산리까지 10여 분만 더 가면 되는 곳이다. 여느 시골의 작은 마을처럼 덕산도 도로를 따라 길게 자그마한 상가가 늘어선 그런 곳이다. 택시를 잡아타고 유점 마을까지 들어오니 5시가 다 되어 온다. 내가 찾아온 그 집은 대나무 숲에 싸여 있었다. 김 목사 내외와 마주 앉아 있을 때, 대숲 사이로 멀리 지리산 자락들이 석양을 맞이하고 있었다. 김 목사는 안식교 개혁주의 목사인데, 포도 요법에 정통하다. 인사를 마치고 간단한 진료 후에 내게 배정된 황토방에 짐을 풀었다.

그리고 그날 저녁부터 나는 생전 처음 숯가루를 한 시간 간격으로 한 숟가락씩 다섯 번을 먹었다. 사람에게 숯가루를 퍼먹이다니. 내가 이곳에 잘 온 것인가?

한 달 동안 회사에 휴가를 내고 찾아온 곳은 바로 이런 곳이었다. 나는 나이가 들면서 조금씩 늘어 가는 체중을 게으름과 무절제의 탓으로 돌렸다. 배가 나오기 시작한 지난 몇 년은 내장 속에 기름기가 짐승의 곱창처럼 끼어 가기 시작한 시기라고 매도했다. 체중을 좀 빼고, 몸의 균형을 다시 잡아 보고 싶었다. 마치 삶을 전혀 다른 각도에서 보듯이, 내 일상의 한 습관을 달리 바꾸어 보고 싶었다. 사십이 넘으면서 보이기 시작하는 나만 느낄 수 있는 자율 신경계의 미세한 난조들 - 예를 들면, 갑자기 사람 이름이 생각나지 않는다든지, 밤에 느닷없이 잠이 깨 다시 잠을 이루지 못한다든지 하는 현상들 - 도 체질을 바꾸어 보려는 시도를 부추겼다.

이곳에서 포도만 한 번에 열 알 정도씩 하루 다섯 번을 먹고, 한 달을 굶고 지낸다는 것은 어려운 일이 아니다. 어려운 것은 이곳을 찾아오기로 결정하고, 시간을 내는 것이다. 회사를 한 달간 비우지 못할 이유는 너무나 많다. 그러나 내가 회사를 한 달 동안 비우더라도 회사는 별일이 없다. 내가 회사에 불필요한 사람이어서가 아니라(절대로 아니라고 매우 강하게 말해야 한다. 그렇지 않으면 요즘같이 어려운 시절에는 잘릴 수가 있다), 회사의 근간을 다루는 사람이며, 회사의 근간은 한 달 사이에 바뀌지 않기 때문이다(자신을 위한 시간이 꼭 한 달일 필요는 없다. 더 길어도 좋고, 더 짧아도 관계없다. 일주일이어도 상관없다. 그러나 반드시 시간을 낼 수 있어야 한다).

'지금 시간을 낸다는 것'은 자신의 시간을 중요한 일에 쓸 수 있다는 것을 말한다. 중요한 일에 시간을 쓰지 못하면 그 시간은 자신의 소유가 아니다. 그것은 당신에게 그 일을 시킨 사람의 시간이 된다. 먹고살기 위해 시간을 팔았다면, 그것은 자유를 판 것이며, 아무래도 훌륭한 행위라고 말할 수는 없다. 따라서 자신의 삶을 위해 시간을 낼 수 있도록 해야 한다.

그런데도 가장 어려운 일이 자신의 중요한 일을 위해 시간을 내는 것이다. 우리는 사회생활을 하면서 도처에서 여러 겹의 사슬로 묶여 있다는 것을 실감한다. 그러나 지금 중요한 일을 위해 시간을 만들어야 한다. 늘 바빠야 하는 강박감에서 벗어나 게으를 수 있는 권리가 있다는 것을 상기해 보자.

내가 알고 있는 호주의 어떤 사람은 세계적으로 유명한 한 다국적 기업에서 직원 교육을 담당하고 있었다. 그는 일주일 중에서 하루는 자신의 시간이라고 말했다. 결혼 후 그는 아내에게 일주일 중 엿새 동안은 남편으로서, 또 아버지로서 가족을 위해 헌신하겠다고 약속했다. 그러나 24시간만은 마음대로 사용할 수 있도록 아내로부터 이해받았다고 한다. 주말이 되면 그는 하루 종일 혼자 여행을 하거나, 잠만 자기도 한다. 혹은 아무런 방해도 받지 않고 책을 읽거나, 호주의 그 흔한 해변가에서 종일 파도를 지켜보기도 한다.

그에게 그 시간은 아주 소중한 시간이었다. 때때로 너무 많이 앞으로 달려갔다는 것을 느낄 때도 있고, 아무 이유 없이 힘이 없는 때는 커다란 위안이 되기도 하였다. 아내와의 사이에 건조한 생활의 반복이 너무 오랫동안 계속되었다는 것을 느끼는 시간도 이때였고, 사춘기를 맞이한 딸아이에게 지나치게 엄격하게 아버지 세대의 도덕적 가치를 강요했다는 것을 뉘우치는 때도 바로 이 시간이었다. 그뿐만 아니라 그가 일상생활에서 어떤 새로운 결심을 하고 그 일을 실천하는 것은 모두 이하루의 자기만을 위한 시간에 결정된 것이었다. 그는 매우 행복하며, 아내도 가정이 언제나 새로울 수 있는 좋은 계기를 주는 시간이라고 기뻐한다.

나는 이런 시간이 모든 사람에게 필요하다고 믿는다. 언덕에 이르러 길가에 서 있는 나무에 기대앉아 잠시 지나온 길을 돌아보며 숨을 고를 수 있는 이 짧은 시간은 먼 길을 가고 있는 누구에게나 필요한 휴식이다. 미래로부터 현재로 흘러온 미래의 기억을 더듬어, 지금 살아 숨 쉬는 일상의 시간을 다시 한번 아름다운 것으로 만들 수 있는 힘과 충동 없이 어떻게 우리가 행복해질 수 있겠는가?

좋은 휴식은 좋은 변화의 계기를 제공한다. 살아간다는 것이 무엇을 얻으려는 것이 아니라 스스로를 완성해 가는 과정이라는 것을 믿으면 순간순간이야말로 우리가 조금씩 변해가기 위해 쓸 수 있는 살아 숨 쉬는 시간이라는 것을 알게 된다. 우리의 삶이 무엇인가를 얻으려는 것일 때 모든 순간은 그것을 얻는 순간을 위해 기립해서 박수를 쳐야 한다. 다른 모든 시간은 어려움을 감내해야 하는 시간들이고, 참아야 하는 시간들이며, 극복해야 할 어려움으로 가득 찬 시간들이다. 그러나 정말 그것이 그래야 하는 일인가?

나는 인간에게 행복이 중요한 일이라고 생각한다. 그러나 그것은 구하던 것을 얻었을 때 채워지는 것이 아니다. 만일 그렇다면 다 쓸 수 없을 만큼 많은 돈을 가지고 있는 사람은 행복해야 한다. 적어도 돈을 벌기 위해 자신이 가지고 있는 모든 시간을 써 버린 사람에게는 그래야 한다. 그러나 불행한 부자는 많다. 그것도 아주 많다. 모든 사람에게 돈은 소중한 것이지만 우리의 고민 중에서 가장 작은 고민은 돈이 모자란다는 고민이다. 건강이 좋지 않은 부자, 방탕한 아들을 가진 갑부 아버지, 분란과 이기심과 재산의 분배에만 욕심이 있는 가족을 가진 부자가 바라는 것이 여전히 돈인지 나는 알 수 없다.

행복이란 추상적 개념이 아니다. 이것은 행복한 시간들의 합이다. 만일 우리가 일상 속에서 행복을 찾을 수 없다면 우리는 대체로 불행한 사람들이라고 믿어도 된다. 일상 속에서의 특별한 행복은 창의력과 상상력과 좋은 의도를 필요로 한다.

김형순 할머니는 아내의 어머니 - 나는 장모라는 말을 싫어한다. 그저 사회적 관계를 지칭하는 죽어 있는 호칭이라 생각한다. 이분은 내게 어려서 돌아가신 어머니의 역할을 해 주고 계신다 - 인데 요리를 잘한다. 그녀에게 요리는 때워야 할 한 끼를 만들기 위한 귀찮은 작업이 아니다. 그녀에게 요리란 경험적 지식과 손맛 외에 상상력이 가미된 창조 행위이다. 그녀는 요리하는 순간을 즐긴다. 물론 누구누구는 무엇을 좋아하고 이 요리를 주면 그를 잠시 행복하게 해 줄 수 있다는 좋은 의도가 그 창조적 작업에 더 많은 기쁨을 준다. 창조 행위가 아픈 고통의 순간이라고 믿고 있는 사람들은 누군가에게 속은 사람들이다. 창조 행위야말로 가장 즐거운 순간이다. 하느님도 천지를 만들고 나서 "보시기에 좋았더라"라고 하지 않았는가!

술과 담배와 깨어진 일상에서 나온 창조 행위 - 나는 어려서부터 소설가를 언제나 덥수룩한 수염을 기르고, 골초이며, 작품이 잘 써지지 않을 때 머리를 쥐어뜯고 급기야는 이를 참지 못해 술을 퍼마시는, 괴롭지만 왠지 매력적인 사람으로 인식해 왔다 - 는 일상적 창조 행위가 제대로 되지 않았을 때 나오는 변태적 행위에 불과하다. 마감 시간에 쫓기는 작가들이 척박한 상상력을 자극하기 위해 혹은 그 강박을 이기기 위해 저지르는 값싼 일상일 뿐이다. 그들이 훌륭한 작가라면 글쓰기를 빼놓고 더 커다란 즐거움을 찾기는 어려울 것이다.

훌륭한 작가일수록 글 쓰는 일 외에는 더 할 것이 없다. 도스토옙스키는 항상 자신을 극단까지 몰아간 대표적인 사람이다. 그에게서 만일 글쓰기라는 작업을 떼어 냈다면 그는 아마 이 세상에서 가장 불쌍한 쓸모없는 인간이었을 것이다. 창조적인 순간들, 그것을 계획하고 만들고 다른 사람들과 함께 그것을 즐기는 일상은 행복한 순간들이다.

이규태가 묘사한 소동파蘇東坡는 재미와 함께 교훈을 주기에 여기에 소개한다.

소동파는 필화와 좌천과 유배와 투옥으로 얼룩진 인생을 살았다. 그러나 그는 굴원처럼 멱라수에 몸을 던지지도 않았고, 가의처럼 비통 속에서 요절하지도 않았다. 그렇다고 도연명처럼 산속에 은둔하지도 않았다. 남을 원망하지도, 자신의 연민과 자존에 빠지지도 않았으며, 자신을 비극의 주인공으로 만들지도 않았다. 그는 입으로 평생 바쁜 사람으로 자처하는 낙천가였다. 담론을 잘해 잘도 지껄이기에 실언이 많고, 이를 수습하느라고 입이 바쁘고, 먹는 것을 좋아해 이것저것 만들어 먹고 마시느라고 입이 바빴다. 그는 말년에 스스로를 먹보라는 뜻의 '노도老饕'라고 불렀다.

한마디로 주책이었던 모양이다. 그러나 나는 그가 행복한 시간을 보냈으리라는 것을 알 수 있다. 그렇다고 일상이 그저 소일거리를 찾아 즐겁게 지내는 것이라고 말하는 것은 아니다. 필화와 좌천과 유배와 투옥으로 얼룩진 것이 밖에서 본 그의 인생이었다면, 안에서 그가 스스로를 보는 인생은 '덧없는' 것이었을지 모른다. 스스로를 비극의 주인공으로 삼지 않고 여생을 유유자적한 것이 어디 작은 일이겠는가.

그는 아마 주어진 시간을 쓸데없는 고통으로 낭비하지 않았을 것이고, 즐거운 마음으로 순간순간을 사랑했을 것이다. 그것이 어려운 일인 만큼 더욱더 그는 자신을 완성해 가는 과정에 있었음을 느꼈을 것이다.

시간의 경영

시간을 어떻게 재편할 것인가

지리산 남쪽 자락인 유점에서 25일간의 포도 단식을 마치고 돌아온 후에 달라진 일상의 습관은 두 가지 반이다. 하나는 음식물이고 또 하나는 수면의 패턴이다. 그리고 나머지 반은 세상을 보는 태도이다. '반'이라고 말하는 이유는 이 정신적 자세의 변화가 가장 일상화하기에 어렵기 때문이다. 마치 산속에서 도를 닦는 수도자의 청정한 마음이 속세에 내려오면 달라지듯이, 새로운 시각을 언제나 모든 것에 적용하여 세상을 새로운 시각으로 보는 것이 될 때도 있고 안 될 때도 있다. 꼭 서투른 무당 같다.

내게 주어진 시간을 사용하는 데 가장 중요한 첫 번째는 "무엇을 할 것인가?"라는 질문이다. 이것은 욕망과 관계가 있고,

깊은 마음속에서 진정한 욕망을 건져 낼 때 우리는 그것을 위해 시간을 사용할 수 있다. 두 번째 중요한 것은 이것을 위해 24시간을 어떻게 개편할 것인가 하는 문제이다. 욕망이 그저 꿈으로만 남아 있어서는 안 된다. 그것은 일상 속에서 구체화되는 과정을 필요로 한다.

자전거를 배우기 위해서는 넘어져야 한다. 즉 우리는 넘어짐을 위한 시간을 필요로 한다. 총을 잘 쏘기 위해 필요한 것은 2만 발쯤 연습 사격을 하는 것이다. 우리에게 지금 필요한 것은 2만 발의 첫 열 발을 쏘는 것이고, 내일 다시 열 발을 추가하는 것이고, 매일 그렇게 이 일에 시간을 투자하는 것이다. 시간을 통해 우리는 우리의 욕망에 다가간다.

나는 밤 10시면 잠자리에 들려고 애쓴다. 특별한 경우가 아니면 책 한 권을 들고 잠자리에 든다. 그리고 새벽 4시경에 일어난다. 어느 때는 더 일찍 일어나는 때도 있다. 그러나 새벽 4시까지는 그저 침대의 아늑함을 즐긴다. 대략 6시까지 두 시간은 내게 매우 중요한 시간이다. 책을 읽거나 글을 쓴다. 책상에 앉아 줄을 쳐 가며 좋은 책을 읽는 것은 큰 즐거움이다. 또한 일기를 쓰듯 마음의 흐름을 존중하는 글쓰기도 즐거운 일이다. 나는 글쓰기에 특별한 강박 의식을 가지고 있지 않다. 언제까지 무엇을 써서 누구에게 주어야 한다는 각박한 시간의 쫓김 따위는 없다. 그저 하나의 연습처럼 즐기고 있다. 때때로 이 시간에 마리아 칼라스나 조수미 혹은 바흐의 음악을 틀어 놓기도 한다. 좋은 음악은 군더더기가 없다. 그리고 일을 방해하지도 않는다. 음악의 장점은 동시성에 있다. 그것은 방해하지 않고 다른 것 속으로 흡수되고 동화되어 양념처럼 '다른 일 하기' 속으로 스며든다. 적어도 내게는 그렇다. 그리고 언제나 대중가요를 끼고 사는 큰 딸아이에게도 그럴 것이다.

　나는 저녁 시간은 그대로 놓아두었다. 무엇에나 쓸 수 있도록 자유로운 시간이 이때이다. 7시와 8시 사이에 보통 저녁을 먹는다. 그리고 아내, 아이들과 이야기를 나눈다. 함께 웃기도 하고 아이들에게 잔소리를 하기도 한다. 혹은 아내와 한두 잔의 포도주를 마시기도 한다. 9시 뉴스를 보고 나면 벌써 자야 할 시간이다. 때때로 저녁을 먹은 후에, 아이들은 집에 둔 채 전철을 타고 종로3가까지 나가 영화를 보기도 한다. 이런 날은 거의 12시가 다 되어서야 집에 들어온다. 가끔이지만 같이 음악회에 앉아 있기도 한다. 아내는 음악을 좋아하고 그 즐기는 태도가 나와 다르다. 그녀는 음악을 과외로 즐기는 편이 아니다. 비교적 본격적으로 일삼아 듣는다. 말하자면 나처럼 틀어놓고 딴짓을 하는 것이 아니라 명상하듯 그렇게 듣는다.

　유점을 다녀오기 전 나의 일과 후의 자유로운 시간은 주로 밖에서 이루어졌다. 직장 동료들과 저녁을 같이하며 술 한잔

하거나, 친구들과 어울려 늦게까지 통음하는 경우가 일주일에 한두 번은 되었다. 많은 저녁 식사는 몸을 살찌게 하고 속을 거북하게 했다. 가끔 새벽까지 이어지는 술자리는 그다음 날까지 온전하지 못하게 한다.

나는 나의 욕망을 위해 일관되게 매일매일 시간을 활용하지 못했다. 그것은 산발적이었고 즉흥적이었으며 연속적이지 못했다. 낭비하듯 자유로웠지만 시간이 지나면서 나는 아무런 성숙도 이루지 못했다. 세상을 보는 확실한 방법을 가지지도 못했고, 한 가지 일을 아주 잘하지도 못했다. 그저 다른 사람의 눈으로 세상을 보고 다른 사람의 삶 속에 내 삶을 묻어 왔다. 나는 나에게서 존경을 얻지 못하고 있었다.

〈흐르는 강물처럼A River Runs Through It〉은 아름다운 영화이다. 맥클레인 목사는 몬태나주의 아름다운 계류에서 두 아들과 함께 송어 낚시를 한다. 대학을 다니기 위해 객지로 떠나 있던 장남 노먼은 자신이 이 아름다운 고장을 떠나 있는 동안 동생 폴이 낚시의 예술가가 되었다는 것을 발견한다. 폴이 손에 쥔 낚싯대와 줄은 단순한 고기잡이 도구가 아니었다. 그림자처럼 민활하게 움직이는 폴의 모습과 물결의 부서지는 포말을 따라 움직이는 낚싯줄은 흐르는 강물과 숲과 어울려 수려한 멋을 만들어 냈다. 이 영화의 내레이터 역할을 맡은 노먼은 이 광경을 이렇게 표현한다.

나는 그때 놀라운 것을 보았다. 폴은 처음으로 아버지의 가르침을 벗어나 자유롭게 자기만의 고유한 리듬을 타고 있었다. (…) 폴은 자신의 낚시 방법을 '그림자 던지기'라고 불렀다. 그것은 낚싯줄을 오랫동안 수면에 바싹 붙인 채로 흔들어 무지개송어가 뛰어오르게 만드는 방법이었다. 나는 내가 떠나 있는 동안 동생이 예술가가 되었음을 알게 되었다. (…) (이윽고 대어를 낚고 환하게 웃는 동생을 보며) 그 순간 나는 어떤 완벽함 같은 것을 목격하고 있다는 것을 확실하게 느꼈다. 아버지가 폴에게 "너는 멋진 낚시꾼이야"라고 말했을 때 폴은 대답했다. "아, 그렇지만 물고기처럼 생각하려면 아마 한 3년은 더 걸릴 것 같아요."

인생을 멋있게 산다는 것은 어울림이다. 아름다운 것들과의 어울림이다. 그것은 확고한 움직임이다. 오랜 수련과 단련 속에서 볼 수 있는 새로운 시각과 창조인 것이다. 물고기처럼 생각하는 낚시꾼, 이것은 낚시꾼이 비로소 낚시꾼으로서 확고한 자신의 시각을 갖는 것을 의미한다. 진정 가슴 떨리는 삶이다. 이것은 폴이 앞으로 '한 3년' 더 낚시질을 함으로써 가능한 일인지도 모른다.

삶은 시간이다. 멋진 삶은 매일 그 일을 오랫동안 한다는 것이며, 순간순간 사물의 이치가 터지는 기쁨을 느끼는 것이다. 그리고 그는 완성을 향해 변해 간다. "선비는 사흘만 헤어져 있어도 괄목상대해야 한다"는 말과 일맥상통한다. 죽은 사람만

자신의 욕망을 위해 매일매일 시간을 할애하면,
물고기처럼 생각하는 낚시꾼이 될지 모르겠다.
오랜 수련과 단련 속에 새로운 시각을 창조하게 되는 것이다.

이 과거로 남아 있다. '살아 있다는 것'은 햇빛과 같이 참으로 눈부신 말이다. 마음이 열리면 세상이 달라지며, 그러므로 구원은 오직 우리의 마음에서 온다.

절제

정 아지매의 좌절

매일 몇 시간씩 떼어 내 한곳에 쓰기 위해서는 욕망과 함께 절제도 필요하다. 진정한 욕망을 다른 욕망들로부터 지켜 내기 위한 절도가 필요하다. 말하자면 동화 속에 나오는 '세 가지 소원'을 말하기 위해서는 그 밖의 무수히 많은 소원으로부터 자유로워야 한다. 이것은 일종의 선택이다. 선택되지 않은 것은 버려야 한다. 선택과 포기는 언제나 함께 손잡고 다닌다.

정 아지매는 진주에 있는 어느 과일 가게 주인의 여동생이다. 내가 포도 단식을 하며 한 달간 유점에 머무는 동안 김 목사 사모님이 이 가게에서 부지런히 그 많은 포도를 사들였다. 어느 날 정 아지매는 김 목사 사모님을 따라 포도 단식을 하기 위해 우리가 있는 곳으로 왔다. 그때 유점에는 모두 세 명이 단식을 하고 있었고 이날 오후에 할아버지 할머니 내외가 들어왔다.

어쩐 일인지 그녀는 정신 연령이 좀 모자라 보였다. 그녀의 어머니가 슬며시 한 말에 따르면, 약간의 정신 질환을 앓았고, 몇 년간 독한 약을 먹었기 때문에 속이 항상 쓰리다고 했다. 본인이 하는 말을 대략 종합해 보면 나이가 마흔셋이고, 첫 남편이 자기를 많이 때렸고, 아이를 몇 번 낳은 경험이 있다고 했다. 결혼의 실패와 삶의 충격으로 머리가 온통 혼란스러워져 좀 어리벙벙해졌다고 스스로는 말했지만, 우리가 내린 결론은 "정신 질환에 의한 후천적 모자람이 아니라 선천적으로 조금 모자라게 태어난 것 같다"는 진단이었다.

유점에 온 첫날은 매우 조용히 지나갔다. 둘째 날부터 정 아지매는 사람들을 웃기기 시작했다. 시집은 한 번만 갔지만 여러 남자와 사귀었다, 남자들이 자기를 때렸지만 자기는 남자들이 좋다, 지금까지 딸 넷에 아들 둘을 낳았다, 남동생이 있는데 자기를 문딩이 아니면 못난이라고 부른다 등등 대청마루에 앉아 주절주절 쏟아 놓기 시작하는데 끝이 없었다. 말하는 투는 정상인과 다름이 없다. 다만 다른 점은 가리고 가리지 않고가 없다는 것이었다. 그저 나오는 대로 떠들어 댄다. 주책맞은 여편네 같기도 하고, 마음대로 안 되는 세상 허허롭게 살기로 작정한 도통한 아낙 같기도 하다.

정 아지매가 어떤 사람인지를 보여 주는 몇 가지의 에피소드가 있다. 그 첫 번째는 초등학교 3학년짜리 허재석과의 짠한 이별 장면이다. 정 아지매가 유점에 온 후 며칠 있다가 허재석이 엄마 손을 잡고 나타났다. 이 아이는 별 거리낌이 없이 밝은 아이인데, 야구와 축구에 대해 모르는 것이 없었다. 박찬호의 투구 폼과 이종범의 타격 폼을 훌륭하게 모방하는 스포츠광이었다.

며칠 지내는 동안 정 아지매와 허재석은 매우 친해졌다. 우리가 보기에도 둘은 정신적으로 훌륭한 교감이 이루어지는, 그 깊고 깊은 벽지에서는 구하기 어려운 친구들이었다. 배를 쫄쫄 굶는 허재석이 가장 먹고 싶은 음식은 돼지국밥이었다. 그런데 이 아이는 왜 그것이 먹고 싶은지 잘 몰랐다. 지금까지 서너 번밖에 먹어 보지 않은 것이고, 평소에 좋아하는 것도 아니었는데 말이다. 정 아지매도 허재석을 따라 돼지국밥을 먹고 싶어 했다.

열흘쯤 지나 여름 방학이 끝나가자 허재석은 비교적 짧은 포도 단식을 마치고 부산으로 돌아가야 했다. 정 아지매는 자기가 가지고 있는 700여 원을 몽땅 털어 허재석에게 주면서 돌아가는 길에 맛있는 것을 사 먹으라고 했다. 가지고 있는 것을 모두 털어 준다는 것은 그 금액이 얼마나 되는가에 관계없이 매우 지극한 정성 없이는 할 수 없는 일이다.

몸이 나으면 시집갈 것을 강력히 바라는 정 아지매에게 포도 단식의 정진을 가로막는 장애는 '먹을 것'이었다. 단식을 하는 사람들 모두 즐겨 찾는 화제는 맛있는 음식 이야기이다. 입으로 만드는 음식 맛이 최고인 사람은 단연 정 아지매이다. 그녀의 목소리는 약간 모자라는 듯한 하이파이인데, 묘한 웃음과 함께 요리를 만들어 내면 금방 침이 넘어간다. 모든 사람은 그 음식의 맛을 웃음으로 넘기고 잊어버린다. 문제는 정 아지매가 참지 못한다는 데 있었다.

어느 날, 죽을 듯한 얼굴로 배를 움켜쥐고 방에서 나오는데 그 전날 무엇인가를 훔쳐 먹은 결과라는 것을 금방 알 수 있다. 이 왕성한 식욕을 가진 여자는 이제 막 익기 시작한 감이 땅에 떨어져 노르스름하게 썩어 가는 것을 보면 배고픔을 이기지 못하고 주워 먹는다. 물론 아무도 몰래. 슬그머니 오이를 따 먹기도 하고 숲속에 들어가 탁구공만 한 돌배를 따 먹기도 한다. 단식 중에 먹은 것들이라 금방 고통으로 변한다. 그러나 그녀는 언제나 참지 못한다. 그래서 언제나 배가 아프다.

그녀가 가장 심하게 혼이 난 것은 아랫집에 살고 있는 홀아비 집에 잠입하여 가자미 젓갈 한 숟가락을 훔쳐 먹고 난 후였다. 얼굴이 축구공만 하게 부어올라 며칠 동안 빠지지 않았다. 당연히 포도마저 금식 조치가 내려졌고, 그녀는 방 안에 누워 꽤 오랫동안 끙끙거려야 했다.

단식 중에 발생한 독소를 제거하기 위해 다시 숯가루를 한 시간에 한 숟가락씩 먹어가며 고통을 참던 정 아지매는 며칠이 지난 후 김 목사 내외를 은밀하게 찾아갔다. 내가 '은밀하게'라고 말한 이유는 무슨 이야기든 때와 장소를 가리지 않는 이 여인이 우리 몰래 김 목사 내외만 있을 때 이 이야기를 하였기 때문이다. 나중에 김 목사 부인이 말해 주어서 우리는 비로소 알게 되었다. 그녀는 다짜고짜 밥을 언제부터 줄 것인가를 따져 물었는데, 그때의 표정은 매우 진지했다. 또 매우 긴박감도 느껴졌다. 그리고 매우 결연하게 자기는 단식을 더 이상 하지 않을 것이니 당장 보식을 시켜 달라고 했다. 두 사람이 간곡하게 타일렀고, 지금 그만두는 것이 얼마나 어리석은 노력의 낭비인가를 설득했다. 하지만 그녀는 막무가내였고 결국 포도단식을 포기했다.

나으면 시집가겠다고 하던 그녀의 욕망은 썩은 감 몇 개, 아직 익지 않은 돌배, 다 여물지 않은 오이 몇 개, 홀아비의 가자미 젓갈 한 숟가락에 대한 순간적 욕망 때문에 산산이 부서지고 사라지고 말았다.

매일 작은 유혹들과 더불어 살아간다는 것은 행복한 일이다. 그것은 장엄하고 묵직한 삶은 아닐지 모르나 경쾌하고 기분 좋은 일이다. 삶이 흘러가는 대로 시간을 보내는 것이다. 어른들이 아이들을 꾸짖을 때 항상 하는 말 "흥청망청 되는 대로 시간을 쓰는" 나태한 시간들은 소중하다. 나는 이것들이 가지는 도교적인 자유를 그리워한다. 훌륭해져야 한다는 유교적 압박에서 벗어나 마음의 평화를 느낄 수 있다. 우리에게는 되는 대로 흥청망청 시간을 보내는, 입시 끝난 수험생 같은 삶의 낭비가 필요하다.

문제는 우리가 그것만으로 만족할 수 없다는 데 있다. 우리는 사회와 가정과 일상 속에 갇혀 있다. 그리고 우리는 욕망이 있고, 이루어지지 않은 욕망은 초라한 자기를 만들어 낸다. 자기 속에 깊이 뿌리를 내려, 항상 하고 싶은 마음으로 살아 있는 일을 위해 일상의 시간을 쓸 수 있다는 사실은 우리를 행복하게 해 준다. 그것은 그 일을 위해 다른 일을 포기하게 만들고, 포기마저도 슬픈 행복으로 남게 한다.

자신만의 깊은 욕망을 가져야 한다. 하루에 한 시간이나 두 시간 그 욕망을 위해 시간을 쓰지 않으면 안 된다. 언제나 그 욕망이 꿈틀거릴 수 있도록 매일 돌봐 주어야 한다. 마음속에 항상 뿌리 깊은 욕망을 가지고, 그 일에 시간을 쓸 수 있는 자신만의 비밀과 행복을 가져야 한다.

삶은 시간과의 밀애이며 또한 싸움이다. 싸움이 없는 사랑이란 없다. 감미로움만이 사랑이 아니다. 소태와 같이 쓴 것이 사랑이다. 그것은 이별과 같이 슬프고 허무하기가 쉽게 지나가 버린 시간과 같다. 그러나 그것이 인생이라는 것을 모두 다 조금씩은 냄새 맡고 있다. 좋은 욕망을 사랑하고, 항상 그 곁에 있어 함께 시간을 보낼 수 있다는 것이 행복이다. 연애가 그렇듯이 하나의 욕망에 빠져 있는 사람은 다른 욕망에 쓸 수 있는 시간이 없다.

이것은 어쩌면 절제라고 부르기에 적절치 않을지도 모른다. 그러나 분명한 것은 아름다운 욕망에 자기의 가능한 시간을 쏟아붓기 위해서는 다른 일상의 욕망을 절제해야 한다는 점이다. 한 시간이어도 좋다. 매일 이 시간은 자신의 욕망을 위해 남겨 두어야 하며, 이 약속은 반드시 지켜야 한다. 자신을 위해 사용한 시간만이 다른 사람과 다른 삶을 살도록 한다. 그리하여 비로소 자신이 누구인지 말할 수 있다.

제7장

지금 바로 시작해야 할 다섯 가지

하고 싶지만 잘 못하는 일은 그대와 인연이 닿지 않는 것이다. 옷 소매조차 스치지 못한 인연이니 잊어라. 하기 싫지만 잘하는 일 역시 그대를 불행하게 만든다. 평생 매여 있게 하고, 한숨 쉬게 한 다. 죽어서야 풀려나는 일이니 안타까운 일이다. 하고 싶고 잘하 는 것을 연결시킬 때 비로소 그대, 빛나는 새가 되어 하늘을 날 수 있다.

묘비명

마음을 열고 욕망이 흐르게 하라

붉은 꽃빛 바윗가에 암소 고삐 놓아두고
나를 아니 부끄러워하시면 꽃을 꺾어 바치리이다
_『삼국유사三國遺事』 권2 '수로부인 조水路夫人 條'

무엇을 새로 시작하기에 이미 늙어 버린 경우는 없다. 너무 늙어 마음이 굳어 버린다는 것도 있어서는 안 된다. 삶에는 언제나 약간의 흥분이 필요하다. 그리고 언제나 새로 시작할 수 있음을 믿어야 한다. 시작하기에 너무 늦은 일도 너무 늙은 일도 없다. 마음에 드는 길을 찾아 나서는 것은 언제나 할 수 있는 일임을 믿어야 한다. 젊다는 것은 쓸 수 있는 시간이 많다는 것을 의미한다. 그저 일과에 쫓기는 사람은 자신을 위해 쓸 수 있는 시간이 많지 않다. 마음대로 쓸 수 있는 시간만큼 사람은 자유롭다.

하루 종일 아무도 당신을 찾아오지 않는 곳으로 가라. 당신이 마음대로 쓸 수 없는 시간은 당신의 것이 아니다. 시간을 만들어라. 그리고 종이와 펜을 꺼내 들어라. 당신이 그동안 하고 싶었던 것들을 적어라. 기다란 목록을 만들어라. 그저 생각이 흐르는 대로 적어 나가라. 어렸을 때의 꿈이어도 좋고, 지금의 소망이어도 좋다. 그것을 적으면서 어떤 기쁨이 스쳐 가는 것이면 그것이 무엇이든 모두 적어라. 이유를 묻지도 말고 경중을 따지지도 말아라. 할 수 있는 것이든, 할 수 없는 허망한 것이든 그 역시 묻지 말아라.

지금 당신이 해야 할 일은 가능한 많이 '하고 싶은 것들'의 기다란 목록을 만드는 일이다. 그리고 석양을 안고 집으로 돌아가라. 아무 생각도 하지 말고 일주일을 보내라. 기다란 목록의 어떠한 것도 건드리지 말라. 혹시 생각나는 것이 더 있다면 다른 종이에 적어라.

일주일이 지난 다음, 다시 아무도 당신을 방해하지 않는 곳으로 가라. 그리고 일주일 전의 기다란 목록을 꺼내라. 그다음, 두 장의 새 종이를 꺼내라. 종이 한 장에는 '나의 묘비명'이라고 크게 적어라. 그리고 또 다른 종이에는 '나를 행복하게 하는 것들'이라고 크게 적어라.

준비가 되었는가? 이제 한 가지의 기준에 따라 당신의 목록에 있는 '하고 싶은 일들'을 두 그룹으로 나누어 두 장의 새로운 종이에 옮겨 적어라. 그 유일한 기준은 "맘만 먹으면 언제라도 당장 할 수 있는가?"이다. 언제라도 할 수 있는 일들은 '나를 행복하게 하는 것들'이라고 쓴 종이에 적되, 그 옆에 그 일을 같이하고 싶은 사람의 이름과 날짜를 함께 적어라. 예를 들어, 목록 속에 "정동진역으로 가는 밤차를 타고 싶다"가 있으면 그 옆에 '아내와 함께, 아내의 생일날'이라고 적어라. 만일 "남원 집 추어탕을 먹고 싶다"가 있으면 '종욱 형과 함께 9월 초, 토요 일'이라고 적으라는 말이다. 만일 "그때 그 일은 내가 먼저 사 과했어야 했어" 같은 것들이 있다면 '이번 토요일, 민속 박물관 앞, 북카페에서 편지 쓸 것, 가능하면 부칠 것' 등으로 써넣으 면 된다.

이것들은 당신을 기쁘게 하는 것들이다. 적절한 때에, 생각나 는 사람과 엮어 가는 이 일상의 기쁨이 바로 당신을 행복하게 한다. 이것들은 당신의 행복의 목록이다. 이런 작은 일들 덕분 에 당신의 일상은 지리한 반복의 궤도를 벗어날 수 있다. 일상 속으로 축복처럼 새로운 일들이 밀려오고 새로운 감정이 솟아 난다. 살아가면서 이런 목록을 많이 만들어 실천에 옮겨라.

당신의 목록 속에 아직 풀리지 않는 거대한 욕망들이 남아 있을 것이다. "돈을 많이 벌어 마음대로 쓰고 싶다" 같은 것도 있을 수 있고, 음악에 재능이 있다면 "피아노를 열심히 배워 아 주 잘 칠 수 있었으면" 하는 것도 있을 수 있다. 또는 "바다가 보이는 따뜻하고 햇빛 밝은 곳에 예쁜 집을 짓고 살고 싶다" 같 은 소망도 있고 "다른 사람에게 좀 더 친절한 사람이 되었으면” 하는 바람도 있을 수 있다. 혹은 “아름다운 여인과 기이한 인연으로 만나 신비한 사랑에 빠져 보았으면” 하고 바랄 수도 있다. 이런 바람들은 모두 ‘나의 묘비명’에 적어라.

그리고 각각에 대하여 자신의 묘비명을 만들어 보라. 예를 들어 “홍길동, 1965년생, 장사를 하여 돈을 많이 벌었다. 쓰고 싶은 대로 그 돈을 모두 쓰고 잠들다” 이것이 당신의 묘비명이었을 때 참으로 만족스럽다면, 당신은 앞으로 모든 것을 바쳐 장사를 해 돈을 벌도록 하라. 만일 “여기 한 친절한 사람이 있어, 주위의 모든 사람이 그의 친절에 감동했다. 그가 여기 생을 마치고 누워 있다”라는 묘비명에 만족하는 사람이라면, 봉사 생활이 무엇보다 우선하는 삶을 살 각오를 해야 한다. 만일 당신이 이것도 하고 싶고, 저것도 하고 싶은 사람이라면 “여기 이것도 하고 저것도 하고 싶어 하다가 아무것도 하지 못한 사람이 누워 있다”라는 묘비명을 감수해야 한다.

혹은 시인 천상병처럼, 시 같은 묘비명을 쓸 수도 있다.

나 하늘로 돌아가리라.
아름다운 이 세상 소풍 끝내는 날,
가서, 아름다웠더라고 말하리라.

〈빠삐용Papillon〉이라는 영화에서 푸른 바다 위의 뗏목에 누워 기어이 죽음과 억압의 수용소를 탈출하는 주인공은 ‘삶을 낭비한 죄'를 범하고 싶지 않았던 것이다.

당신의 욕망을 발견하기는 쉽지 않을지도 모른다. 대체로 욕망이 그 모습을 잘 드러내지 않는 이유는 그동안 왜곡된 교육과 인습과 어둠 속의 관행이 우리의 감성을 억눌러 왔기 때문이다. 욕망 대신 다른 사람과 사회가 기대하는 것들이 껍데기를 뒤집어쓰고 나와 모든 것을 걸러 낸다. 그리하여 욕망에 솔직해질 수 없게 만든다.

아직도 노회한 사려 깊음에서 빠져나오지 못하는 당신을 위해 화가 장욱진의 목소리를 들려주고 싶다.

나는 남의 눈치를 보며 내 뜻과 같지 않게 사는 것은 질색이다. 나를 잃어버리고, 남을 살아 주는 셈이 되기 때문이다. 그래서 나는 점잖다는 말을 싫어한다. 겸손이라는 것도 싫다. 그러는 뒤에는 무언가 감추어진 계산이 있는 것 같다. 나는 그러므로 솔직한 오만이 훨씬 좋다. (…) 먼저 자기 마음대로 해 보는 것이 중요하다. 그래야 참된 자기 것을 가질 수 있기에.

'묘비명'의 종이를 다 채웠는가? 만일 채울 수 없었다면 당신은 아직 당신의 욕망의 모습을 보지 못한 것이다. 욕망이 정체를 드러낼 때까지 조용히 기다려라. 몽둥이를 들고 쥐구멍 앞에 서서, 그 구멍으로 쥐가 머리를 내미는 순간을 기다릴 때처럼 조용히, 숨을 죽이고, 모든 정신을 집중하라. 욕망이 당신의 마음속 깊은 곳에서 머리를 들고 기어 나올 때까지 기다려라. 학교나 사회생활을 통해 얻은 모든 위선의 옷을 벗어 버려라. 그리고 '남'이 되기 위해 바라 왔던 모든 부질없는 공상 또한 벗겨 내 버려라. 그리고 물어라. 당신은 왜 여기 있는가?

유감스럽지만 어쩌면 당신의 묘비명 목록은 미완성으로 남을지도 모른다. 그렇더라도 실망해서는 안 된다. 충분히 만족하지는 못했다 하여도 여러 개의 묘비명 목록에서 꼭 한 가지만을 골라내라. 그리고 다른 것들은 모두 지워 버려라. 당신은 이미 삶은 선택이라는 것을 깨달았을 것이다. 적어도 이제 당신은 충분히 만족하지는 못했지만 '욕망'이라는 기준에 의해 한 가지를 선택한 것이다. 이 작업은 매우 진지하게 이루어질수록 더 좋다. 그러나 너무 경직되어서는 안 된다. 당신에게는 아직 고쳐 쓸 기회가 남아 있다.

이제 당신은 미완성일지는 모르지만 당신의 '묘비명'에 쓰일 욕망을 선택했다. 그리고 그대를 행복하게 해 줄 즐거움의 목록도 갖게 되었다. 이것만으로도 당신은 어제보다 나아진 사람이 된 것이다. 그렇지 않은가? 이제 이것들을 소중히 보관하라.

지능 목록

그대 또한 잘하는 것이 있다

> 어떤 이에게는 지혜를, 어떤 이에게는 지식을, 다른 이에게는 믿음을, 또 다른 이에게는 병을 고치는 능력을, 또 어떤 이에게는 실천력을, 그리고 또 어떤 이에게는 앞날을 내다봄을, 어떤 이에게는 분별력을, 다른 이에게는 여러 언어를 말할 수 있는 능력을, 그리고 또 어떤 이에게는 이를 통역할 수 있는 능력을 주시나니
>
> _『성경』, '고린도전서' 12장

지금부터 해야 할 일은 당신이 가지고 있는 재능 중에서 남보다 뛰어난 것들에 대하여 적는 것이다. 이 질문에 대부분의 사람은 매우 난감해한다. 평범하기 짝이 없는 내가 무슨 잘하는 것을 가지고 있단 말인가? 그러나 잘 생각해 보라. 당신은 그동안 당신에 대하여 잘 모르는 것이 수없이 많다는 사실을 알게 될 것이다. 참으로 우리 자신을 발견한다는 것은 어려운 일이다.

먼저 자신의 능력과 힘에 대하여 조용히 생각해 보라. 당신에게 특별하게 주어진 지능이 어떤 것인지 찾아내 '지능 목록'을 만드는 일은 매우 중요하다. 그리고 모자라고 부족한 지능의 개발을 위해 힘쓰는 것보다 우선적으로 탁월한 지능의 개

발에 힘을 써야 한다. 당신은 다른 사람보다 훨씬 빠른 시간에 이러한 지능을 필요로 하는 일들을 이룰 수 있으며, 즐거운 마음으로 이 일들을 해낼 수 있다.

'지능 목록'을 만들 때, 먼저 제6장에서 설명한 지능의 종류들을 참고하여 자신에게 강한 지능의 목록을 쓰는 일부터 시작하라. 항상 구체적으로 목록을 정리하는 것이 필요하다.

예를 들어, 당신은 다른 사람의 기분 변화에 민감한가? 그 사람의 표정이나 말투, 눈빛, 손의 움직임, 자세 등의 변화로 그 사람의 마음의 움직임을 정확하게 유추해 낼 수 있는가? 이 것은 보통 사람에게는 매우 어려운 일이지만 이런 일에 매우 뛰어난 재능을 가지고 있는 사람도 있다. 이런 사람은 카운슬링이나 협상가, 영업 전문가, 분쟁의 해결사, 사회사업 등 사람을 만나고 다루는 데 능한 사람이 될 수 있다.

혹은 당신은 한 번 본 것을 잘 기억하는가? 전철역에서 집까지 오는 길목에 있는 가게의 문 색깔과 창문의 개수 혹은 나뭇잎의 모양, 전봇대가 있는 파란 대문 집 계단이 몇 개인지 기억할 수 있는가? 이것은 시각을 통해 사물을 인지하는 능력, 즉 시각 관찰력에 관한 질문이다. 그리고 이것은 공간 지능의 일종이다. 그러나 같은 공간 지능에 속하지만 청각에 의한 감지 지능이나 촉각에 의한 감지 지능은 시각에 의한 감지 지능과는 다르다. 그러므로 당신의 '지능 목록'에 '공간 지능'이라고 쓰지 말고 "시각을 통한 관찰력이 좋아 한 번 보고도 기억할 수 있다"는 식으로 구체적으로 써야 한다.

이제 종이를 꺼낸 뒤 그동안의 삶을 되돌아보고 좋아하는 것, 잘하는 것, 남이 잘한다고 알아준 것, 그래서 자랑스럽게 생각했던 기억을 떠올려라. 그리고 그 일과 관련하여 자신에게 주어진 탁월한 지능이 무엇인지 구체적으로 써서 목록을 만들어라.

다음은 어떤 사람이 '지능 목록'을 만든 샘플이다. 물론 완벽한 형태로 정리된 목록은 아니다. 그러나 시간이 지나면서 조금씩 보완되고 개발되어 자신의 재능을 십분 발휘할 수 있는 좋은 계기가 되었으리라 의심치 않는다.

나는 읽는 것을 좋아하며, 그 내용을 나름대로 나의 언어로 재구성하는 데 어려움이 없다. 상황을 묘사하는 가장 적절한 어휘를 찾아내는 데 비교적 익숙하다. 사람들로 하여금 나의 말하는 모습이나 태도에서 진지함을 느끼게 할 수 있으며, 비교적 내 말을 신뢰하도록 만들 수 있다. 글을 쓰는 일도 쉽고 재미있다. 논리적인 글도 좋고, 감동적인 글도 좋다. 그리고 글쓰기가 가치 있는 일이라는 지적 자부심을 가지고 있다.

한번 일을 시작하면, 그 일을 끝낼 때까지 계속하는 편이다. 고생스럽고 남이 알아주지 않아도 한번 마음먹은 일은 내처 한다. 특히 자신과 약속한 것은 꼭 지키려고 한다. 그 일을 못 하면 불안하고 초조하기 때문이다. 자기 스스로를 격려하여 언제나 조금씩 나아지려고 애쓴다. 다른 사람의 평가에 대하여 민감하지만 스스로 좋아하는 사람이 되는 것에 우선적 가치를 둔다.

다른 사람의 말을 귀담아 잘 들어 주는 편이다. 또한 대화 도중 그 사람의 감정의 흐름을 비교적 잘 느낄 수 있다. 여러 사람을 모아 놓고 익숙한 주제에 대하여 강의하는 것이 쉽고 재미있다. 또 청중들의 반응도 매우 좋아 훌륭한 강사라는 말을 많이 들었다. 알고 있는 것과 전달 사이의 괴리에 대해 비교적 자유롭다.

이 사람의 경우, 일견 언어 지능과 감성 지능이 매우 뛰어나며, 제한적이지만 대인 관계 지능도 좋은 것으로 판단된다. 재능이라는 측면에서 볼 때, 이 사람은 교육가, 문필가, 카운슬러, 인성 개발 전문가, 컨설턴트 등의 영역에서 많은 기여를 할 수 있으리라고 본다. 실제로 그는 오랫동안 이런 분야에서 근무해 왔다.

진기한 조합

욕망과 지능을 연결하라

하고 싶지만 잘 못하는 일은 그대와 인연이 닿지 않는 것이다.

옷소매조차 스치지 못한 인연이니 잊어라.

하기 싫지만 잘하는 일 역시 그대를 불행하게 만든다.

평생 매여 있게 하고, 한숨 쉬게 한다.

죽어서야 풀려나는 일이니 안타까운 일이다.

하고 싶고 잘하는 것을 연결시킬 때 비로소 그대,

빛나는 새가 되어 하늘을 날 수 있다.

창조하는 마음이란 진기한 조합Novel Combination 혹은 '연결되지 않는 것을 연결'하는 능력을 의미한다.

당신의 재능에 대한 '지능 목록'을 만들었으면 이제 '묘비명'

목록을 꺼내라. 그리고 이 둘 사이를 연결시켜라. 이러한 연결은 결국 '마음 깊은 곳에 자리 잡고 있는 내가 진정 하고 싶은 일'을 찾아가는 과정이다.

황병기 선생은 경기고등학교를 나와 서울대 법대를 다녔다. 그러나 중학교 때부터 배운 가야금을 잊지 못하고 그 길로 갔다. 그리고 이 분야에 커다란 획을 그었다. 장욱진 화백은 잠시 서울 미대에서 교편을 잡은 적이 있지만 대체로 그림만 그리며 살아온 사람이다. 그는 삶은 소모하는 것이라고 믿는 사람이다. 그저 깨어서 정신이 있는 동안은 줄곧 그림을 그려 왔다. 그가 오로지 확실하게 알고 믿는 것은 그것뿐이었다. 그가 다른 일을 할 수 있으리라고 믿는 사람들은 별로 없었다. 그는 그리는 것을 원했고, 그 일을 아주 잘했다.

이제 당신이 원하는 일을 잘할 수 있는 재능이 자신에게 있는지 물어라. 만일 그것이 만족스러운 조합을 이루고 있다면 당신의 꿈은 이루어질 가능성이 많다. 만일 이 조합이 잘 어울리지 않는다면 당신은 꿈을 다시 꾸든지, 아니면 별로 타고나지 못한 열등한 지능을 개발하는 데 시간을 써야 할 것이다. 내가 생각할 때 이것 역시 (삶을 하나의 과정으로 볼 때) 그리 나쁜 것은 아니지만 힘들고, 성과를 보기 어려운 선택이다. 재능은 떨어지지만 감성 지능이 높아 자신의 꿈을 이루려고 애쓰는 사람은 많다. 그래서 성공한 예도 드물지 않다. 우리는 보통 그들을 노력파라고 부른다. 기억해야 할 것은 노력파의 경우에는 대체로 감성 지능이 매우 높다는 사실이다.

감성 지능 지수가 높으면서 다른 특정 지능 지수가 높은 사람은, 특정 지능이 꼭 필요한 일에 종사하게 되면 그 분야에서 대성할 수 있다. 예를 들어, 달리기에 대한 운동 지능이 높고 감성 지능도 높은 사람은 육상 분야에서 성공하기 쉽다. 그는 열심히 열정을 가지고 연습하는 소질 있는 선수인 것이다. 어떻게 두각을 나타내지 않을 수 있겠는가? 그러므로 감성 지능은 거의 모든 분야의 성공에 기여하는 초기능적 지능이라고 볼 수 있다.

그러나 이 사람이 달리기와 무관한 일에 종사하고 있다면 자신의 지능 중 매우 특별한 능력이 사용되지 않고 그저 감성 지능만 활용되고 있을 뿐이다. 이때 삶은 언제나 지루한 것이 되고 참아야 하며, 하고 싶은 일은 아니지만 여러 가지 이유로 할 수밖에 없는 일을 지속해야 하는 시간에 불과하게 된다.

우리는 소질은 없지만 성실한 사람들에 대해 연민을 금치 못한다. 그들을 미워할 수는 없지만 둔하다고 생각한다. 이것은 대체로 그들이 자신의 전문 분야를 잘못 찾은 데서 비롯된 일이다. 이것은 학교 교육의 실패에 그 원인이 있지만 교육이 바로잡히기 전까지는 그 해결을 개인적 선택과 개발에 의존할 수밖에 없다.

찰스 핸디는 학교 교육에서 학생들의 지능적 강점을 찾아내 이를 개발하고 활용할 수 있도록 노력하는 것이 필요하다고 믿는다. 약한 지능을 보완하는 노력은 어느 정도 부분적으로 필요한 작업이지만 인간을 낮은 곳으로 평준화시켜 사회적 틀 속에 구겨 넣는 어리석음을 범하기 쉽다. 왜 우리는 거의 모든 시간을 이것저것을 엉성하게 습득하는 데 써야 하는가? 이 대목에서 우리는 실용 지능을 활용할 필요가 있다. 학교 교육의 개혁을 주장하는 데 시간을 낭비하지 말고, 개인으로서 혹은 부모로서 한 사람에게 주어진 강한 지능을 개발하고 그것을 활용할 수 있도록 현실적인 노력을 해야 한다.

나는 당신이 '하고 싶고, 잘할 수 있는 일'을 발견했기를 기대한다. 만일 지금까지 이것을 찾아내지 못했다면 다시 앞의 두 과정을 되밟아 가라. 즉 당신의 욕망을 직시하고, 당신의 지능 목록을 다시 보라. 그래도 잘 모르겠거든 이 문제를 가슴에 품은 채 시간을 가지고 기다려라.

일상의 자유

하루에 두 시간은 자신만을 위해 써라

삶은 시간으로 이루어져 있다.

그리고 시간은 오직 일상 속에만 구체적으로 존재한다.

먹고살기 위해서, 슈퍼마켓에서 물건 몇 개를 사기 위해서,

몸에 걸치는 옷 몇 벌을 사기 위해서,

잡동사니 몇 개를 더하기 위해서

가지고 있는 시간을 모두 다른 사람에게 팔지 말아라.

꿈을 현실로 만들어 주는 것은 꿈에 쏟은 시간의 양이다.

당신은 이제 욕망과 지능을 결합시킴으로써 당신의 삶을 어떻게 쓸 것인가에 대한 커다란 그림을 가지게 되었다. 나는 이 그림을 당신의 삶의 비전이라고 부르겠다. 이제 이 새로운 그

림을, 지금 당신이 종사하고 있는 직업과 겹쳐 보아라. 잘 겹쳐지는가? 만일 그렇다면 당신은 행복한 사람이다. 나는 그런 사람들을 위해서는 아무 할 말이 없다. 그저 그 행복을 축복하고 싶을 뿐이다.

만일 지금 하고 있는 일과 새로운 그림이 겹치지 않으면 어떻게 할 것인가? 이 괴리가 바로 당신을 고민하게 하고, 당신의 삶을 그저 그런 삶으로 만들어 놓는 주범이다. 열정도 재능도 없는 일에 종사해 왔다면 그 일을 잘할 수 있었겠는가? 어찌하다 보니 그렇게 살게 된 삶이니 그저 그러려니 하고 견디고 있다. 위로 올라가는 좁은 사다리에 매달려 전전긍긍하고 있다. 때가 되어도 진급을 못 하면 소주를 들이켜고 울분을 토하다가 또 그러려니 하고 산다. 모두 털고 나오고 싶어도 거리는 춥고 험하다. 그래서 한숨을 쉬며 그대로 있을 수밖에 없고, 미래가 보장되지 않는 일에 모든 시간을 써 버리고 만다. 만일 당신이 그저 체념하고 그대로 살겠다면 이 책은 아무런 도움도 주지 못한다.

그러나 당신이 마음으로 원하는 것을 하며, 그 일을 잘할 수 있다면 삶의 밝은 쪽으로 걸어 나오게 된다. 스스로를 좀 더 좋아하게 되고 일상이 또한 즐거워진다. 날이 지날수록 좀 더 나아진다면 언젠가 평범한 사람과는 다른 시각을 가질 것이고 이를 통해 세상을 다르게 해석할 수 있게 된다. 이것은 성장이다. 그리고 성장을 통해 세상에 기여한다. 성공은 기여에 대한 보답이다. 성공에 대한 대가는 반드시 돈이나 명예가 아닐 수도 있다. 자기 존중과 마음의 평화, 이웃의 믿음과 존경 그리고 삶에 대한 이해 같은 것으로 다가온다.

만일 당신이 겹치지 않는 그림을 가지고 있다면 지금 당장 필요한 것은 하루에 적어도 두 시간 정도는 그 교정에 사용해야 한다. 다행스럽게 그 교정 과정은 괴로운 것이 아니다. 하고 싶은 일에 시간을 쏟고, 재능이 있는 일에 시간을 보내는 것이므로 교정 자체가 바로 즐거움이며 삶의 활력이 된다.

당신에게는 시간이 없다. 만일 이미 마흔이 넘었다면 지금 당장 시작해야 한다. 스스로를 위해 술을 마실 시간은 있지만 술을 마시고 비정한 상사를 욕할 시간은 없다. 세상을 탓하고 주위를 돌아보며 욕을 할 시간도 없다. 정부의 무능을 비난하고 경영자의 탐욕을 탓할 시간도 없다.

무능한 정부는 정권을 잃고, 탐욕이 경영의 목적이었던 경영자는 도산할 것이다. 그리고 전문화되지 못한 개인은 직업을 잃을 것이다. 이것이 우리 시대의 메시지이다.

시장 경제라는 개념은 매우 유용하고 강력한 메커니즘이다. 단순하면서도 욕망에 충실하다. 바로 그 때문에 모든 경제·경영 개념의 핵심으로 장수하고 있다. 문제는, 시장의 원리로 채워지지 않는 사회의 다른 부분이 있다는 점이다. 경쟁은 필연적으로 탈락한 집단을 낳으며 그들 역시 사회의 일원이다. 지금까지 이들에 대한 문제는 정부의 책임이었다. 사회 보장 제도, 실업 수당, 재취업 프로그램 등 적극적 부분은 물론 경찰력과 사법 제도를 통해 시위와 폭동을 관리하는 것이 모두 정부의 기능이었다.

그러나 앞으로 정부의 기능은 축소되어 갈 것이다. 국가의 물리적 한계는 정보 통신이라는 비물리적 자산의 교류를 통해 그 영향력이 급속히 감소해 갈 것이다. 민족 기업이라는 개념도 바뀌어 간다. GNP라는 개념은 이미 GDP가 주는 개념의 중요성을 따르지 못하고 있다. 한국에서 운영되는 외국 기업은 외국에서 운영되는 한국 기업보다 더 중요해진 것이다. 다국적 기업은 주주에 대한 책임 외에도 시민 정신을 바탕으로 그동안 정부가 수행해 온 정치 사회적 기능을 부분적으로 대신하지 않을 수 없게 된다.

개인은 다른 사람과의 경쟁보다는 자신의 열정과 재능에 따라 스스로를 개발함으로써 경쟁력을 높여 가지 않으면 곧 하부 집단의 일원으로 전락한다. 불을 보듯 분명한 일을 거부하는 것은 어리석은 짓이다. 거시적으로는 정부와 기업의 역할이 중요하지만 결국 미시적으로 자신의 가족을 구원할 사람은 바로 자기 자신이다.

그러므로 당신에게는 시간이 없다. 지금 당장 새로운 계획을 실천하지 않으면 안 된다. 아직 직장을 가지고 있다면, 좋은 일이다. 직장에서 일을 하면서도 자신이 하고 싶은 일에 깊은 관심을 가지고 지켜보라. 관심을 가지면 그 일이 달라 보인다. 직장에서 주어진 일에 매이지 말라. 하는 일의 영향력의 범위를 넓혀 가라. 직장 내에 존재하는 고객을 찾아 그의 요구 사항이 무엇인지 정리하라. 1년 동안 계약을 맺은 협력 업체처럼 행동하라.

당신은 '사이버 1인 기업'의 경영인임을 잊지 마라. 1년이 지나면 그동안의 내부 고객에 대한 기여의 정도를 가지고 재계약이 체결되는 그런 긴박감과 고객에 대한 헌신을 가지고 일을 다루어라. 그리하여 당신이 그 일을 그만두면, 많은 사람이 당신보다 더 좋은 사람을 찾을 수 없게 행동하라. 그리고 한 가지 사실을 항상 기억하라. 하고 싶어서 하는 사람보다 더 잘하는 사람은 없다는 사실을.

만일 이미 실직을 했다면 당장 경제적으로 심한 고통을 받을 것이다. 지금 당장 먹고살 것이 없을 만큼 아무 준비도 없이 직장을 나올 수밖에 없었다면, 막일을 하는 잡역이나 붕어빵 장사라도 하라. 가족을 굶기는 아버지보다 무책임한 사람은 없다. 그러나 붕어빵 장사를 평생 하기는 싫으면, 두 시간은 떼어 내 앞날을 준비하라.

만일 당신에게 약간을 버틸 경제적 준비가 되어 있다면 마음에 드는 일을 찾아 시작하라. 다른 사람들의 기준이 아니라 자신의 욕망이 흐르는 대로 따르라. 절대로 다른 사람의 말만 듣고 허망한 물욕을 내지 말라. 퇴직금 날리고, 자신에 대한 존경을 잃고, 패가망신한다. 사기꾼은 언제나 당신이 조만간 움켜쥘 행운에 대해서 말한다. 그러나 당신이 스스로 믿지 못하는 일은 시작하지 말라.

어느 경우이든 겹치지 않는 그림을 포개는 작업으로 시작해야 한다. 하루 두 시간 이상을 매일 쉬지 않고 자신의 욕망에 투자하라. 욕망과 재능에 이제 시간을 더하라. 시간은 곧 삶이고 삶을 욕망과 재능에 투자하는 것이다. 이것만큼 확실한 투자는 없다. 다른 사람의 욕망과 재능에 돈과 시간을 걸지 말아라. 운이 좋으면 돈을 딸 수도 있지만 모든 것을 잃을 확률이 더 높다. 더욱 비참한 것은 스스로의 욕망을 희생하고, 하늘이 준 재능을 버림으로써 삶을 낭비하는 것이다. 다른 사람에게 인생을 팔았기 때문이다.

숙련과 기록

한번 시작한 일은 멈추지 마라

며칠 하다가 그만두지 마라.

며칠 있다가 다시 계속하겠다고 다짐하지 마라.

욕망의 불길이 계속 타오르게 하라.

평범한 사람들은 일상에 매여 산다. 일상이란 여러 가지 것들이 얽혀 있는 곳이다. 아버지이기도 하고, 남편이기도 하고, 누군가의 자식이기도 하다. 또 직장 내에서 여러 사람과 함께 나누어 가진 하나의 역할을 다하지 않으면 안 된다. 친구들과의 모임도 있고, 할아버지의 칠순에 참석해야 하고, 이종형 아들의 결혼식장에도 가야 한다. 그래서 바쁘다. 하루에 두 시간 정도를 낸다는 것은 쉬운 일이 아니다.

그래서 작심은 하였건만 오랫동안 계속하지 못하는 경우가 있다. 어쩌다 난 자투리 시간은 쉽게 써 버린다. 잠을 푸지게 자 버리거나, 오른쪽 왼쪽으로 번갈아 누우며 텔레비전 채널을 돌려 댄다. 서산에 해가 걸려 또 하루가 진다.

선택이 진지한 형태로 남으려면 자신을 위해 쓰는 두 시간을 무엇보다 중요한 제일의 우선순위로 올려놓아야 한다. 먼저 두 시간을 쓰고, 그다음에 스물두 시간을 남겨 두었다가 쓰도록 해야 한다. 가장 쉽게 이것을 쓰는 요령은 아무도 간섭하지 않는 시간대에서 두 시간을 빼내는 것이다. 그것은 새벽이다. 새벽에 일어나려면 저녁을 조금 먹고, 일찍 잠자리에 드는 것이 제일이다. 먼저 일주일 정도 훈련을 하면 밤 열 시쯤에 잠이 든다. 내용이 가볍고 즐거운 책 한 권을 들고 잠자리에 누우면 곧 잠에 빠질 수 있다.

하루에 여섯 시간에서 일곱 시간 정도 잘 자고 나면 잠이 부족하다는 생각은 없다. 새벽 네 시나 다섯 시 정도부터 두 시간 정도 시간을 내 하고 싶은 것을 하라. 그리고 하루를 시작하라. 하루가 길고 싱싱해진다. 일찍 시작했으니 일찍 잠자리에 들 수 있다. 이 모델은 바로 농경 사회의 모델이다. 해가 뜰 때를 온몸으로 느끼며 일어나서 해가 지면 이른 저녁을 먹고, 먹은 것이 소화될 때쯤 자리에 눕는다. 동물의 야생적 생체 시계에 맞추어 하루의 일상을 재편하는 것이다.

공연히 바쁘게 보내지 말라. 인생은 의미를 찾아 가는 시간이다. 쓸데없이 바쁜 사람은 본말을 전도하게 마련이고, 인생의 시간을 잡동사니에 다 써 버리게 된다. 멍청하게 써 버린 바쁜 시간이 모든 것을 망쳐 놓는다. 돌이켜 보라. 당신이 기쁨으로 기억하고 있는 순간이 무엇이며, 어떻게 보낸 순간인지 머릿속에 그려 보라. 어떻게 하고 싶은 일만 하고 살 수 있겠느냐고 묻지 마라. 그 대신, 하고 싶은 일도 하며 사는 것이 인생이라는 것을 믿어라. 그리고 하고 싶은 일은 어느 날 갑자기 할 수 있는 것이 아니다. 매일 조금씩 할 수 있을 때 비로소 이루어지는 것이며, 그렇게 평생을 하다 보면 그 일을 아주 잘하게 된다.

세상은 거창한 것이 아니다. 그것은 마음속에 존재한다. 중국의 선종 종사 중의 한 명인 마조도일馬祖導一은 "타고난 마음이 곧 부처自心卽佛"라고 했다. 개혁과 자기 혁명도 거창한 것으로 생각해서는 안 된다. 그것은 마음에 드는 대로 자신의 생활과 일상을 바꾸는 것이다.

믿음이 없이 자기 혁명은 일어나지 않는다. 그리고 믿음은 이상하게도 증거를 댈 수 없는 곳에서부터 생겨난다. 그러므로 다른 사람을 설득시키기에 적합하지 못할 때가 있다. 그러나 자신은 알고 느낀다. 자기 마음속에서 우러나오는 욕망을 믿어라. 여러 가지 마음을 유혹하는 욕망 중에서 오직 하나의

산상의 한 줄기 햇빛 속에는
철학이 말하는 모든 진실보다 더 값진 것이 있다.

욕망만을 키워라. 그리고 그 일을 가장 소중한 것으로 여기고, 매일 마음을 다해 그 일에 빠져들어라. 시간을 씀에 있어 절제를 배워라. 각고와 단련을 통해 우리는 비로소 숙련이 주는 '멋'에 이른다.

한번 시작한 일을 계속하는 방법 중의 하나는 기록이다. 기록함으로써 우리는 돌아볼 수 있다. "모든 사람은 각기 자신의 역사를 가지고 있으며 스스로의 역사가"라는 칼 베커의 말을 기억하라. 혹은 "지리한 일상을 다큐멘터리하고 싶다"던 앤디 워홀Andy Warhol을 기억하라.

나는 내 생명의 저 너머에 무엇이 기다리고 있는지 모른다. 몇 세기 뒤의 세계가 어떻게 변하게 될 것인지 그것도 알지 못한다. 하지만 지금 이 순간, 이 가득한 햇살 아래 알프스가 살아 있듯이 나도 또한 살아 있다. (…) 산상의 한 줄기 햇빛 속에는 철학이 말하는 모든 진실보다 더 값진 것이 있다. (…) (그러나) 정상에서의 광경이 아무리 아름답다고 하여도, 또 그것을 생생하게 느낄 수 있다 하여도 우리들 마음속에는 그곳을 떠나 어딘가 또 다른 곳으로 향하는 순간이 오게 마련이다. 돌아가는 길을 생각하고, 주변에 눈을 돌리는 순간이 오는 것이다. (…) (산행은) 출발할 때와 똑같이 아무런 소득도 없이 돌아올 뿐이다.

– 에밀 자벨

에밀 자벨Émile Javelle은 훌륭한 산악인이었다. 그는 요절했지만 그가 산에서 찾은 것은 정상의 정복이 아니었다. 그는 산행의 순간순간을 즐겼다. 그 순간순간이 모여 하나의 산행이 되었고, 그것이 그의 인생이 되었다. 그에게 산행은 출발할 때와 똑같이 아무런 소득도 없이 돌아오는 것이었고 그의 인생도 그랬는지 모른다. 인생은 순간순간 살아 있음을 느끼는 것이다. 인생은 무엇인가를 얻는 것이 아니다. 그것은 사는 것이다.

순간순간, 하루하루를 기록할 수 있으면 좋다. 일기여도 좋고 밑줄 친 책의 한 구절이어도 좋다. 단상이어도 좋고 편지여도 좋다. 순간을 기록하면 하나의 개인적 역사가 된다. 기록을 통해 우리는 항상 깨어 있게 된다. 기록은 순간을 복원하여 우리에게 되돌려 준다. 그리고 그것이 우리의 삶이다.

이제 이 책과 헤어질 때가 되었다. 한 번 더 반복해 보자. 당신은 지금 이 세상에서의 당신의 삶을 한마디로 표현한 '묘비명'을 갖게 되었다. 자신의 '지능 목록'도 만들었다. 이 둘, 욕망과 재능을 결합시켜 '하고 싶고 잘할 수 있는' 길을 찾는 정신적 노력을 했다. 그리고 덤으로 '나를 행복하게 하는 것들'의 목록도 만들었고, 더불어 함께 즐길 수 있는 사람과 시간을 이미 짜 놓았다.

자, 이제 당신의 아이들에게 '내가 선택한 마음에 드는 길'에 대하여 편지를 써라. 아직 아이가 없다면 앞으로 생겨날 아이에게 써라. 당신이 누구였는지, 무엇을 바라며 왜 살았는지를 써라. '묘비명'이 하나의 객관화된 삶의 요약이라면, 아이들에게 쓰는 이 편지는 개인적이고 주관적인 진실이다.

아이들은 당신의 인생에 가장 중요한 부분이다. 그리고 미래에 속한 세계이다. 그들에게 당신의 삶과 미래에 대한 꿈을 적어 보내라. 그러나 쑥스러워할 필요는 없다. 당신의 편지는 그 아이들에게 배달되는 대신 당신의 마음속에 남는다. 세상이 아직 이 정도의 타락으로 그친 것은 자기 아이들을 생각할 때, 언제나 마음이 아프고 또한 즐겁기 때문이다. 싱싱한 기쁨과 고통이 함께 있다는 것은 자신의 이익을 넘어서는 위대한 힘이 존재하기 때문이다. 아이들을 향한 부모의 마음은 한결같다. 그것은 아마 이성부의 시와 같을 것이다.

어머니가 혼자만 아시던 슬픔,
그 무게며 빛깔이며 마음까지
이제 비로소
선연히 가슴에 차오르는 것을
넘쳐서 흐르는 것을
가장 좋은 기쁨도
자기를 위해서는 쓰지 않으려는
따신 봄볕 한 오라기,

자기 몸에는 걸치지 않으려는

어머니 그 옛적 마음을

저도 이미

어머니가 된 여자는 알고 있나니,

저도 또한 속 깊이

그 어머니를 감추고 있나니.

　　　　　　　　　　　- 이성부, 「어머니가 된 여자는 알고 있나니」

　해마다 편지의 내용을 새롭게 바꾸어 써야 한다. 매년 새해 첫날에 써도 좋고, 당신의 생일날이어도 좋다. 아니면 당신 생애에 커다란 변화가 일어난 날이어도 좋다. 가장 의미 있는 날을 골라 아이들에게 보내는 이 편지를 고쳐 써라. 그리고 당신만이 아는 가장 은밀한 곳에 넣어 두고 일상의 거울로 삼아라.

　나는 지리산에서 한 달간의 포도 단식을 하고 돌아온 후, 거의 6개월이 지난 1998년, 음력설 전날 이 편지를 고쳐 썼다. 나는 죽는 순간까지 이 편지를 고쳐 써 갈 것이다. 아직 나조차도 이 편지의 마지막 내용이 어떻게 쓰일지 알지 못한다. 재미있지 않은가? 내 삶이 내 손에 의해 다시 쓰일 수 있다는 사실이 말이다.

　해린, 해언에게

　아빠가 너희에게 이 편지를 쓰는 것은, 너희들이 바로 아빠가 이 세상에 남겨 놓은 젊음이며, 사랑이며 또한 새로운 세상이기 때문이다. 물론 너희에게 배달되지는 않을 것이다. 이 편지는 오히려 아빠의 마음으로 다시 배달될 것이다. 나는 이 편지를 해마다 고쳐 쓸 것이다. 그러므로 이 편지의 마지막 내용은 아직 나도 모르는 꿈과 희망으로 남아 있다.

나는 세상을 혼자 살지 않았다. 함께 살아온 벗들이 있다. 한 사람은 너무 진지하고 지극해서 나 또한 그를 대할 때 정성을 다할 수 있도록 만들어 주었다. 또 한 사람은 사물의 뒤에 숨어 있는 것들을 읽어 내는 재치가 있었는데, 나는 그를 통해 새로운 시각에서 사물을 보는 법을 배웠다. 또 한 사람은 자신의 믿음과 가치를 잃지 않고 세상을 살려고 애썼다. 그를 만나면 언제나 마음이 편안하였다. 나를 깊이 이해해 주었기 때문이다. 또 한 사람은 자신이 어려움을 당했을 때, 가장 먼저 나를 생각해 주었다. 그리하여 내가 다른 사람을 도움으로써 보람을 느낄 수 있는 선한 사람이라는 믿음을 갖게 해 주었다. 이 사람들이 없었다면 내 삶은 참으로 어려웠을 것이다.

일에 대하여 말하겠다. 아빠는 대학에서 혁명사를 전공하고 싶었다. 비록 대학에서 그 일을 계속할 수는 없었지만 이러한 관심은 회사에 다니면서 조직과 개인의 변화와 개혁이라는 전문 분야를 다룰 수 있게 했다. 이 일에 종사해 온 지 12년이 지난 다음에야 모든 변화의 시작은 '나로부터' 출발한다는 것을 진심으로 깨달았다. 아빠가 지리산에서 한 달을 보낸 것은 바로 미래를 현재의 연장선상에서 끊어 내기 위한 작업이었다. 그곳에서 아빠는 세 가지 생각을 했다. 그리고 그것이 내 삶의 후반기를 시작하는 기조를 이루게 되었다.

그 첫 번째는, 하루에 적어도 두 시간은 나를 위해 쓰겠다는 결심이었다. 그것이 무엇이든 다른 사람의 요구에 의해서가 아니라 오직 나 자신의 욕망을 위해 일관되게 그 두 시간을 쓰고 싶었다. 매일 연습하면 매일 조금씩 좋아지는 것을 느끼는 연주자처럼. 나는 일찍 자고 일찍 일어났다. 새벽은 자신을 위해 쓸 수 있는 좋은 시간이었다. 줄을 쳐 가며 읽고 생각하고 정리했다. 그리고 가끔 썼다. 시간은 무척 즐거웠다.

두 번째는, 네 엄마와 더 많은 교감을 가지는 것이었다. 모든 사람은 결점을 가지고 있다. 가족 사이도 역시 충돌과 오해와 생각 없이 뱉은 잔인한 말들로부터 자유롭지 못하다. 마치 너희들은 나이가 들면서 자유로워지고 싶어 하고, 엄마와 아빠는 사람이 마땅히 지켜야 할 것들이 있다고 말할 때 생겨나는 갈등 같은 것들이다. 엄마와 술을 한 잔씩 하는 것은 즐거운 일이다. 그러나 제일 좋은 것은 함께 주일마다 성당에서 미사를 보고 서로 쳐다보며 진심으로 "평화를 빕니다"라고 말하는 것이다.

아빠는 당분간 교리를 하거나 영세를 받을 생각은 없다. 아직 하느님께 대한 서약을 지킬 자신이 없어서이다. 그러나 언젠가 스스로에 대한 애착보다 다른 사람을 위해 시간을 쓸 준비가 되면, 그때 나는 가톨릭 신자가 될 것이다. 아직은 하느님께서 진정한

'내'가 되기 위해서 더 많은 시간을 나를 위해 쓰기를 바라고 계신다고 생각한다.

나는 아직도 마음 깊은 곳에 숨겨져 있는 절실한 욕망이라는 신의 소리를 기다리고 있다. 꿈, 희망, 열망, 소망이라는 말보다 욕망이라는 다소 육체적이고 불순해 보이는 말을 더 좋아한다. 왜냐하면 그 속에서 나는 정제되지 않은 어떤 야생적인 힘을 느낄 수 있기 때문이다. 그것은 무엇인가를 지금 저지르도록 하는 실천력을 가지고 있다. 이것은 단순한 충동이 아니다. 너무나 절실하여 평생을 따라다니는 그리움 같은 것이란다. 다른 일을 하다가도 결국 그 일로 되돌아오게 하는 바로 그런 그리움.

셋째는, 새로움을 일상 속으로 언제나 끌어들일 수 있도록 마음을 여는 것이다. 인생은 결국 시간과의 밀월 같은 것이다. 시간이 지나면서 사람들은 보다 회의적이고 보수적이 되기 쉽다. 경계해야 할 일이다. 그것은 함께 걸어오던 세상이 잡았던 손을 놓고 저 혼자 빨리 걸어가 버리도록 만드는 것이다. 인생에는 많은 소도구가 있다. 여행, 붉은 포도주, 마담이 괜찮은 카페, 가끔 적는 일기, 아내의 생일, 노란색 작은 국화꽃, 영화, 인사동 골목의 맛있는 음식점, 미술관 창문 속으로 지는 햇빛, 가을 물빛, 파도가 만드는 소리, 우연히 나눈 친근한 눈길, 땀과 바람……. 모두 두고 떠나기 싫은 것들이다. 여기 세상에 남아 있음이 얼마나 커다란 축복인가!

존재한다는 것만으로 행복해질 수 있다. 바람이 감미로운 늦은 봄날, 북한산 노적봉에 올라 보라. 꽃 속에, 햇빛 속에, 하늘 속에, 옷 모두 벗어 두고 서 있어 보라. 단지 그곳에 있음으로 나는 얼마나 행복했던가! 노동을 한 다음의 달콤한 휴식 같은 것이다. 마음의 빗장을 모두 풀어놓는 휴식은 그 자체로 행복이지만 이것 없이는 일 또한 할 수 없다. 마음이 닫혀 있을 때 일상은 고통스럽고 지루해지는 것이다.

너희는 아빠의 자랑이다. 너희 둘만큼 세상은 좋아질 것이다. 너희 둘 때문에 이 세상이 좀 더 숨쉬기 좋은 곳이 되었다고 믿는 사람들이 있을 때 너희는 성공한 것이다. 다른 사람이 되려고 애쓰지 말아라. 자기 자신이 되려고 힘써라. 깊은 곳, 그리움으로 있는 욕망에 따라 오직 자기 자신보다 좀 더 나은 자신이 되기 위해 최선을 다하여라. 힘껏 배워서 늘 고운 사람이 되도록 하여라.

1998년, 1월 27일, 음력설 전날

나는 아이들에게 편지를 쓰면서 스스로에게 바라는 것과 아이들에게 바라는 것을 함께 정리할 수 있었다. 편지는 감정을 담을 수 있다. 마음을 실을 수 있기 때문에 그 내용이 살아 움직인다. 마음을 토해 내기 때문에 깊이 숨어 있는 그림자들이 밖으로 쏟아져 나온다. 겉과 속의 화해를 위해, 그리하여 자신이 허용한 욕망이 매일 조금씩 자라나고 그 욕망을 이루기 위해 스스로에게 남기는 기록들이 필요하다.

이제 당신은 묘비명과 지능 목록과 당신을 행복하게 하는 목록과 아이들에게 쓴 계속 고쳐 써야 할 편지를 가지게 되었다. 이제 매일 스물두 시간씩 주어지는 일상을 살아라. 아버지로서 아내로서 혹은 딸이나 아들로서 그리고 직장인으로서 누군가의 친구로서 그렇게 살아라. 그리고 매일 두 시간은 오직 자기만을 위하여, 자기 자신이 되기 위하여 사용하라. 이 두 시간은 어느 무엇을 위해서도 양보하지 마라. 그것을 파는 날 그대는 노예가 된다.

지나간 순간들이 자신이 쓴 묘비명에 적합한 것인지 비교해 보아라. 지금 하고 있는 일이 내가 하고 싶고 잘하는 일인지 물어라. 그리고 아직도 그 일을 하고 있지 못하다면 하루에 두 시간씩의 시간이 잘 쓰이고 있는지 되돌아보라. 행복한 일들의 목록에 들어 있는 계획들이 잘 이루어지고 있는가? 그 작은 여유와 사려 깊은 순간들이 당신의 삶을 부추겨 주었는가? 가끔 아이들에게 쓴 편지를 꺼내 읽어 보라. 때때로 내가 아이들의 삶에 너무 많이 개입하고 있는 것은 아닌지, 그리고 상대적으로 그들에게 보여 주고 싶었던 '자기 자신'이 되는 일에 게으른 것이 아닌지 자문해 보라.

나는 이 책을 쓰는 시간들을 즐겼다. 나 자신과 나눈 시간들 하루에 두세 시간들의 모임이 이 책을 만들어 냈다.

내가 바라는 것은 행복해지는 것이다. 항상 약간의 흥분을 가지고 마음에 드는 길을 가고 싶다. 행복한 사람만이 행복한 세상을 만들어 낸다는 말에 깊이 공감한다.

『그리스인 조르바Vios ke Politia tu Aleksi Zorba』의 작가이며, 1953년 『최후의 유혹O Teleftaios Pirasmos』을 70세의 나이로 발표한 니코스 카잔차키스Nikos Kazantzakis의 기도를 소개하며, 마친다.

나는 당신의 손에 쥐어진 활입니다.

주님, 내가 썩지 않도록 나를 당기소서.

나를 너무 세게 당기지는 마옵소서.

나는 부러질까 두렵습니다.

나를 힘껏 당기소서, 주님.

내가 부러진들 무슨 상관이 있겠습니까?

개정판 후기

11월 중순의 아름다운 날이다. 햇빛 가득한 뜰을 바람이 호쾌하게 스쳐 지나가자 푸른 하늘 흰 구름을 배경으로 나뭇잎들이 바람을 안고 마음껏 춤을 춘다. 이런 날 살아 있다는 것은 얼마나 신나는 일이냐! 신은 날씨로 세상을 축복한다.

이 책을 쓰기 시작한 1997년 이후 나는 자유롭게 살았다. 3,600번의 하루를 보냈고, 120개의 보름달을 바라보며 술잔을 들었고, 열다섯 개의 나라를 새로 구경했다. 1,000권의 책을 읽었고 열네 권의 책을 썼다. 30명의 제자를 만나게 되었고, 100명에 가까운 '꿈벗'을 사귀게 되었다. 그리고 1,000번의 강연을 통해 10만 명의 사람들과 만났다. 가을 하늘을 지나는 푸른 바람처럼 세상을 살았다. 나는 행복했다. 모두 이 책을 쓴 다음에 생긴 일이었다. 이 책은 내게 영험한 마스코트나 부적 같은 것이었다. 세상과 교통하는 다리였고 나를 비추는 거울이었다.

고대 그리스의 델포이 신전의 입구에는 "너 자신을 알라"라는 글이 새겨져 있다. 마치 고대 세계의 입구를 들어서듯 10년 전 나는 나를 알기 위해 노력했다. 그리고 10년이 지난 지금 현대 세계를 서성이며 나는 '나 자신이 되기 위해' 노력한다. 앞으로 끊임없이 '나 자신으로 살아가고 있는지' 물을 것이다.

　　태풍 하나가 한반도의 남쪽을 휩쓸고 지난 다음 날

　　제주도에 대포처럼 비를 퍼붓고

　　전라도를 거쳐 잔인한 적군처럼 빠져나간 다음 날

　　밤까지 질 줄 모르고 푸른

　　그 푸른 가을 하늘을 보다가

　　참 잘 살아야겠다 생각했다

　　느닷없는 생각이 어디서 온 것인지 알 수 없다

　　밤이 깊어 가도 어두워지지 않으려는 푸른 하늘 때문인지

　　그 하늘을 보고 있는 나 때문인지

　　내 옆에 서서 놀라워 입을 벌린 아내 때문인지

　　나는 알 수 없다

　　그러나 참 잘 살아야겠다

　　너무 늦게 깨달은 사람은

　　인생으로부터 벌을 받아야 하기 때문에

그래 어떻게든 저 지지 않는 푸른 하늘처럼

참 잘 살아 봐야겠다.

윤광준 선생은 '나다운 나'를 찍어 주기 위해 보이지 않는 바람처럼 셔터를 눌러 주었다. 그는 한 번도 내게 포즈를 취하라고 말하지 않았다. 가장 자연스러운 내 모습을 원했기 때문이다. 휴머니스트의 김학원 대표는 나를 위해 긴 글을 써 미국에서 부쳐 주었다. 그도 나도 삶의 혁명을 원했다.

절판을 시킨 다음 1년이 다 되어 명망 있는 을유문화사에서 다시 나오게 되니 감회가 깊다. 예전의 책을 여러 권 묶어 다시 세상에 내보낸 을유문화사의 배려에 감사한다.

2007년 겨울

구본형

나의 자기 혁명 일기

내 인생의 다섯 번의 변화

그것은 하나의 사건이었다. 개인사의 관점에서 말하자면 내 생의 결정적인 열 가지 장면에 들어갈 만한 것이니 실로 엄청난 사건이었다.

1998년, 비가 몹시도 내리던 초여름 어느 날이었다. 비장한 심장으로 차를 몰았다. 그때 난 출판업계에서 일하는 편집자들이 가장 갈망하는 편집 주간Chief Editor의 자리에서 전성기를 맞이하고 있었다. 그 자리에 오른 지 5년째인 서른일곱의 그해 어느 날, 난 한 권의 책을 읽으며 내 심장 밑바닥에서 쿵쾅거리는 소리를 들었다. 그 소리가 꺼지기 전에 떠나야 했다.

일곱 시간을 쉬지 않고 달린 후 지리산 어느 골짜기의 비포장 산길에 접어들었다. 빗발은 거세고 날은 점점 어두워졌다. 인적조차 찾을 수 없는 산길이 끝없이 이어졌다. 두려웠지만 멈출 수 없었다.

불타는 갑판에서 뛰어내리다

다른 누군가가 되려고 해서는 안 된다. 다시 자신으로 되돌아오는 회귀는 바로 일상에서부터 시작해야 한다. 마음이 흐르는 대로 하고 싶은 것을 찾아 모든 시간을 그것에 소모해야 한다. 인생은 그렇게 만들어지는 것이라고 믿는다. 그때 자신의 삶이 무엇이었는지 비로소 말할 수 있게 된다. (16쪽)

서른일곱의 그때 난 답답한 체증을 느끼고 있었다. 내가 정당하다고 생각했던, 요청하는 삶에 기꺼이 헌신하는 삶의 동력이 수명을 다해 가고 있었다. 근본적으로 창의적이지 못했고 열정에 화력을 가할수록 신명 나는 것이 아니라 힘겨웠다. 착하고 현명한 아내와 세 살, 다섯 살인 두 아이에게 힘든 모습을 보일 수는 없었다. 밖에서는 더욱 그랬다. 사장에게 확신을 주어야 했고 저자들과 후배 편집자들에게는 믿음을 얻어야 했다. 아무도 없는 곳에서 단 하루라도 쉬고 싶었다. 무언가 변화가 필요했다. 무엇보다 내가 달라지고 싶었다. 그러나 다시 새로운 태양이 떠오르면 열심히 사는 어제의 삶을 반복했다. 오늘은 어제와 다를 바 없었다. 변화를 갈구했지만 행동의 방향을 찾지 못했다. 결단을 내리기에는 수많은 관계와 일이 일상을 채우고 있었다.

당시의 내 상황은 한마디로 '불타는 갑판'이었다. 결단을 내려야 했다. 지금 당장, 내가 서 있는 곳에서 뛰어내려야 했다.

한 달 동안의 휴가를 얻었다. 내가 단호하니 모든 것이 풀렸다. 직장인에게 한 달 동안의 휴가는 천금과 같다. 그래서 노트북과 책 몇 권만을 챙겨 책 속의 지리산 단식원으로 향한 것이다. 그곳에서 나를 힘들게 하는 것들을 걷어 내는 단식을 하고 나의 이야기를 경청하는 시간을 갖고 싶었다. 나를 혁명하는 일, 그것은 실로 두렵고 설레는 일이었다.

주위는 어둠에 빠졌고 빗줄기는 거세졌다. 폭우가 만든 도랑에 차가 빠졌다. 헤어날 수 없었다. 갑작스런 절망감에 영화 속의 장면처럼 느껴졌다. 기대는 사라지고 두려움이 앞섰다. 불빛을 찾아 도움을 청하기로 했다. 인적이 드문 산중이었지만 60대 할머니는 설명이 끝나기도 전에 사태를 파악하고 전화를 돌렸다. 신비로운 일이었다. 도무지 혼자일 것만 같았던 그 지리산 골짜기 어디선가에서 할아버지, 할머니, 아저씨, 아줌마들이 순식간에 몰려들었다. 119 구조대원처럼 경운기를 몰고 온 청년은 내 차에 밧줄을 묶었다. 도랑에서 차가 막 빠져나올 때 그날 나의 최종 목적지이자, 내가 한 달 동안 묵을 골짜기 가장 꼭대기 집의 주인 어르신이 달려 내려오며 나를 반갑게 맞이했다. "저런, 큰일 날 뻔하셨네요." 너무도 평온했던 그의 얼굴 때문에 내 혁명은 절망에서 성공의 기운으로 변했다.

과거, 현재, 미래를 넘나들며 내 생을 흔들다

'하고 싶은 일을 하다 보면, 가족을 먹여 살릴 수 없다'는 잘못된 깨달음으로 우리를 몰아간 것은, 우리를 기존의 체제에 묶어 두고 통제하고 싶은 보이지 않는 사람들이었다. 그들은 세상이란 '하고 싶지만 할 수 없는 일'과 '하기 싫지만 해야 하는 일'로 이루어진 것이라고 말한다. (14쪽)

이 대목에서 나의 독서는 오랫동안 멈추었다. 내가 싫어했던 것, 그럼에도 내 안으로 침투해 내 의지와는 다르게 나를 죽음으로 몰고 가는 암세포처럼 싹트고 있는 것들에 대해 때론 심한 자책에 시달리기도 했다. 그것은 건강한 생을 살고자 하는 나를 그저 순응하며 사는 착한 사람으로 내모는 잘못된 제도였고 관념이었다.

포도 몇 알을 들고 단식원 뒷산으로 소풍을 간 어느 화창한 날, 나는 다시 펼쳐 든 이 책의 어느 대목 앞에서 그만 펑펑 눈물을 쏟고 말았다. 난생처음 나에 대한 연민과 격려가 용솟음쳤다. 진정 어린 연민이 포장된 이성이나 사랑보다 훨씬 깊은 동지애를 낳는다는 사실 역시 처음 깨달았다. 그날부터 노트북에 내 지난 삶을 기록하기 시작했다. 세상의 시선에서 벗어나 나 자신의 눈으로 내 삶을 다시 기술하기 시작한 것이다.

이 책은 내 생의 과거, 현재, 미래를 넘나들며 내 생을 뒤흔들었다. 이 책으로 인해 나는 첫째, '불타는 갑판'에서 당장 뛰어내렸고, 둘째, 나의 자서전을, 내 스스로, 지금 당장 쓰기 시작했다. 첫 번째가 중대한 사건이었다면 두 번째는 신비로운 여행이었다.

어린 시절, 나는 일곱 번의 가출을 꿈꾸었고 두 번의 가출을 시도했다. 삼일천하였지만 떠날 때는 풍운의 뜻을 품은 독립운동가의 심정이었다. 둘 다 중학교 때였다. 고등학교 시절 나는 낭만적이되 열정과 유토피아를 이야기하는 교사와 작가, 두 직업의 공존을 꿈꾸었다. 아이들에게 생에 대한 열정을 가르치면서도 글을 쓰면서 먹고사는 것이 가능하다고 믿었다. 그 믿음 때문에 입시를 앞두고 어느 작가에 미쳐 형편없는 성적을 받고도 몹시 기뻐했다.

대학 시절, 1학년을 마치기도 전에 난 교사와 작가의 꿈을 접었다. 2년 반의 대학 생활을 마감하고 남들이 군대에 갈 시기에 난 감옥에 있었다. 부모와 형에게 가장 큰 실망감을 안겨주었지만 부조리한 세상을 외면하는 더 큰 죄를 짓기 싫었다.

감옥에서 나와 대학에 복학하지 않았다. 강의실보다는 몸으로 현실을 느끼고 부조리를 이겨 내는 길을 찾고 싶었다. 직업훈련원에서 선반과 용접을 배우고 3년 반 동안 공단에서 하루에 수백 대 분량의 자동차 부품을 만들었다. 어느 날 마음속에 품고 있던 슬로건을 공단 사거리 곳곳에 내걸었다. "우리는 어제의 노동자가 아니다." 그날 이후로 이 말은 유인물에 내가 가장 즐겨 쓰는 슬로건이 되었다. 그 때문에 나는 두 번 더 감옥을 오갔다. 대학 정문에 들어설 때만 해도 나의 20대가 그렇게 파란만장하게 마감될 줄 꿈에도 몰랐다. 2년 반의 대학 생활, 3년 반의 공단 생활, 4년 반의 감옥 생활 끝에 난 서른이 되어 다시 낯선 세상을 만났다.

자신을 위해 애써라. 자신을 위해 혁명하라

일주일 내내 지나온 내 삶을 기록했다. 혼자 웃고 울며 20년 이상 밀린 일기를 썼다. 매일 쓰면서 매일 행복했다. 애써 먹지 않았는데도 배고프지 않았다. 애써 일하지 않았는데도 마음이 편했다. 내 자서전 쓰기가 30대에 들어섰을 때, 아내와 두 아이가 절실하게 그리웠다. 함께 있고 싶었다. 그날도 비가 몹시 내렸다. 열흘째 되던 날, 진주역에서 영화의 한 장면처럼 그리던 가족과 재회했다. 아내와 두 아이가 단식에 합류했다. 세 살 막내와 다섯 살 첫째 아이는 엉겁결에 일주일 동안 밥을 먹지 않는 경험을 했다. 둘은 밤마다 요리사가 되어 평소에 먹지도 않던 음식을 만들다 잠이 들었다.

나를 위한 혁명, 18일째인 그날 우리는 함께 밥을 먹기 시작했다. 씨를 뿌려 거둔 곡식과 채소만으로 행복한 식사를 할 수 있는 몸으로 변해 있었다. 두 아이는 현미, 된장, 채소 그리고 옥수수에 환호성을 질렀다. 불과 한 달 전에는 상상조차 할 수 없는 일이었다. 우리는 아직도 그날을 잊지 못한다. 그날 이후로 우리는 식탁에 마주하는 시간을 기다렸으며 그 자리의 고마움을 알았다. 그렇게 한 달 동안 자신을 위해 빛나는 혁명의 나날을 보냈다.

한 달 후 하산하는 날, 나는 새로 태어났다. 한 달 전과 마찬가지로 비포장 비탈길이었지만 차는 눈부신 햇살을 맞으며 오솔길을 걷듯 부드럽게 미끄러졌다. 올 때는 혼자였지만 내려갈 때는 아내와 아이들의 웃음소리가 가득했다. 맑은 욕망이 솟았다. 그랬다. 나를 살아 있게 만드는 새로운 욕망, 내가 진정으로 원하는 욕망들이 샘솟았다. '이제 하루에 두 시간, 나를 위해 비우리라. 진정으로 내 욕망이 흐르게 하리라. 매일 아침 아내와 두 아이와 소박한 식탁에서 행복한 대화를 나누리라. 하고픈 일에 매진하리라. 머지않은 시간 안에 나를 위한 책, 나의 책도 펴내리라.'

그로부터 2년 후, 난 아낌없이 열정을 다한 직장에 기꺼이 사표를 던졌다. 평생 다닐 것 같았던 직장을 떠나고 3일 후, 새벽에 일어나 아내와 짐을 쌌다. 여러 차례 줄이는 과정을 반복하며 여행용 가방 두 개에 필요한 것만 챙겼다. 배낭을 멘 다섯 살 막내와 일곱 살 큰아이는 곰 인형과 거북이 인형 하나를 안고 따라나섰다. 낯선 언어와 문화, 낯선 땅에서 전혀 모르는 사람들과 3개월을 보냈다. 태어나서 한 번도 겨울도 눈도 구경한 적이 없는 사람들과 무더운 성탄절을 보냈다. 그들과 우리는 신기한 눈으로 서로를 쳐다보았다. 낯선 여행지에서 다시 이 책을 펼쳤다. 틈나는 대로, 하루에도 몇 차례씩 일기를 쓰며 '자신과 만나기 위한 산책길'을 즐겼다. '무엇을 해야 하는가?' 이 질문은 버렸다. '무엇을 원하는가?' 이 질문에서 시작했다.

어느 목수의 집짓기, 새로운 집을 짓다

> 나의 '타오르는 욕망'은 무엇인가라는 질문은 나의 '삶의 비전' 은 무엇인가라는 질문과 같다. 그리고 이것은 '나의 삶을 아름답 고 멋있는 것'으로 만들어 주는 것은 무엇인가라는 질문과 같다.
> (270쪽)

그랬다. '무엇을 하고 싶은가, 무엇을 원하는가' 나에게 자주 질문을 던졌다. 사표를 던지고 맞이한, 내가 누군지도 모르고 나에게 아무런 기대감도 없는 낯선 환경은 이 질문을 더 빛나 게 했다. 신영복 선생의 『나무야 나무야』에 등장하는 목수가 떠올랐다.

장기수들이 겨울에 가장 좋아하는 것은 따사로운 햇살이다. 그들은 짧은 운동 시간에 햇볕을 쬐며 운동장 바닥에 그림을 그리고 있었다. 그중 30여 년을 목수로 보낸 어느 노인이 땅바 닥에 그린 것은 집이었다. 땅을 파고 지반을 다지고 주춧돌을 세우고, 노인은 그렇게 집을 짓듯 그림을 그리며 마지막에 지 붕을 올렸다. 우리는 늘 지붕부터 그렸다. 불현듯 그 목수처럼 집 한 채를 짓고 싶었다.

> 물고기처럼 생각하는 낚시꾼, 고객의 눈을 가진 사업가, 자신의
> 눈으로 세상을 재구성하는 예술가, 그들은 모두 전문가이다. 그
> 들은 욕망에 따라 자신의 시간을 그곳에 쏟아붓는 사람들이다.
> 나는 그들을 좋아한다. (11쪽)

이 글은 나를 격려했다. 나는 평범한 사람들의 건강한 욕망, 특별한 욕망을 짓밟는 제도를 증오했다. 그 제도를 지배하는 자들을 싫어했다. 반면 자신의 눈으로 세상을 새롭게 재구성하는 사람들은 좋아했다. 그런 건강하고 매력적인 전문가들이 자신의 생각을 한껏 펼칠 수 있는 그런 집을 한 채 짓고 싶었다. 작지만, 어느 노인 목수의 오랜 믿음처럼 기초부터 튼실하게 짓고 싶었다. 지붕부터 그려 놓은 직장 생활은 반복하고 싶지도 않았고 그런 집을 짓고 싶지도 않았다. 존재의 가치가 사라질 때 삶은 방황한다. 욕망이 솟아날 때 삶은 흥분한다. 생각해 보니 아무것도 가진 것이 없었다. 그런데도 낯선 체류지에서 틈나면 혼자 흥분했다. 큰아이 초등학교 입학식을 며칠 앞둔 날, 아이와 같은 심정으로 비행기에 올랐다.

모든 것을 다 줄이고 버렸다. 조그만 아파트를 전세로 얻어 조그만 거실에 책상 두 개를 놓고 아이들 공부방, 엄마의 독서실, 내 서재를 합쳤다. 선배의 사무실에 빈 책상 하나를 얻었

다. 버스와 전철을 갈아타며 한 시간 30분을 가야 했지만 매일 8시 전에 출근했다. 새로운 집을 설계하는 일 자체가 주는 흥분감 때문에 동이 트기 전에 눈이 떠졌다.

두 달 동안 나는 매일 텅 빈 책상 앞에 앉았다. 밀린 원고나 결재 서류도 없었고 직책도 월급도 없었다. 1인 기업의 경영인으로서 내가 짓고 싶은 새로운 회사의 이념과 비전, 이루고자 하는 가치만을 설계했다.

두 달 동안 나는 철저히 혼자였다. 그러나 매일 나도 달라졌고 회사도 달라졌다. 얼마 후 가치는 눈에 띄게 증식했고 사람들로 붐볐다. 기초부터 다시 설계해야 했다.

> 1인 기업의 경영인 역시 어떤 일을 하든 확고한 신념과 비전을 가져야 한다. 당신은 욕망에 따라 무슨 일이든지 할 수 있다. 그러나 당신의 신념에 위배되는 일은 서슴없이 포기해야 한다. 신념이란 스스로에게 한 약속이며 그것을 지킬 것이라는 믿음이다. 당신은 스스로의 리더다. 그러므로 스스로에게 책임을 져야 하며 또한 조직과 사회에 대하여 책임을 져야 한다. (208쪽)

나는 이 말을 여러 번 되씹었다. 아니, 이 말 자체가 내 것으로 체화해야 한다고 강조하고 있었다. 욕망에 따르는 것도 쉬운 일이 아니듯 절제하고 포기하는 일 또한 쉬운 일이 아니다. 어느 날 나만큼은 신념, 욕망, 절제를 일치시킬 수 있다고 믿었다. 그러나 때론 현실이 내 앞에서 그들 사이를 갈라놓고 싸우도록 부추긴다. 신념에 위배되는 일은 대부분 이해가 크게 걸려 있는 일이다. 신념에 맞고 이익도 크다면 누가 포기할 것인가? 문제는 이익은 크지만 신념에 위배되는 일이다. 이럴 때 서슴없이 포기하는 경영자를 본 적이 없었다. 이런 일들이 나에게도 반드시 일어날 것이다.

대기업의 경영자가 아닌 1인 기업의 경영자 역시 누구 못지않게 조직과 사회에 책임을 져야 한다는 저자의 말도 나를 크게 자극했다. 자본금도 직원도 사업자 등록증도 없이 책상 하나를 빌려 창업 계획서를 작성하고 있는 나에게 이 말은 내 욕망에 커다란 자긍심을 안겨 주었다. 그리고 내가 그리는 회사의 가치를 높여 주었다.

마흔여섯, 새로 시작하기 더없이 좋은 나이

> 과거의 성공은 오늘의 변화에 짐이 된다. 성공은 곧잘 우리를 도취하게 만든다. (34쪽)

회사를 차리고 더없이 훌륭한 저자들과 더없이 열정적인 동료들과 일한 지 5년이 지난 시점에 다시 책을 펼쳐 들었다. 새롭게 마음에 들어오는 구절이 있었다. 마음에 들었다는 의미는 행동으로 옮기고 싶다는 말과 같다. 적어도 이 책 안에서는

'마음에 들다', '하고 싶다', '행동으로 옮기다'가 모두 같은 의미이다.

시간이 그리 많지 않았다. 새로 지은 집이 매일 훌륭한 전문가들로 가득 찼으니 떠날 준비를 해야 했다. 이 책이 나에게 "마흔여섯, 자칫 안주하기에 딱 좋은 나이일세"라고 재촉하는 듯했다.

2007년 7월이었다. 그날도 새벽에 일어났다. 아내와 짐을 싸기 시작했다. 여행용 가방 네 개에 꼭 필요한 것들만 챙겼다. 나, 아내, 이제 막 중학생이 된 첫째와 초등 5학년생인 둘째 모두가 최고의 필수품으로 꼽은 것은 노트북이었다. 두 녀석 모두 "나도 아빠처럼 비즈니스맨"이라며 노트북 가방을 들며 폼을 잡았다.

1998년 장맛비가 하염없이 내리던 날 진주역에서 아빠를 보고 달려와 안겼던 세 살, 다섯 살 꼬마들이 이젠 비밀번호를 걸고 자기만의 일기를 쓰는 청소년으로 성장해 있었다. 그날 나는 마흔여섯 해 동안 살면서 나와 익숙해졌던 그 모든 것과 다시 결별했다. 송별식 날, 동료들은 떠나는 나에게 창업에서 떠나는 날까지 썼던 내 '편집일기'를 일곱 권의 책으로 편집해서 선물했다. 직장 생활 중 받은 최고의 선물이었다.

나는 독자인 나를 저자로 만들어 주는 책을 가장 좋아한다. 그 책이야말로 나에겐 가장 위대한 책이다. 『익숙한 것과의 결별』은 나에게 그런 책이었다. 아니, 책이 아니었다. 새로운 결단, 방향, 변화, 행동, 지혜가 필요했던 30대 후반에 만난 내 생의 등불과도 같은 스승이었고 나를 진심으로 이해하고 격려해준 친구였다. 그를 처음 만난 1998년 그날, 난 정말 과감하게 결단할 수 있었다. 그때 그는 나에게 내 생을 다시 쓰라고 했다. 그것은 내 인생의 혁명사의 전조였다. 2년 후 모든 걸 버리고 떠난 그날, 그리고 창업의 새로운 설계에 부푼 가슴을 키웠던 그날, 그는 새로운 나만의 이념과 비전을 세우는 기초를 제공했다. 그것이 내 혁명사의 시작이었다. 석 달 전 기득권이 하나둘 생기기 시작한 내가 다시 그것을 버리고 떠난 그날, 이 책은 나에게 "자네 나이 마흔여섯, 새로 시작하기에는 더없이 좋은 나이일세"라고 말하는 듯했다. 성숙한 청년이 될 수 있을 것 같았다.

낯선 곳에서 아침을 맞으며 다시 이 책을 읽는다. 다 버리고, 하고 싶은 일과 잘하는 일을 다시 새롭게 발견하면, 나를 다시 들뜨게 하는 그런 욕망을 만나면, 미련 없이 짐을 쌀 것이다. 마흔여섯, 새로운 일을 시작하기에 더없이 좋은 나이이다.

김학원

(주)휴머니스트 출판그룹 대표이사

왜 여전히 구본형인가?

사람의 평균 수명은 계속 늘어나고 있는 데 비해 책의 평균 수명은 점점 짧아지고 있다. 2021년 대한출판문화협회를 통해 납본된 신간 도서는 6만 4,657종이다. 2013년과 비교하면 약 2만 종 정도 늘어난 수치이다. 그러나 출간 후 몇 개월도 되지 않아 절판되는 도서는 가파르게 늘고 있다. 그렇다 보니 대한민국에서 출간 후 10년을 넘기는 책은 보기 드물 정도이다. 『익숙한 것과의 결별』이 책의 초판은 1998년도에 나왔다. 사람의 나이로 치면 이제 스물다섯이 되었다. 지금도 20~30대의 새로운 독자들이 이 책을 찾는다. 왜 철 지난 책을 찾는 것일까? 과연 이 책의 수명은 언제까지일까? 나는 이 책이 지니고 있는 생명력에 대해 글을 쓰려고 한다. 왜 이 시대를 살아가는 데 있어 25년 전 책이 도움이 되는지를 이야기하고자 한다.

그런데 먼저 밝혀야 할 사실이 있다. 나는 이 책의 저자와 특별한 관계에 있다.

『익숙한 것과의 결별』과 만나다

2004년 봄, 정신과 의원을 개원한 지 만 2년이 될 즈음이었다. 아침마다 출근하는 게 힘들었다. 처음에는 대수롭지 않게 생각했지만 시간이 지날수록 더해 갔다. 뭐랄까? 나 자신이 말라가는 화초처럼 느껴졌다. 왜 힘든지부터 살펴보았다. 크게 두 가지였다. 하나는 너무 답답했다. 하루 종일 진료실에 앉아 환자를 본다는 게 당시 나에게는 갇혀 있는 것처럼 힘들었다. 둘째는 일의 의미를 찾지 못했다. 선배의 의원을 인수했던 터라 기존의 운영 방식을 따랐다. 하루 종일 약을 처방하는 것이 주된 일이었다. 마치 컨베이어 벨트 앞에서 단순 조립을 하는 것처럼 기계적으로 느껴졌다.

불만과 욕망은 동전의 양면이다. 불만을 뒤집으면 욕망이 드러난다. 자신이 무엇을 원하는지 모르는 사람은 무엇이 불만인지부터 깊이 살펴볼 필요가 있다. 불만을 뒤집자 원하는 것이 뚜렷해졌다. 나는 자유를 원했다. 좁은 진료실을 벗어나 넓은 곳으로 나아가고 싶었다. 그리고 창의적인 일을 하고 싶었다. 나의 마음과 색깔이 담긴 일을 하고 싶어졌다. 그러나 자각과 결심만으로 삶을 바꿀 수는 없었다. 어디서부터 시작하고 어떻게 방편을 마련할 수 있을지 막막했다. 다시 멍하니 진료실을 지켰다. 새로운 삶은 그렇게 멀어지는 것만 같았다. 그러다가 그해 가을에 우연히 구본형 작가의 책을 만났다. 바로 『익숙한 것과의 결별』과 『그대, 스스로를 고용하라』였다. 가슴이 다시 뛰기 시작했다. 원하는 미래상이 그려지기 시작했다. 길이 보였다. 그리고 구본형 작가의 홈페이지에서 연구원을 모집한다는 소식을 접했다. 모든 게 거부할 수 없는 운명의 계시처럼 느껴졌다. 망설일 게 없었다.

2005년 봄, 사제의 인연으로 구본형 작가를 만났다. 처음으로 내가 선택한 스승이 생겼다. 그리고 2년여의 연구원 생활을 보냈다. 내 인생에서 가장 뜨거운 시간이었다. 매일 책을 보고 매일 글을 썼다. 2년의 시간이 지나자 자연스럽게 첫 책이 나왔다. 2007년 2월에 출간된 『굿바이, 게으름』이었다. 그런데 첫 책을 내고 나서 좀처럼 다음 책을 쓰기가 어려웠다. 잘 써지지 않았다. 어떤 글을 쓰더라도 그게 그것처럼 식상하게 느껴졌다. 좋은 작가는커녕 책을 계속 낼 수 있을지 의문이 깊어졌다. 그런 나의 심정을 알고 있다는 듯 스승은 2008년 12월 '마음편지'에 이런 글을 남겼다.

그가 쓴 책(『굿바이, 게으름』)은 마치 빙산과 같이 아직 다 그 역량을 보이지 않았습니다. 그는 앞으로 훨씬 더 많은 좋은 책을 써내게 될 것입니다.

그 마음편지는 큰 힘이 되었다. 다시 꾸준히 글을 쓸 수 있었다. 돌아보면 그 믿음의 힘으로 여기까지 올 수 있었다. 이제 스승이 세상을 떠난 지 10년의 시간이 흘렀다. 그를 만나지 못했더라면 나의 삶은 어떻게 되었을까? 한 사람의 삶이 꽃 피우려면 누군가의 믿음이 필요하다는 사실을 절감한다. 그 믿음은 보이는 부분에 대한 믿음이 아니라 아직 드러나지 않는 가능성에 대한 믿음을 말한다. 스승이 그랬던 것처럼 이제 나도 누군가의 가능성을 믿어 주는 사람이고 싶다. 『익숙한 것과의 결별』은 그 인연의 계기가 되어 준 고마운 책이다.

우리는 이 불확실성의 시대를 어떻게 살아가야 하는가?

초판이 23년 전에 나온 책인데 놀라운 건 23년 전이나 지금이나 한국 사회는 하나도 안 변했다는 거.

이는 2021년 7월에 한 인터넷 서점에 올라온 『익숙한 것과의 결별』에 대한 '100자평'이다. 이와 비슷한 평들이 꽤 있다. 오늘날을 미리 예상하고 썼느냐고 생각할 정도로 지금 현실에 잘 들어맞는 책이라고 이야기한다. 그렇다면 정말 세상이 달라지지 않은 것일까? 10년이면 강산도 변한다는데 25년이 지난 현실이 어떻게 다를 수 있지 않을까? 정말 모든 게 변화했다. 그러나 유일하게 변화되지 않는 게 있다. '모든 게 변화한다!'는 사실 말이다. 기술 혁명에 따른 변화의 속도는 더욱 가속화되고 있을 따름이다.

1997년 11월 외환 부족으로 인해 국제 통화 기금(IMF)의 지원을 받게 되면서 벌어진 한국 경제의 위기는 우리 사회 전체를 뒤흔들었다. 이러한 시대 상황에서 개인과 조직의 변화를 역설한 구본형의 첫 책 『익숙한 것과의 결별』은 큰 반향을 일으켰다. 그럴 수 있었던 것은 위기에 대한 그의 진단과 처방이 독보적이었기 때문이었다. 이 책이 첫 출간된 1998년도 초판본의 부제는 '대량실업 시대의 자기혁명'이었다. 그는 대량 실업의 본질을 단지 IMF 위기나 한국식 자본주의의 병폐에 따른 일시적이고 국지적인 현상으로 바라보지 않았다. 기술 혁명에 따른 사회의 패러다임이 바뀌는 대전환의 시대로 진단했다.

> IMF 시기이기 때문이 아니다. 본질적으로 인간의 노동이 더 이상 중요한 생산 요소가 아닌 사회로 이행하고 있기 때문이다.
> (15쪽)

그렇기에 해법도 다를 수밖에 없었다. 그는 단순한 위기탈출이 아니라 문명의 전환기에 선 인간이 어떻게 살아가야 하는지에 대한 본질적 질문과 해법을 제시하고자 했다. 그에게 변화는 일시적인 상태도 아니고 안정이나 질서와 대비되는 개념도 아니었다. 그는 '변화'를 생명과 삶의 기본 원리로 바라보았다. 이 점이야말로 구본형의 핵심 사상이다. 그렇기에 그는 어떻게 변화에 적응할 것이냐가 아니라 변화를 삶의 원리로 받아들이고 어떻게 변화를 주도할 것인가에 집중했다. 변화에 적응하는 객체가 아닌 변화를 이끄는 주체로 살아갈 것을 강조한 것이다.

> 변화를 생활의 기본 원리로 받아들이는 것은 그러므로 매우 중요한 깨달음이다. 아울러 그 변화의 방향을 알고, 자신의 욕망과 그것을 연결시킬 수 있다는 것은 바로 기회를 만들어 가는 것이다. (61~62쪽)

지금 우리는 기술 혁명의 충격 속에 살아가고 있다. 가히 농업 혁명이나 산업 혁명에 비할 정도이다. 이는 기술이 인간의 노동력을 빠르게 대체한다는 것을 넘어 기술이 기술을 만들어 내는 시대를 앞두고 있다는 것을 의미한다. 그 파장은 무엇인가? 어떤 일이 없어지고 새롭게 생겨나느냐의 문제가 아니라 노동의 본질이 바뀐다는 점이다. 이제 시켜서 하는 일은 사라진다. 즉, 타율적 노동이 사라지고 자율적이고 창의적 노동만이 살아남는 시대로 넘어가고 있다.

그렇다면 이 시대에 가장 위험한 이들은 누구일까? 바로 이전 시대의 주역들이다. 안정만을 추구하는 사람, 획일적인 정체성을 가진 사람, 시키는 것을 성실하게 잘하는 사람, 잘 계획하고 꼼꼼하게 준비한 다음에 시작하려는 사람들이다. 이들은 변화의 시대에 부적응자로 전락하고 만다. 이 시대는 변화를 삶의 원리로 받아들이고, 유연하고 다양한 정체성을 가지고, 스스로 유무형의 콘텐츠를 만들어 내고, 행동하면서 수정해 나가는 새로운 인간 유형이 필요하다. 그러나 우리 사회는 여전히 이러한 시대적 변화에 준비되어 있지 않다. 많은 이가 변화의 속도에 어지러움과 막막함을 느낄 뿐이다. 『익숙한 것과의 결별』은 이러한 대전환의 시대를 어떻게 살아갈지에 대한 해법을 제시해 주는 책이다. 물론 많은 이가 변화를 말한다. 하지만 그만큼 시대의 변화를 꿰뚫어 보고 전 생애에 걸쳐 '변화'라는 하나의 주제를 놓고 깊이 있게 탐구한 작가는 드물다. 그는 이 책을 통해 우리가 대전환의 시대를 살아가고 있다는 사실을 자각하게 하고, 주체적인 변화에 대한 해법을 제시한다. 그렇기에 사람들은 이 책을 보면서 많은 시간이 흘렀음에도 최근에 나온 책인 것 같은 착각에 빠진다.

마음을 열고 욕망이 흐르게 하라

정신과 의사인 나의 관심사도 '변화'이다. 치유란 사람을 변화시키는 것이다. 과거의 상처나 현재의 습관에서 벗어나게 하는 것이다. 다시 말해 치유 역시 '익숙한 것과의 결별'인 셈이다. 이를 위한 다양한 기법이 있다. 그 기법들은 여러 가지로 나눌 수 있지만 주로 생각이나 감정 혹은 행동을 다룬다. 그런데 『익숙한 것과의 결별』에서 가장 눈에 띈 점은 변화의 동력에 대한 관점이다. 구본형은 변화의 동력으로 '욕망'을 꼽았다. 욕망만큼 강한 자기 격려가 없다고 보았다. 그렇기에 그의 메시지는 '변화하지 않으면 살 수 없다!'는 위기의식이 아니라 '내면의 진정한 욕망을 따르면 변화할 수 있다!'는 희망을 일깨운다.

> 마음속 깊은 곳으로부터 견딜 수 없는 그리움으로 다가오는 욕망에 귀를 기울이라. 그리고 욕망이 흐르는 대로 일상을 바꾸어 가라. 하고 싶은 것을 함으로써 즐거운 전문가가 되라. 욕망만큼 강력한 자기 격려는 없다. (초판본, 38쪽)

그러나 우리는 이에 동의하면서도 한편으로 의구심을 떨쳐 내지 못한다. 어릴 때부터 얼마나 욕망에 대한 부정적인 이야기를 많이 들어 왔던가! 우리에게 욕망은 삶의 동력이 아니라 절제의 대상일 뿐이었다. 우리는 수많은 욕망을 누르며 자라 왔다. 생각해 보라. 당신은 자신이 무엇을 원하는지 묻고 살아 왔는가? 그 습관적 억압 때문에 우리의 욕망은 절제를 넘어 거세되어 버린 지 오래이다. 늘 계산을 하고 이유를 따지며 세상을 머리로 살았을 뿐이다. 그러나 욕망은 삶의 동력이다. 욕망이 사라지면 삶도 사라진다. 새로운 삶으로의 항해는 욕망에서 비롯되어야 한다. 왜냐고? 냉정하게 말해 변화는 힘 있는 자들의 것이다. 변화할 수 없는 것은 힘이 부족하기 때문이다. 많은 사람이 결심과 노력을 강조하지만 그것만으로 변화의 저항을 넘어설 수 없다. 우리에게는 더 큰 힘이 필요하다. 그렇다면 그 힘은 어디에서 나오는가? 바로 욕망이다. 무언가를 간절히 원할수록 우리는 불안함도 다독이고 불편함도 견뎌 낼 수 있다. 익숙함에서 벗어나려면 욕망이라는 에너지를 만나야 한다.

이 책의 초판본 서문 제목 역시 '마음을 열고 욕망이 흐르게 하라'였다. 그렇다면 그가 말하는 욕망이란 무엇일까? 구본형은 욕망과 욕구를 구분하지 않았지만, 그가 말하는 욕망은 자신의 삶을 살아가고자 하는 내면적 욕구를 말하는 것이다. 한 알의 도토리가 참나무가 되고, 꾸물꾸물 기어다니는 애벌레가 나비가 되는 것처럼 그가 말하는 변화는 결국 자기 자신이 되는 것을 말한다. 그는 2012년 9월 『채널예스』와의 인터뷰에서 변화에 대해 이렇게 이야기를 했다.

변화란 자기로 돌아가는 길이라고 봐요. 부모님이 우리를 교육하기 시작하면서, 삶의 기준을 가르치고, 학교가 그 시대의 윤리와 도덕을 가르치고, 법과 종교가 그 사람을 규제하는 식으로 인간은 사회적 통념 속에서 자라요. 원래 내가 누군지, 뭘 잘하고 하고 싶은지 몰라요. 저는 삶 자체가 나에게로부터 귀환하게 되는 영적인 순례라고 봐요. 그게 제가 정의하는 변화예요.

우리는 자신의 욕망을 만나야 한다. 자기 근원에 맞닿는 내면의 욕망과 마주해야 한다. 내면의 욕망에 바탕을 둘 때 우리는 멀리 갈 수 있고 오래 갈 수 있다. 그에 비해 분노나 질투, 불안이나 위기의식, 당위나 강박에 바탕을 둔 변화는 오래갈 수 없다. 나의 삶을 살고 싶다는 내면의 욕망, 그 큰 욕망이 살아나면 눈앞의 편안함과 쾌락을 쫓는 작은 욕망들은 자연스럽게 작아진다. 욕망은 힘이다. 그의 책을 읽으면서 다시 가슴이 뛰고 용기가 생겨나는 이유이다.

나는 나를 혁명할 수 있다

구본형은 '현실적 이상주의자'이다. 그의 단단한 현실 감각은 20년간 IBM에서 경영 혁신과 변화 관리를 기획하고 실행해 온 일과 무관하지 않다. 그는 이상과 현실을 어떻게 연결시킬 수 있느냐를 끊임없이 고민했다. 그에게 사람이란 변화의 대상이 아니라 변화의 주체였다. 그의 관심은 뛰어난 엘리트들이 아니라 평범한 직장인들이었다. 그들이 어떻게 스스로를 변화시킬 수 있느냐에 늘 주목했다. 그 핵심은 '자기 이해에 바탕을 둔 생생한 미래 풍광'과 '하루 두 시간의 자기 수련'이었다. 자신의 욕망과 강점이 결합된 미래상을 생생하게 그려 내고 이를 현실과 연결시키기 위해 매일 수련을 이어가는 것이었다.

내게 주어진 시간을 사용하는 데 가장 중요한 첫 번째는 "무엇을 할 것인가?"라는 질문이다. 이것은 욕망과 관계가 있고, 깊은 마음속에서 진정한 욕망을 건져 낼 때 우리는 그것을 위해 시간을 사용할 수 있다. 두 번째 중요한 것은 이것을 위해 24시간을 어떻게 개편할 것인가 하는 문제이다. 욕망이 그저 꿈으로만 남아 있어서는 안 된다. 그것은 일상 속에서 구체화되는 과정을 필요로 한다. (317~318쪽)

　미래로 나아갈 발판은 '지금-여기'에서 만드는 것이다. 전문성을 발전시킬 수 있는 곳은 일터이고 오늘이라는 시간이다. 현재의 일터가 전문성을 심화시키는 수련의 공간이라면 하루는 수련의 시간 단위이다. 욕망이 일상 속에서 구체화될 수 있을 때 변화는 추진력을 가지게 된다. 그렇게 본다면 변화경영의 핵심은 간단하다. '하루를 잘 사는 것'이다. 변화경영은 곧 하루경영이다. 그는 가장 중요한 두 시간을 자신에게 먼저 선사했다. 그는 자신의 욕망을 매일 새벽 두 시간의 글쓰기로 구체화했다. 그리고 평범함 안에 감추어진 비범함을 펼쳐 내어 보였다. 다시 생각해 보자. 우리는 어떻게 변화할 수 있을까? 변화를 가능하게 하는 것은 시간이다. 산발적이고 즉흥적인 시간이 아니라 연속적이고 의식적인 시간을 말한다. 변화는 일상이 바뀌는 것이다. 일상이 달라지지 않는 변화란 존재하지 않는다. 우리에게 좋은 하루를 선사할 수 있다면 우리는 우리를 혁명할 수 있다.

2023년 봄, 그가 떠난 지 열 번째 맞이하는 봄이다. "그는 떠났지만 여전히 살아있는 느낌!" 이는 구본형의 책을 읽은 한 독자가 인터넷 서점에 남긴 한 줄 평이다. 나의 마음을 그대로 탁본한 것 같은 글이다. 그는 우리 곁에 없다. 그러나 그는 여전히 우리 곁에 있다. 아니, 우리 안에 있다. 그는 생전에 길이 되고 싶어 했다. 좋은 길이 되고 싶어 했다. 저서『떠남과 만남』에서 이렇게 이야기했다.

인생은 길이다.
길을 걷는 것이 아니라 길 자체이다.

나는 좋은 길이 되고 싶다.
사람들로 하여금 천천히 걷게 하는
길이 되고 싶다.

아, 언제 그렇게 될 수 있을까?
나는 아직도 무엇이 되고 싶어 하는 나를 좋아한다.

그는 길이 되었다. 그 길의 시작이 바로『익숙한 것과의 결별』이었다. 그는 이 책으로 살고 싶은 인생을 찾았다. 그리고 많은 이에게 다시 시작할 수 있는 힘을 주었다. 변화를 삶의 원리로 받아들이고, 자신의 욕망을 마주하고, 그리고 그 욕망을 하루라는 시간에 담아내도록 길이 되어 주었다. 그가 걸어간 길을 따라 나는 걷고 있다. 그리고 많은 사람이 함께 걷고 있고, 앞으로도 계속 이어질 것이다. 우리는 그와 함께 걸어갈 것이다. 그 길 위에서 어제보다 아름다워질 것이다.

문요한

정신건강의학과 전문의, 작가

구본형(1954. 1. 15 ~ 2013. 4. 13)